KB071224

내 가게를 위한
브랜딩은
달라야 합니다

초보 사장님을 위한
영화 속
마케팅 공식 15

정나영 지음

내 가게를 위한
브랜딩은
달라야 합니다

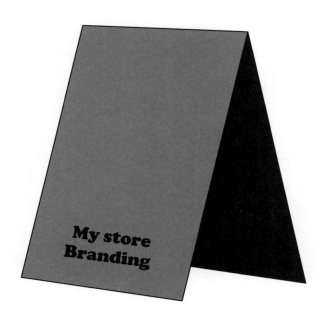

My store
Branding

청림출판

어느 날 우연히 작은 카페가 나오는 영화를 보았다. 팬데믹으로 동네 카페에 가기도 불안하던 때였다. 나는 영화 속 카페로라도 아쉬움을 달래야만 했다. 한 번 발견하고 나니 작은 가게가 등장하는 영화들이 실타래 풀리듯 속속 나타났다. 영화 속 가게들은 완벽히 내가 그리던 모습이었다. 모두 평범하고 작고 소박했다. 이웃과 일상을 누리며 함께 담담히, 때로는 함께 울고 웃으며 고락을 나누는 내 이웃의 작은 가게들이었다. 그곳은 우리가 동네 어귀에서 만나고 싶은 가게였고, 때로는 마음을 기대어 위안을 얻고 싶은 대상이었다.

영화에서만큼은 누구나 바라고 기대하는 작은 가게들이 온전히 그려지고 있었다. 그 가게들이 현실에서는 채워지지 않는 기대를 채워 주었다. 나는 영화 속에 나오는 가게들을 이야기할 필요가 있다고 느꼈다. 사람들이 영화 속에서라도 만나 보고 싶은 작은 가게는 어떤 모습일까? 그렇게 이 책은 시작되었다.

작은 가게가 무대인 영화를 찾아내는 일이 쉽지는 않았다. 그러나 어렵게 찾은 영화는 수십 번씩 보고 또 봐도 질리는 법이 없었다. 영화 속 인물들은 가게에서 위안을 얻었고 또 다른 누군가를 위로했다. 그런 영화 속 가게를 분석하는 일은 그리운 추억 속을 거닐 듯 행복한 일이었다.

사람들이 기대하는 영화 속 작은 가게는 어떤 가게들이었을까? 영화 속 가게에는 최선을 다해서 만드는 상품이 있다. 팥빵 가게에는 새벽 내내 만든 맛있는 팥이 있고, 초콜릿 가게에는 직접 만든 세상에서 가장 달콤한 초콜릿이 있다. 서점에는 좋은 책이, 음반 가게에는 최고의 음악이, 장난감 가게에는 흥미진진한 장난감이 있다.

그리고 공간이 있다. 작든 크든 손님이 머물며 마음 편히 교류하는 곳이다. 주변 상인들이 함께하는 장소고, 흥미로운 경험으로 채워진 공간이다. 또 그 가게들은 지역 커뮤니티의 일원이다. 이웃 상인과 작은 골목을 같이 만들어가고, 이웃 주민들을 위로하고, 마니아들만의 교류의 장이 되기도 한다. 사람들이 영화에서라도 보고 싶은 가게는 이런 가게들이다.

그러나 그런 가게를 운영하는 사람 중 누구도 '장사의 신'

은 아니다. 그들은 현실 속 우리처럼 매일매일 자신의 터전에서 열심히 살아가고 있을 뿐이다. 현실에서 찾기 힘든 장사의 신을 영화 속에서도 쉽게 찾아볼 수 없다는 점은 왠지 모를 위안으로 다가온다. 장사라는 영역에 정말 신이 있을까? 작은 가게를 운영하면서 신과 같은 재능으로 돈을 끌어모으는 존재가 있기는 한 걸까?

특출난 음식 솜씨를 가진 식당이나 머리를 기가 막히게 다듬을 줄 아는 동네 미용실이 있을 수는 있다. 하지만 대체로 장사의 핵심은 '사람'에 있다. 이 책에서 소개한 영화는 모두 사람 이야기를 하고 있다. 단골의 사연, 가게와의 인연, 주인과의 관계, 다른 손님과의 친밀도, 동네 이웃과의 유대감 등이 영화의 중심에 흐르고 있다.

그런 모습이 평범한 나의 이웃으로, 나의 단골 가게로 느껴질 때쯤 나는 영화 속 가게에 간단한 마케팅 솔루션을 제공해보고 싶어졌다. 그들의 사연을 알면 알수록 하고 싶은 이야기는 늘어갔다. 가게 하나하나에 각기 다른 조언, 현실적으로 당장 시도할 수 있는 해결책을 제안하는 일은 영화를 보는 일만큼이나 흥미로웠다.

영화 속에 나오는 가게들의 마케팅 성과를 고객, 브랜딩, 상품, 가격, 위치, 촉진, 영업, 커뮤니티의 여덟 가지 요소로 구성된 레이더 차트 형식으로 분석했다. 또한 부족한 부분도 레이더 차트로 구성해 제안했다. 대개는 다양한 경로로 판매 채널을 확장하고, 커뮤니티를 구축하며, 고객 기반을 확대하는 방향으로 제안을 건넸다. 영화 속 가게는 대부분 다양한 소비자를 가게로 이끄는 소셜 미디어 활동이나 커뮤니티 활동에 서툴렀기 때문에 이에 대한 솔루션도 제안했다.

사실 현실 속 가게들은 영화 속 가게들보다 더 녹록지 않은 상황을 마주하고 있다. 나를 영화 속 가게들로 이끈 전 세계적인 감염병은 많은 소상공업의 재정적 어려움을 가속화했다. 더구나 자원이 한정된 작은 가게가 현실적으로 할 수 있는 마케팅 활동은 많지 않다.

그러나 이는 영화 속 가게들도 마찬가지였다. 그들 또한 현실 속 작은 가게들처럼 유동 인구가 적거나 영세하거나 입지가 좋지 않은 등 문제점을 안고 있다. 그래서 그들에게 도움이 되는 마케팅 솔루션을 현실적으로도 시도해보기에 어려움이 없도록, 또 독자들이 현실 속 가게와 상황이 비슷한 가게를 찾아 마케팅 기법을 이해하는 데 도움이 되도록 이 책을 구성했다. 현실의 가게들이 실제로 시도하고 적용해볼 수 있는 마케팅 기법들을 소개하고, 영화 속 가게에 적용했을 때의 결과도 예측했다. 이를 통해 실제 가게의 상황과 환경적 조건에 부합하는 마케팅 기법을 찾을 수 있도록 했다.

이러한 구성을 통해 실제 가게들이 현실적인 시뮬레이션을 시도해보기를 바랐다. 영화 속 다양한 상황의 가게들을 마케팅의 관점에서 분석하고 전략을 개발한 이 책이 아무쪼록 현실 속 가게들에게 도움이 되길 바라본다.

My store
Branding

1장

내 가게는 가족이다

국제시장

전통시장 한복판에 있는 아주 오래된 잡화점

한국 전쟁 시절로 거슬러 올라가야 이야기가 시작되는 아주 오래된 수입 잡화점이 있다. 한때는 주민들이 끊임없이 드나들었을 전통시장 모퉁이에 터줏대감처럼 자리를 잡은 잡화점 '꽃분이네'가 영화 〈국제시장〉의 주인공 윤덕수의 친구이자 동반자다. 주인공과 함께 나이들어 더 이상 손님이 줄지어 찾는 노포는 아니지만 여전히 가게 안은 수입 잡화로 빼곡히 들어차 있다.

이곳에서 세월을 다 보내고 이제는 노인이 된 주인공과 가게의 모습은 가족의 생계를 위해 모든 것을 바친 우리네 부모님과 닮았다. 그들은 한국 전쟁을 지나 배를 곯던 시절부터 그 작은 터전에 젊음을 담보로 잡힌 채 동생을 가르치고 자식을 먹여 살렸다. 그렇게 고락을 같이하며 함께 늙어간 가게를 애틋하게 바라보는 주인공의 눈빛이 익숙하고도 생경하다. 오랜 친구가 된 가게와 가게 주인. 지금의 우리에게는 드문 관계가 아닐까.

영화의 배경이 된 가게 '꽃분이네'는 부산시 중구 중구로 42 국제시장 안에 있다. 지금도 가게는 크게 변한 것이 없다. 사람들은 여전히 가게를 찾고, 이웃 가게들과 매일 희로애락을 함께한다. 이제 가게는 세월이 켜켜이 쌓여 낡고 때가 탔지만, 온 가족을 잘 먹이고 키울 만큼 든든히 버텨냈다.

오랜 생존이 흔치 않은 일이 된 소상공업에 이만한 성공 스토리가 있을까. 이 작고 든든한 가게에는 어떤 비결이 있었을까? 하루도 어기지 않고 손님을 맞이하고 생계를 책임졌던 오래된 가게에서 우리가 찾아낼 수 있는 마케팅 비밀은 무엇일까?

마케팅 비결①
가게를 생명체로 키우다

내가 어릴 적에 전통시장은 지금의 대형 마트 같은 역할을 했다. 집 앞 동네 슈퍼에서 살 수 있는 것에는 한계가 있었다. 그래서 어머니는 사나흘에 한 번씩 전통시장에서 장을 보셨다. 어린 나에게는 그런 어머니를 따라 전통시장에 가는 것이 큰 즐거움이었다. 그렇게 장을 보시다가 가끔 수입 잡화가 쌓인 가게에 들어서고는 하셨는데, 그곳에는 신비롭고 이국적인 묘미가 있었다. 나는 늘 그 순간이 설레고 흥분됐다.

어머니는 수입 잡화점 중 하나를 골라 들어서면서 으레 가게 주인과 반가운 인사를 나누셨다. 가게 주인은 물건들로 둘러싸인 작은 공간에 장판을 깔고 생활했다. 손님인 어머니를 바라보며 환하게 웃는 주인과 그 인사에 친근하게 화답하는 어머니 사이에는 동시대의 정서를 공유하는 우정이 있었다. 잡화점 안에서 어머니와 대화를 나누는 가게 주인은 편안해보였다. 그때의 작은 가게는 주인에게도, 손님에게도, 지켜보는 꼬마에게도 신비로운 공간이자 커다란 생명체 같았다. 우리를 두루 아우르며 가만히 내려다보는 가게에서 간단히 설명하기 어려운 애정을 느끼곤 했다.

영화 속 주인공이 가게를 대하는 모습도 그렇다. 그는 가게를 하나의 생명체로, 또 다른 가족으로, 오랜 친구로 여긴다. 가게는 주인공과 가족의 생계를 지켜주는 고마운 존재로, 감사함을 넘어 신앙처럼 귀히 여겨진다. 그 시절 다른 구멍 가게들이 그렇듯 영화 속 수입 잡화점은 오랜 세월을 공고히 버텨왔다.

가게를 하나의 생명체이자 인격체로 대하는 일은 유명 기업들도 다를 것이 없다. 디즈니의 CEO였던 마이클 아이스너Michael Eisner는 브랜드를 "생명력이 있는 개체"라고 설명했다. 그는 "브랜드가 하나의 생명체처럼 시간이 지나면서 더 풍요로워지고 작은 행동이 모여 더 완전하게 이루어진다"[1]고 했다. 오랫동안 소비자의 사랑과 신뢰를 받아온 브랜드가 소비자에게 하나의 인격체로 받아들여지는 과정도 같은 이치다.

아주 오랫동안 가게 주인이나 직원의 관심과 애정을 받으며 서서히 자라난 가게는 생명체처럼 성장하고 진화한다. 가게를 찾아온 손님과 하루도 빠짐없이 관계를 맺고 단골이 늘어난다. 세련된 간판을 달며 새 옷을 입기도 하고 새로운 상품이 채워지며 세월의 변화에 맞춰간다. 가게 이름은 동네에서 인지도를 갖게 되고 친숙한 공간이 되어간다. 크고 작은 기쁨과 어려움을 함께 나누는 이웃 상점과는 커뮤니티를 구축해간다. 그렇게 손님이나 이웃에게도 가게는 하나의 생명체가 된다. 가게 주인이 가게를 통해 행하는 모든 행동이 가게를 성장하게 한다. 그렇게 오랫동안 한 자리에서 자라난 가게는 세월이 흘러도 한 자리에 묵묵히 서 있는 고목처럼 동네를 지키고 전통시장을 지키는 존재가 된다.

가게를 가족처럼, 친구처럼 여기고 하나의 생명체처럼 키워나가는 것은 우리 부모님 세대에는 흔한 풍경이었다. 그렇게 오랜 세월을 함께 한 가게를 노인이 되어서도 애지중지하며 감사를 아끼지 않는 모습도 종종 마주하게 된다. 마치 우리가 유서 깊은 글로벌 브랜드를 특별한 대상으로 보는 것처럼 그들은 작은 가게를 생명체로 여겨왔다. 영화 〈국제시장〉은 이러한 관점을 가장 잘 보여주는 영화이다.

마케팅 비결 ②
상품에 변화를 주다

영화 속 가게는 전통시장에서 오랫동안 수입 잡화점으로 자리를 지켜왔다. 급변하는 세상의 속도만큼은 아니어도 이 작은 잡화점 또한 서서히 변화를 맞았다. 그처럼 방향도, 속도도 가늠할 수 없는 격변기가 또 있었을까. 소시민으로서 시장 상인들은 급변하는 시류에 앞서갈 수는 없었지만, 모두들 세상 돌아가는 것에 맞추어 나름대로 가게를 변모시켰다. 영화 속 꽃분이네에서 가장 눈에 띄는 변화는 단연 상품이다.

주민도 피난민도 모두 가난을 피해 갈 수 없던 시절, 가게는 미군 부대에서 나온 물건을 팔았다. 군용 물자가 부산항을 통해 들어오면서 부산에도 이를 거래하는 상점들이 생겨난 것이다. 돈이 되는 번듯한 상품을 구하기 어려웠던 때, 미군 부대에서 흘러나오는 상품은 생계의 수단이었다. 미군 부대에서 나온 물건은 가난하고 물자가 부족했던 당시 사람들에게 안전하고 귀한 상품이었다. 물론 가게에서 판매하는 상품은 선반을 드문드문 채울 정도로 몇 가지에 지나지 않았다. 당시 작은 가게들은 이처럼 한정된 상품으로 가게를 꾸려갔다.

그러나 전후 경제 재건기가 도래하면서 작은 잡화점 꽃분이네의 물건도 다양해졌다. 지금처럼 가게를 빼곡하게 채우지는 못했지만, 꽃분이네의 수입 잡화나 원단 등은 당시 사람들의 눈길을 끌기에 충분했다. 그때는 모두 제법 옷도 사서 입고 다닐 때여서 가게의 형형색색 원단은 소비자들의 눈길을 끌기에 좋았다. 제품이 늘면서 꽃분이네는 서서히 잡화점다운 면모를 드러냈다. 당시 다른 작은 가게들이 그랬듯이 가게를 시절의 흐름에 맞춰 변화시키기엔 상품만 한 것이 없었다. 현대에 이르러서는 꽃분이네에도 가게의 벽 선반을 가득 채운 다양한 수입 제품이 진열되었다.

영양제, 화장품, 주류 등에 이르기까지 상품 종류도 다양했다. 마치 어린 시절에 내가 어머니의 손을 잡고 들어서며 눈이 휘둥그레지던 그 수입 잡화점의 모습 그대로였다.

전문 교육을 받지 않았지만, 우리네 부모님들은 상품을 하나라도 허투루 들이는 법이 없었다. 전통시장 한복판에서 수없이 많은 손님과 이야기하고, 때로는 실랑이하면서 그들은 손님이 원하는 바를 익혀 나갔다. 그에 맞는 상품을 구하고, 손님이 살 만한 가격을 정하고, 이웃 상점과의 경쟁에서 살아남으며 상품 구색의 균형을 맞추어 갔으리라. 그렇게 오래도록 쌓여 온 경험과 몸소 부딪히며 배운 노하우로 가게의 구색을 맞추고 변화시켰다.

때로는 물건이 부족하기도, 남기도 했을 것이고 가격을 너무 늦게 올리거나 내려서 손해를 보는 일도 있었을 것이다. 실수와 실패에서 배우고 개선하면서 작은 가게들은 스스로 상품 기획을 배워왔다. 소비자가 원하는 제품을, 적당한 품질에, 최적의 가격에, 딱 맞는 재고로 구비하는 일련의 복잡다단한 과정을 스스로 깨우치고 수행해나가며 꽃분이네는 살아남았다.

영화 속 꽃분이네의 마케팅 성과를 어떻게 평가해볼 수 있을까? 꽃분이네는 한창 전통시장이 성황이던 시절에 시장 한복판에 자리했으니 입지는 더할 나위 없이 좋았다. 마케팅 면에서 위치·공간의 평가가 높은 이유다. 시대와 소비자의 변화를 놓치지 않고 상

오래된 전통시장 잡화점이 이룬 마케팅 성과

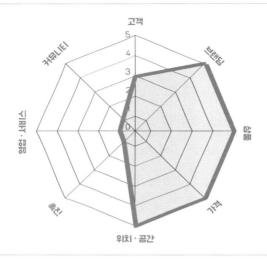

품 구성에 적절한 변화를 주는 높은 수준의 상품 전략도 보여주고 있다. 전통시장의 특성으로 보아 가격을 터무니없이 높게 정하거나 이익을 볼 수 없을 정도로 낮게 정하지 않았을 테니 상품의 가격도 적절했을 것이다. 무엇보다 오랜 기간 꽃분이네라는 이름으로 수입 잡화를 팔며 많은 손님과 소통하고 교류해 왔으니, 꽃분이네는 브랜딩 역량도 부족함이 없었다.

　　다만 충성도가 높은 단골 고객이 많았는지는 알 수 없다. 지역 커뮤니티나 이웃한 상권과의 교류 정도 또한 정확히 알 수 없다. 당시 상황을 고려하면 다른 상점과의 교류나 협력을 통해 매출을 올리려는 시도가 흔하던 때는 아니었다. 그래서 커뮤니티 전략에 대한 평가도 낮다. 가게 주인의 성격으로 보아 따로 촉진 전략을 사용하거나 영업 활동을 적극적으로 하지도 않았을 것이다.

그렇다면 앞으로 꽃분이네에 필요한 마케팅 전략은 무엇일까? 전통시장의 역할과 영향력이 취약해지고 작은 가게들이 설 자리를 잃어 가는 지금, 꽃분이네는 무엇을 해야 할까?

마케팅 제안 ①

시장, 하나의 커다란 가게가 되다

영화 속 꽃분이네는 끊임없이 시장 안 이웃과 교류한다. 그들은 어려운 시절의 기나긴 사연 속을 함께 살아냈다. 그럼에도 불구하고 꽃분이네와 이웃 상인들이 시장을 위해 함께 일하는 모습은 영화 속에서 찾아보기 힘들다. 누구라도 사는 게 힘들었던 시절에는 손님 한 명이라도 옆 가게로 빼앗길 수 없었을 것이다. 그러나 현대에 이르러서도 그들이 함께하는 모습은 보이지 않았다.

안타깝게도 이는 영화 속에서만 그런 것은 아니다. 전통시장 상인들이 함께 일을 도모하고 시장을 일구었다는 소식은 여전히 흔하지 않다. 그러나 이제 그들은 경험해본 적 없는 경쟁 속에 있다. 길 건너에는 대형 마트가 있고 인터넷으로도 수월하게 물건을 살 수 있는 시대이다. 손님이 밀려들지 않는 전통시장 한복판에서 홀로 살아남는 일은 불가능에 가깝다. 꽃분이네는 살아남기 위해 진화해야 한다. 엄혹한 경쟁 한가운데에 위태롭게 선 전통시장의 다른 가게와 협력하는 것만이 유일한 진화인 시대이다.

국내 전통시장도 서서히 변화를 도모하고 있다. 경복궁 돌담길을 지나 서촌 언저리를 걷다 보면 작고 아담한 골목길에 있는 통인시장을 만날 수 있다. 1941년에 시작된 역사에 걸맞게도 통인시장에서는 엽전을 사용해 도시락을 판매한다. 손님들은 5,000원을 엽전 열 냥과 도시락통으로 바꿔 그 엽전으로 먹거리를 사서 도시락에 담아 한 끼 식사를 즐긴다. 그들은 엽전을 쓰는 재미에 빠져들고, 추억 속에 묻어 두었던 오래된 도시락에 매료된다.

과거로 시간 여행을 하는 듯한 분위기가 유명세를 타며 80여 개의 가게가 모인 통인시장은 서촌의 명소가 되었다. 사람들이 찾아들기 시작하자 청년들이 시장 상인으로 합류해 새로운 메뉴와 상품을 보태기 시작했다. 이 영리한 시장이 함께 모여 하나의 가게처럼 움직인 뒤로 시장의 흐름은 선순환을 타기 시작했다. 이들은 통인시장의 위치와 역사에서 오는 개성과 정체성을 '엽전'이라는 정확히 어울리는 마케팅 도구로 풀어냈다. 그리고 가게마다 엽전 한 닢에 주먹만큼 음식을 내어놓으며 모두가 마치 하나의 기업, 하나의 식당인 것처럼 시장을 운영한다.

꽃분이네의 국제시장은 그들이 지나온 전후의 격변기를 치열하게 겪어낸 흔적을 담고 있다. 미군 부대 물자나 수입 밀수품 등의 생소하면서도 양질의 상품을 판매하던, 당시로서는 매우 번화하고 현대적이며 국제적인 시장이었다. 국제시장에도 통인시장의 엽전처럼 정체성과 개성을 담아 낼 마케팅 도구가 필요하다. 그 역사 속에서 자신만의 개성을 찾아내고 알리는 것으로 시장 커뮤니티 공동의 프로젝트가 시작되는 것이다. 그렇게 찾아낸 개성으로 국제시장은 시장 전체가 하나의 가게처럼 교류하고 협력하며 소비자를 끌어들여야 한다.

과거에 시장은 단지 물건을 파는 곳이 아니었다. 시장은 지역 주민들이 생계를 이어가는 터전이었을 뿐 아니라 함께 모여 서로에게서 위안을 얻고 어려움을 함께 극복하는 다분히 비경제적인 공간이기도 했다. 우리는 사회적 거점으로서의 역할을 충분히 해낸 지역 시장들이 주민의 지지와 호응을 얻는 예를 종종 볼 수 있다.

일본 오사카에 있는 텐진바시 상점가는 400여 년의 역사를 가진 기타구의 대표 시장이었지만 그들도 시대의 흐름을 거스르지는 못했다. 어려움에 봉착한 그들이 선택한 것은 지역 주민들과의 상생이었다. 그들은 '좋은 마을 만들기' 운동을 시작했다. 상점들은 시장뿐 아니라 지역의 거리와 공원을 조성하고, 사라져가는 일본식 판소리 극장을 재건하기 위한 모금 운동을 벌이는 등 지역 공동체를 위해 일했다. 그들이 살려낸 것은 판소리 극장과 동네의 거리만이 아니었다. 이제 텐진바시 상점가는 오사카의 새로운 명소가 되었고 그들의 긴 역사에 부흥의 기록을 보탰다.[2]

힘든 세월을 함께 돕고 의지하며 버텨온 과거처럼, 생존을 위해 공동체가 되어야 하는 시대가 다시 왔다. 전통시장은 과거에 그랬듯이 그들이 지향하던 가치와 지역 속에서의 역할과 개성을 다시 찾아내야 한다. 이제 그 가치를 사람들과 나누는 일이 시장 속 많은 가게의 생존을 결정할 것이다. 다시금 시장은 물건을 파는 곳을 넘어 지역 주민들의 사회적 공간이 된 것이다.

　소비자에게 시장은 그 자체로 하나의 가게이고, 하나의 브랜드이며, 하나의 상품이다. 모두 함께 모여 마치 하나의 가게처럼 움직여야 한다. 그들이 만든 하나의 지붕 아래 펼쳐진 역사와 전통 속으로 사람들은 기꺼이 발걸음을 옮길 것이다.

마케팅 제안 ②
시장의 명소가 되어 이야기를 팔다

　공동체로서 새롭게 진화하는 국제시장에는 구심점이 필요하다. 사람들의 관심을 모으고 시장의 정체성을 구축할 수 있는 가게가 있어야 한다. 꽃분이네는 그런 구심점 역할을 해내기에 충분하다. 실제로 영화가 인기를 끌자 꽃분이네에도 사람들의 발길이 끊이지 않았다. 꽃분이네가 관광 명소가 되면서 국제시장은 부쩍 손님들로 북적였다. 이처럼 가게의 명성은 이내 시장의 명성이 되곤 한다. 시장에는 소비자를 끌어들일 스타가 필요하다.

　내가 시애틀을 여행하며 파이크 플레이스 시장을 찾았던 결정적인 계기는 물론 세계 최대 커피 브랜드인 스타벅스의 1호점이었다. 지금의 스타벅스가 처음 매장을 연 곳이라니. 누구라도 호기심이 동할 것이다. 스타벅스 1호점은 가게 앞까지 많은 사람으로 북적거렸고 커피 한 잔 마시기 어려웠다. 나와 일행은 발길을 돌려 시장을 둘러보았다. 시장에는 스타벅스 1호점보다 더 흥미로운 볼거리와 구미가 당기는 먹거리로 가득했다.

　　100여 년 전, 생선을 파는 수산물 도소매 시장으로 출발한 곳답게 파이크 플레이스 시장은 신선한 수산물이 일품이었다. 이곳은 사실 스타벅스 1호점보다 일명 '물고기 던지기'로 더 유명했다. 물고기 던지기란 항구를 통해 그날 들어온 신선한 생선을 직원들이 매대와 카운터에서 던지고 받아내는 장난스러운 퍼포먼스다. 1986년 시장이 파산 직전에 내몰렸을 때 시장 상인들과 직원들이 기금을 마련하고 관광객과 손님을 끌어모으기 위해 시작한 재미있는 이벤트였다. 이제는 관광지로 더 유명한 파이크 플레이스 시장의 인기 비결은 가게를 가로지르며 날아다니는 생선에 있다고 봐도 과언이 아니다. 직원과 손님들은 다 함께 손뼉을 치고 즐겁게 가게 위를 나는 생선 이름을 외치며 활기찬 에너지를 나눈다.

　　스타벅스 1호점과 '물고기 던지기' 퍼포먼스는 파이크 플레이스 시장의 대표 상품임에 분명했다. 사람들은 으레 스타벅스 1호점을 들르고 그 길가에 늘어선 아기자기한 가게의 먹거리를 즐긴 뒤 이내 물고기를 던지며 장난스럽게 웃고 떠드는 소리에 이끌려 생선가게로 향한다. 시장이 마치 하나의 가게가 된 것처럼 스타벅스 1호점이라는 입구를 통해 들어온 손님들에게 다른 다양한 상품들을 권하는 셈이었다.

파이크 플레이스 시장은 스타벅스 1호점에서 길가에 늘어선 맛있는 먹거리와 신선한 생선과 야채, 즐거운 퍼포먼스, 바다를 마주하는 레스토랑에 이르기까지 소비는 물론 즐거운 경험이 끊임없이 이어질 수 있도록 가게들을 구성했다.

가게에는 보통 대표 상품이 있다. 그러나 대표 상품만을 팔기 위해 가게를 하는 일은 없다. 대표 상품으로 끌어들인 손님들에게 다양한 보완재나 대체재, 혹은 흥미를 끄는 새로운 상품들을 팔고자 한다. 시장이 하나의 가게처럼 움직인다면 이처럼 사람들을 끌어들일 대표 가게가 있어야 하고 그 주변에서는 여지없이 다른 가게들이 손님들을 매혹시켜야 한다.

영화를 본 관객들은 꽃분이네 이야기에 공감했다. 다사다난했던 한국의 근현대사를 오롯이 겪어낸 꽃분이네는 덧붙이는 설명 없이도 고객들과 공감대를 형성한다. 이제 꽃분이네는 국제시장의 입구 역할을 해야 한다. 시장의 명소이자 구심점이 되려면 이야기를 팔아야 한다. 국제시장은 꽃분이네를 중심으로 소비자가 함께 경험하고 싶고 함께 구매하고 싶은 상품들을 구성해야 한다. 시장에는 근현대사를 관통한 부산의 역사가 온전히 새겨져 있다. 이를 시장의 외관은 물론이고 적절한 이벤트와 퍼포먼스로도 녹여내야 한다. 그 중심에는 소비자를 끌어들일 꽃분이네가 있다.

마케팅 제안이 가져올 마케팅 성과

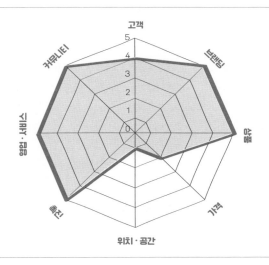

꽃분이네는 가게의 역사는 물론 시장의 역사도 함께 팔아야 한다. 시장의 역사에 열쇠가 있다. 힘겨운 동시대를 살아낸 우리의 부모님이 이웃과 촌스럽고 따뜻한 정을 나누었던 추억 속으로 걸어 들어갈 수 있도록, 부모님의 이야기로 아픈 역사와 슬픔을 마음 한편에 지닌 우리에게 담담한 위로를 건넬 수 있도록, 꽃분이네는 역사와 이야기 속에서 마케팅 열쇠를 찾아내야 한다.

이러한 마케팅 제안을 꽃분이네에 적용한다면 우선 커뮤니티로 인한 효과를 기대할 수 있다. 상인들과 단단한 커뮤니티를 이루고 서로 협력해 시장에 유입되는 소비자의 수를 늘리는 것이 우선이다. 손님들의 쇼핑 편의성을 높이는 것은 물론, 흥미로운 이벤트나 작은 페스티벌을 열어도 좋다. 커뮤니티의 구성원으로는 이웃 상인들을 비롯해 시장 단골손님들, 주변의 대형 마트나 여러 기관 등으로 범위를 넓혀갈 수 있다. 작은 가게에게는 운명 공동체를 늘리는 것이 중요한 전략이다. 꽃분이네는 이런 국제시장 커뮤니티의 구심점이자 대표 가게가 되어야 한다. 꽃분이네가 지나온 역사 속에서 소비자의 공감을 얻을 수 있는 키워드와 이야기를 찾아 이벤트와 퍼포먼스로 풀어낼 수 있어야 한다.

이제 더는 전통시장이 매력적인 공간이라고 말할 수 없다. 대형 마트나 온라인 쇼핑몰에 합리적인 가격대의 상품들이 넘쳐나므로 전통시장이 상품과 가격으로 경쟁력을 갖기도 어렵다. 소비자를 설득할 국제시장과 꽃분이네만의 이야기가 필요한 시점이다.

마케팅
솔루션

소비자에게 시장 자체를 팔아라. 명소와 볼거리, 흥미로운 경험으로 시장을 채워 소비자가 시장으로 일단 들어서게 하라.

MD와 VMD

마케팅에 주목하다 보면 가끔 우리가 '상품'을 다룬다는 사실을 잊게 된다. 상품 자체의 힘만으로는 성공하기 어려운 시대이기도 하다. 이미 시장에는 양질의 규격화된 상품이 넘쳐나기 때문이다. 이것이 기업이나 소상공업이 마케팅에 매달리는 이유이기도 하다. 동시에 소비자의 입장에서는 특별히 차별화되고 매력 있는 상품을 만나기 어려운 것 또한 사실이다. 상품이 넘쳐나는 시대에 소비자는 특별한 상품을 만나기가 어렵고, 기업이나 가게는 특별한 상품을 팔기 어렵다는 아이러니를 경험하게 된다.

그럼에도 가게의 매출을 좌우하는 것은 상품력이다. 양질의 상품이 구색을 잘 갖추고 있어야 한다. 그렇다면 가게는 무엇을 팔아야 하는가? '어떻게' 팔아야 하는지에 더 주목하는 요즘, 머천다이징은 '무엇을' 팔아야 하는지를 결정하는 역할을 한다. 머천다이징 merchandising, MD은 말 그대로 '상품화'한다는 뜻으로 판매할 상품과 관련된 모든 활동을 의미한다. 상품 기획이 그 중 가장 중요한 비중을 차지한다.

머천다이징

상품을 판매하기 위한 첫 단계가 상품의 기획이다. 상품 기획은 무엇을, 어디에서, 언제, 얼마에, 얼마나 판매할지 결정하는 과정을 말한다. 공식적이든 비공식적이든 상품을 판매하고자 한다면 누구나 거치게 되는 과정이다. 이를 결정하지 않고서는 상품이 가게에 진열되고 판매되는 과정이 이루어질 수 없다. 누구나 무엇을 팔아야 할지를 우선 결정하기 때문이다. 이것이 마케팅이나 점포 관리에 상품 기획이 우선하는 이유이기도 하다. 머천다이징은 물론 상품의 종류를 정하는 데에만 그치지 않는다.

구체적으로 머천다이징은 다음을 뜻한다.

사업의 목표에 부합하는

- 적합한 상품right merchandising을
- 적절한 양right quantity으로
- 적절한 장소right place에서
- 적합한 시기right time에
- 적당한 가격right price으로 소비자에게 제안하는 과정

가게 규모가 작을수록 머천다이징의 역할은 더욱 중요해진다. 취급하는 상품의 종류와 양이 한정될 수밖에 없기 때문이다. 한

정된 공간과 자본으로 손님을 만족시킬 수 있는 최선의 상품을 갖추기 위해서는 머천다이징 역량이 무엇보다 중요하다. 판매할 상품의 종류를 결정하기 위해 기업이나 가게는 우선 소비자가 원하는 것이 무엇인지 조사한다. 소비자가 필요로 하는 것, 요즘 관심을 갖고 있는 것을 알아야 한다. 그리고 다른 가게들이 무엇을 파는지도 조사한다. 또한 우리 가게의 이전 판매 기록을 꼼꼼하게 분석한다. 그렇게 모은 데이터를 토대로 무엇을, 얼마나, 얼마에 판매할지를 결정하는 것이다.

소비자와 시장을 조사하고 분석하기 위해 자원이 풍부한 대기업은 충분한 전문 인력을 투입한다. 이 상품 기획 전문가들은 해당 기업의 상품 유형에 따라 특화된 조사 분석을 수행한다. 대부분의 소비재 유통 기업에 의류, 가구, 전자제품, 화장품 등 분야별로 특화된 머천다이저merchandiser, 즉 상품 기획자가 존재하는 이유다.

작은 가게에서는 이런 역할을 운영자가 스스로 수행해야 한다. 가게 운영자는 손님을 지속적으로 관찰하고 소통한다. 한정된 공간과 자원인 만큼 그들은 매우 한정된 상품군을 다루게 마련이므로 손님에게서 매우 특화된 정보를 집약적으로 얻어낼 수 있다. 그들이 주로 무엇을 구매하는지, 구매하면서 어떤 고민을 하는지, 얼마나 자주 구매하는지, 누구와 함께 구매하는지 등을 꼼꼼히 관찰해야 한다. 상품 기획의 가장 중요한 열쇠는 늘 손님의 손에 쥐어져 있기 때문이다.

비주얼 머천다이징

시장에서 가장 빠른 효과를 나타내는 것이 비주얼 머천다이징 visual merchandising, VMD이다. 상품 기획은 두말할 나위 없이 중요한 일이지만 상품을 진열하고 효과적으로 표현해 소비자의 눈을 사로잡는 것은 어쩌면 더 중요한 일일 것이다.

비주얼 머천다이징은 말 그대로 '시각적인 상품화 과정'을 의미한다. 상품의 강점을 드러내고 시각적 효과를 극대화하는 과정이다. 매장 앞을 지나거나 매장 안을 둘러보는 소비자가 상품을 구매하는 데 큰 기여를 하는 것이 비주얼 머천다이징이다.

주로 윈도우 디스플레이와 매장 내 디스플레이가 비주얼 머천다이징의 주요 분야로 알려져 있다. 실제로 비주얼 머천다이징은 선반 위의 상품이 진열된 방식부터 매장 전체의 레이아웃까지 다양한 방법을 포함한다. 매장 설계 단계부터 상품과 고객의 성향에 최적화된 평면도를 설계해 한정된 공간 안에서 최적의 시각적 효과를 내도록 상품을 진열한다. 또한 손님이 상품을 쉽게 찾고 새로운 상품에 대한 흥미를 유발할 수 있도록 상품을 진열하고 상품과 선반, 매장 전체를 깨끗하게 유지하는 것도 비주얼 머천다이징의 중요한 업무다. 더불어 손님에게 익숙한 형태의 광고판이나 표지판을 이용해 새로운 상품의 입고나 할인 행사 등을 효과적으로 알리는 일도 중요하다. 매장에 사용하는 색상이나 조명 또한 상품의 판매와 직결된다.

비주얼 머천다이징은 상품을 판매하는 모든 사람에게 중요한 일이다. 소비자는 매장에 들어서면 10초 이내에 쇼핑과 구매 의사를 결정하기 때문이다. 구매 의사에 가장 빠르게 영향을 미치는 것이 시각적 효과다. 매장이 작은 경우에는 비주얼 머천다이징의 역할이 더욱 중요해진다. 공간이 작고 상품 수가 많지 않으므로 소비자는 더욱 빨리 의사 결정을 할 것이기 때문이다. 물론 매장이 작으면 비주얼 머천다이징을 하기에 공간적 한계가 있다. 큰 매장보다 더욱 창의적이어야 하고 더욱 치밀한 분석을 요하는 이유다.

매장이 작은 경우에는 수직 공간을 효과적으로 활용해야 한다. 상품 특성에 따라 눈높이에 둘 상품과 손에 닿지 않는 높은 공간에 진열할 상품을 배치한다. 세로로 높게 진열된 상품은 구매 확률은 낮아지지만 소비자에게 일단 쉽게 노출될 수 있고 매장의 상품 구색이 다양하다는 것을 보여줄 수 있다.

조명도 중요하다. 어두운 공간은 작은 매장의 규모를 더욱 작아보이게 할 수 있다. 상품이 있는 공간은 어디든 조명 없이 버려두어서는 안 된다. 스포트라이트 조명을 활용해 몇몇 상품을 강조하고 전체 매장의 분위기를 표현하기에 적절한 조도도 확인해야 한다. 조명은 작은 매장의 바닥 공간까지 활용할 수 있는 방법이기도 하다.

무엇보다 가게를 찾는 소비자에게 가게의 이야기를 전달해야 한다. 비주얼 머천다이징은 가게가 소비자와 관계를 맺는 첫 단계다. 가게와 상품, 가게가 소비자에게 보여주고 싶은 것 모두를 보여줄 수 있어야 한다. 특히 작은 가게는 제한된 공간에 가게의 정체성을 설명하고 강렬한 인상을 남겨야 하기에 가게의 테마를 명확하게 표현하는 것이 중요하다.

이를 위해 모든 비주얼 머천다이징 요소는 시각적으로 일관성을 유지해야 한다. 가게의 입구부터 가게 안 진열대, 벽과 벽이 만나는 모서리와 진열대 위의 수직 공간, 계산대 주변, 바닥과 벽면까지 모든 공간을 통해 상품을 보여주는 것은 물론 가게의 일관된 테마와 이미지를 표현해야 한다.

2장

노인의 세계에는
원칙이 있다

앙:단팥 인생 이야기

벚꽃나무 아래의 한 평짜리 도라야키 가게

영화는 주인공의 공허하고 고독한 뒷모습으로 시작한다. 낡은 철제 계단을 삐거덕거리며 내려오는 주인공의 표정은 이루 말할 수 없이 쓸쓸하다. 그는 가게 문을 열고 들어와 머릿수건을 둘러매고 앞치마를 묶는다. 혼자 서서 일하기에도 빠듯한 동네 어귀의 작은 도라야키 가게가 이 영화의 배경이다. 가게 앞에는 가게보다 더 큰 아름드리 벚꽃나무가 환하게 빛난다. 가게 안은 늘 어둡고 회색빛이다. 하루하루 간신히 가게를 운영하는 주인공의 무기력함을 보여주는 듯하다.

주인공 센타로의 가게는 동네 사람들이 간간이 들러 도라야키를 한두 개씩 사 가고, 여중생들이 하굣길에 가게 한쪽에 앉아 몇 개 먹고 가는 것이 매출의 전부인 작은 가게이다. 그런 도라야키 가게에 어느 날 허리를 다 펴지도 못하는 구부정한 할머니 아르바이트생이 환하게 웃으며 들어선다. 이후 주인공의 가게 앞에는 줄을 서서 도라야키를 기다리는 손님들로 장사진을 이룬다. 70여 년을 아우르는 기쁨과 허전함, 아름다움과 쓸쓸함을 담은 환한 미소를 가진 할머니 아르바이트생에게는 어떤 마케팅 비밀이 숨겨져 있을까?

상품의 핵심 가치를 이해하다

도라야키는 밀가루, 달걀, 설탕을 섞어 만든 반죽을 둥글납 작하게 구워 두 쪽을 붙인 사이에 팥소를 넣은 과자다. 도쿠에 할 머니는 처음부터 팥에 주목한다. 아니 집착한다. 업소용 팥을 사다 쓴다는 센타로의 말에 할머니는 안타까운 탄식을 내뱉는다. 센타 로가 건넨 도라야키에 대한 할머니의 평가는 수줍고 간결하며 동 시에 냉정하고 정확하다. 팥소에 문제가 있다는 것이다. 반면 할머 니가 만든 팥소는 큰 파고도, 잔 파장도 없는 주인공의 덤덤하고 쓸쓸한 세계에 큰 충격을 던진다. 그녀의 팥소는 감히 누구도 흉내 낼 수 없는, 그러나 모두가 기대하는 맛을 담고 있었다.

도쿠에 할머니는 전통적인 원칙과 방법으로 팥소를 만드는 일에 정성을 다한다. 사방이 캄캄한 새벽부터 그녀는 팥소 만드는 일을 시작한다. 할머니는 물에 담겨 있는 팥을 애정이 가득한 눈으 로 꼼꼼하게 살핀다. 상태가 좋지 않거나 고르지 않은 팥은 골라내 고 씻고 끓이고 물기를 빼고 헹궈내어 떫은맛을 빼낸다. 팥 위로 물을 천천히 부어야 하고 솥에서 스며나오는 팥의 냄새를 잘 느껴 야 한다. 천천히 뜸을 들이고 적당한 때가 오면 조심스럽고 정성스 럽게 팥을 헹궈준다.

새벽부터 시작한 팥소 만들기는 해가 중천에 떠오른 정오 무렵이 되어야 끝난다. 고된 의식을 치르듯 할머니는 오랜 시간 불과 솥 앞에서 팥소를 만든다. 이것이 이 영화 속 마케팅의 핵심이다. 그녀는 전통 방식으로 도라야키의 팥소를 만든다. 그처럼 고된 방식을 거쳐야 비로소 그녀가 알고 있던 도라야키의 맛이 완성된다. 이것이 그녀와 손님들이 공감하는 도라야키의 핵심 가치다.

가게 주인 센타로가 팥소 만드는 일을 시도해보지 않은 것은 아니었다. 그러나 진정한 팥소의 맛을 내기 위한 그의 시도는 실패만을 거듭했다. 결국 그는 어느 날부터인가 장사를 위해 업소용 팥을 사다 쓰기 시작했다. 업소용 팥은 전화만 하면 바로 가져다주니 재고가 떨어질 염려도, 새벽부터 팥소를 만드느라 피곤을 무릅쓸 일도, 소비자 가격이 오르거나 마진이 줄어들 우려도 없으니 사업상 그의 판단이 아주 틀린 것은 아니었다. 그러나 팥소는 도라야키의 전부나 다름없다. 팥소 맛이 특별할 것 없다면 도라야키 맛도 별다를 일이 없다.

영화 속 할머니 아르바이트생이 그렇듯 모두가 잠든 새벽이면 전통적이고 고된 방식으로 고유의 맛을 만들어내는 이들은 우리 주변에도 있다. 1910년에 시작되어 110년이 넘도록 곰탕을 만들어온 전라남도 나주의 하얀집은 여전히 새벽 세 시면 곰탕 육수를 끓이기 시작한다. 부위별 고기와 물, 소금을 넣고 끓이는 단순해보이는 과정이다. 그러나 양질의 고기를 고르고, 끓이는 내내 조심스럽게 저어주고, 기름의 상태를 거듭 확인하고, 고기를 부위별로 제때 건져내야 한다. 단 한 가지도 허투루 할 수 없는 치밀하고도 고된 노동을 담보로 하는 육수를 위해 63세인 사장은 뜨거운 불 앞에 서서 매일의 새벽을 바쳐왔다.[1] 곰탕의 핵심 가치인 육수의 맛을 위해서 말이다.

할머니 아르바이트생과 가게를 운영하는 주인공 센타로의 차이는 도라야키의 핵심 가치에 대한 이해에 있다. 할머니는 해와 달, 꽃과 새를 사랑하듯 만물의 본질적 가치를 이해하고 공감할 줄 알았다. 그녀는 그렇게 도라야키라는 상품의 본질 또한 정확히 이해했다. 마케팅의 거장인 필립 코틀러Philip Kotler도 상품의 본질적 가치를 핵심으로 여겼다. 그는 제품의 수준을 핵심 제품, 실제 제품, 확장 제품으로 나누고 이 세 가지가 통합된 형태를 소비자가 구매하는 상품으로 보았다.[2] 즉 제품의 중심이 되는 것은 핵심 제품이며, 핵심 제품은 제품을 구매하는 소비자가 진정으로 원하는 것, 구매를 통해 해결하고자 하는 것을 의미한다. 그는 이를 핵심 편익, 핵심 가치, 또는 제품의 핵심이라고 불렀다.

우리는 종종 판매하는 상품과 서비스의 핵심 가치를 잊거나 지나친다. 영화 속 주인공처럼 매일의 일상에 지치거나 핵심 가치를 유지하기 위한 비용이 부담될 때는 더더욱 그렇다. 도라야키를 사 먹으러 오는 손님들이 원하는 것이 무엇인지 생각할 겨를이 없을 때도 있다. 그러나 도라야키를 사러오는 소비자는 도라야키 속 맛있는 팥소를 기대할 것이다. 도라야키를 도라야키답게 만드는 팥소. 그것이 손님들이 발품을 팔아 가게까지 와서 값을 치르는 핵심 가치다.

도쿠에 할머니가 이해하고 공감한 것은 맛있는 팥소를 원하는 사람들의 마음이었다. 장사는 결국 사람에 대한 애정과 공감에서 시작되는 것이다. 작은 도라야키를 사 먹고 잠시라도 즐거움을 느낄 사람들에 대한 애정이 최선의 팥과 팥소로 구현된 것이다.

그녀는 오랫동안 뜨거운 불 앞에서 고행하듯 팥소를 만들고, 팥소가 만들어지는 모든 과정을 지켜보고 다듬고 고치며 최선을 다해 손님에 대한 애정이 담긴 맛을 만들어냈다. 손님들은 그 맛을 단번에 알아보았다. 그들은 이내 가게 앞에 장사진을 치고 도라야키 가게의 작은 문이 열리기만을 기다리게 되었다. 사람에 대한 누군가의 애정은 그처럼 쉽게 드러나는 법이다.

마케팅 비결 ②

도라야키는 문화다

가게 주인 센타로도 맛있는 팥소가 도라야키의 핵심 가치라는 것을 잘 알고 있다. 그러나 소비자가 기대하는 팥소의 맛이 정확히 어떤 것인지를 젊은 센타로가 알아차리는 일은 사실 쉽지 않았다. 어떤 상품이든 소비자가 진정 원하는 것이 무엇이고 어느 정도로 원하는지 가늠하는 것은 쉬운 일이 아니다. 따라서 핵심 가치를 파악하려면 소비자가 그 상품을 무엇으로 분류하는지 먼저 파악해야 한다.

상품이나 서비스를 분류하는 기준은 다양하다. 일반적으로 소비 용품을 특징에 따라 크게 편의품, 선매품, 전문품 등으로 구분한다. 서비스는 산업 영역에 따라 구분되며 상품과 서비스의 분류 기준은 쉽게 조회가 가능하다. 그러나 이러한 구분은 유통과 물류 시스템 전반에 걸쳐 업무 효율을 높이기 위한 것으로 소비자가 각각의 상품에 기대하는 바를 정의하기에는 적당하지 못하다. 그렇다면 영화 속 도라야키는 어떤 상품으로 분류해야 할까? 작은 도라야키 가게를 찾는 손님들은 어떤 상품을 사러 온 것일까?

도라야키는 문화적인 상품이라 할 수 있다. 우리에게 한과나 약과 같은 전통 과자가 있는 것처럼 도라야키는 일본인이 예로부터 즐겨온 전통 과자다. 도라야키는 사람들에게 그저 달고 맛있는 팥빵 이상의 의미다. 그들에게는 어려서 할아버지와 할머니가 사 주시던 도라야키에 대한 추억이 있고, 부모님과 마주 앉아 이야기를 나누며 도라야키를 먹던 기억이 있다. 그들은 도라야키를 먹을 때면 떠오르는 가족과의 포근하고 따뜻한 추억을 찾는 것일지도 모른다. 손님들에게 도라야키는 허기를 달래 주는 간식거리이자 마음이 따뜻해지는 추억거리인 것이다.

전통과 문화적인 맥락을 갖는 상품은 과한 상업화가 어울리지 않게 마련이다. 비용을 절감하고 운영의 묘를 더하기 위해 업소용 팥소를 쓰게 되면 사람들의 기대를 결코 채울 수 없는 이유가 여기에 있다. 전통적인 상품에는 전통적인 원칙이 있다. 오랜 기간 사람들이 접해온 상품에는 그들이 예상하는 전형적인 맛과 느낌이 존재한다. 그 상품만의 원칙이 있는 것이다. 그 원칙이 전통과 문화에 기반한다면 반드시 그것을 따라야 한다. 그것이 바로 소비자가 원하는 핵심 가치일 것이기 때문이다.

우리나라의 전통 과자인 한과에도 전통 제조 방식이 존재한다. 한과의 명인인 갈골산자의 최봉석 명인이 여전히 전통 수작업 방식을 고수하는 이유가 여기에 있다. 전통 한과는 재료 준비부터 완성까지 한 달가량이 소요되는 길고 엄격한 제조 방식을 거친다. 최봉석 명인은 찹쌀 발효부터 방아 찧기, 반죽을 만들어 찌고 꽈리를 치고, 말리고, 튀기는 과정을 모두 꼼꼼히 거친다. 한 달 정도 걸리는 모든 과정을 수행을 하듯 고요하고 고집스럽게 지켜나간다. 이는 150여 년에 걸쳐 내려온 집안의 전통적인 제조법이다. 그는 이 제조법을 고스란히 후대에 전수하고 있다.[3]

우리에게는 한과를 마주할 때 기대하는 제조 방식이 있다. 나이가 지긋한 한과 명인이 정성을 다해 한과를 찌고 튀기고 고물을 묻히는 장면이 우리가 한과를 마주하면 맛보다 먼저 연상하는 이미지다. 명절이면 할머니가 만들어주신 한과, 손으로 정성껏 고물을 묻히고 맛을 보게 해주던 그 장면을 저도 모르게 떠올리게 되는 것이다. 영화 속 할머니 아르바이트생은 도라야키의 이러한 문화적 가치를 잘 알고 있었다.

우리는 종종 단기적 성과를 보고 주력 상품에 대한 충분한 이해 없이 사업을 진행하기도 한다. 마케팅 책은 늘 모든 이야기를 상품에서 시작하지만 실제로 우리가 상품의 본질적 가치와 영향력, 상품을 위한 마케팅에 대해 알고 있는 것은 제한적이다. 상품을 이해하려면 소비자가 상품을 물색하고, 고민하고, 구매를 결정하고, 상품을 사용하는 과정을 하나하나 뜯어보고 샅샅이 분석해야 한다. 그 모든 과정을 빠짐없이 구체적으로 나열하고, 단계별로 일어나는 소비자 니즈를 분석하고 그들의 행동을 예상하고, 상품 가치가 어떻게 변화하는지 알아야 한다. 그래야만 판매하는 상품이 소비자의 머릿속에서 어떤 상품으로 분류되는지, 상품을 구매함으로써 어떤 가치를 얻고자 하는지 알 수 있다.

세상에는 수없이 많은 상품과 서비스가 있다. 우리가 아는 상품, 혹은 상품 분류 코드를 통해 구분할 수 있는 상품은 얼마나 제한적인가. 관리를 위해 만들어진 상품 분류 코드를 통해서가 아니라, 소비자가 상품에서 얻는 가치와 의미를 알아야 소비자와의 소통이 시작된다. 소비자가 도라야키를 살 때, 그리고 한과를 살 때 무의식중에 불현듯 떠올리는 이미지에 공감해볼 필요가 있다.

할머니 아르바이트생은 작고 무기력한 도라야키 가게에 큰 변화를 가져왔다. 그녀는 도라야키 가게의 주력 상품인 도라야키가 상품으로서 어떤 의미를 갖는지 명확히 이해하고 있었다. 그리고 손님이 기대하는 도라야키를 정확히 파악했다. 그런 그녀가 가

작은 도라야키 가게가 이룬 마케팅 성과

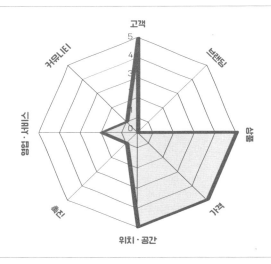

져온 변화는 컸다. 가게 앞은 도라야키를 사려고 몰려든 손님으로 북적였고 정성껏 만든 도라야키는 빠르게 동이 났다. 그녀가 이룬 마케팅 성과는 어떠했을까?

　　차트로 표현하면 우선 고객 수가 늘어났고 꾸준히 구매하는 단골도 늘어났다. 상품의 품질은 매우 높은 수준으로 향상되었고, 가격 경쟁력과 입지 경쟁력의 도움을 받아 장사는 점점 더 잘 될 것이 분명하다. 다만 여전히 브랜딩을 위한 노력이 적고, 촉진이나 영업에 대한 전략이 부족하며, 지역 커뮤니티와의 연대와 협력이 이루어지지 않는 점은 한계로 작용할 것이다. 이러한 한계를 극복하고 장기적인 성장을 이루기 위한 방법은 무엇일까?

스토리텔링을 하다

구부정한 허리로 정성을 다해 전통 팥소를 만드는 할머니 아르바이트생은 손님들에게 특별한 의미가 될 수 있다. 꽃이 피면 꽃과 나무를 향해 환하게 미소를 짓고, 달이 예쁘면 달에게 인사를 건네는 할머니는 전통 상품인 도라야키에 잘 어울리는 사람이다. 그녀는 해사한 웃음을 지으며 손님을 환대할 줄 알고, 손님과 인생에 대한 소회를 다정하게 나눌 줄 아는 할머니였다. 우리가 기억하는 할머니의 이미지에 가장 가까운 사람인 것이다. 주인공 센타로는 이런 도쿠에 할머니의 이야기로 스토리텔링을 하고 이를 통해 브랜딩과 촉진 활동을 전개해갈 수 있다.

작은 가게가 할 수 있는 브랜딩이나 촉진 전략은 대기업의 전략과 경쟁이 될 수 없다. 소비자가 작은 가게에 기대하는 바 또한 대기업에 대한 기대와는 다르다. 따라서 소비자의 기대, 운영이나 비용의 효율성에 맞는 작은 가게만의 전략이 필요하다. 그런 면에서 작은 가게다운 전략, 자기 가게만의 전략을 찾아내야 한다. 스토리텔링을 권하는 이유는 그것이 하나의 브랜드로서 정체성을 확고하게 해줄 뿐 아니라, 소비자가 쉽고 편안하게 가게에 접근할 수 있는 가교의 역할을 하기 때문이다. 물론 SNS 등의 비용 효율이 높은 매체를 활용해 빈번하게 가게를 노출시키는 데에도 스토리텔링이 도움이 된다.

전통 과자 도라야키를 파는 가게에서 할머니 아르바이트생은 최고의 스토리텔링 소재다. 백발 노인이 매일 새벽 전통 방식으로 전통 과자를 만드는 과정을 보여주는 것만큼 제품의 문화적 가치를 각인시키기에 좋은 방법은 없다. 센타로는 할머니 아르바이트생의 이야기를 깊이 있게 소비자들에게 전할 필요가 있다. 할머니가 자연의 모든 것을 대하는 태도로 팥소를 만드는 과정을 소비자들에게 전하는 것이다. 도라야키의 팥소에 정성을 들이게 된 배경을 그녀의 길고 지난했던 개인사를 되짚어 찾아낼 수도 있다. 다소 사적인 추억 속 한 장면이어도 좋다. 역사 속에 늘 함께 해왔던 전통 과자인 도라야키가 할머니의 인생 속 이미지에 잘 부합할 수 있을 것이다. 손님들이 도라야키를 떠올릴 때면 연상되는 애틋하고 가슴 아린 어떤 장면을 말이다.

갈골산자의 최봉석 한과 명인은 집안 어른들을 따라 어린 시절부터 한과를 만들었고 지게 가득 한과를 지고 대관령을 넘어 주문진항까지 가서 팔았다. 그의 집안 어른들은 기름이 귀하던 시절 동해안 모래를 이용해 산자를 튀겨냈다. 최봉석 명인과 갈골산자를 이야기할 때 모래산자가 빠지지 않는 이유다.[4] 이제는 모래로 튀겨낸 산자를 찾는 이가 없어도, 모래산자만큼 그의 집안이 한과의 전통을 지키며 지내온 고된 세월을 대변하는 얘깃거리가 없다.

대를 이어 찾아오는 단골 고객도 오랜 역사가 빛을 발하는 이야기의 일부가 된다. 오래된 밥집을 찾아가면 주인도 대를 잇고, 단골 고객들도 대를 이어 찾아오는 장면을 자주 보게 된다. "내가 어릴 적에는"으로 시작하는 나이가 지긋한 단골 고객의 이야기를 미소 지으며 듣고 있는 노년의 가게 주인을 바라볼 때면 제대로 가게를 찾아온 것 같은 느낌이 들기도 한다.

도라야키 가게의 할머니 아르바이트생은 최고의 팥소를 만드는 든든한 동료이자 가게의 전통적 이미지를 강화하는 스토리텔링 마케팅의 가장 중요한 주제다. 백발이 된 노인은 전통적 방식과 고집스럽게 품질을 지켜온 가치를 대변한다.

또한 센타로는 할머니 아르바이트생의 고용을 널리 알리고 가게의 사회적 가치를 높일 수 있다. 팔순 노인을 고용하는 가게는 많지 않다. 노인이 일할 수 있는 환경을 만들어간다는 것은 사회적으로도 큰 의미가 있다. 소비자는 사회적 활동을 수행하는 사업체에 높은 구매 의사를 보인다. 작은 가게일수록 사회적 의미를 찾고 개발하려는 노력은 소비자의 관심과 충성도를 높이는 데에 큰 도움이 될 것이다.

어느 날 센타로의 가게에 들어선 도쿠에 할머니는 작은 도라야키 가게의 팥소 맛을 지켜낸 것은 물론 가게가 소비자와 소통할 수 있는 가장 효과적인 방법을 찾아냈다. 센타로가 새롭고 든든한

마케팅 제안이 가져올 마케팅 성과

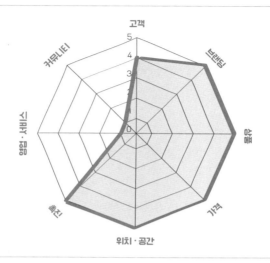

동료인 할머니 아르바이트생과 이 기회를 놓치지 않기를 바란다.

센타로는 전통 방식으로 도라야키를 만드는 할머니를 부각 시킴으로써 브랜딩 효과를 높일 수 있다. 정성껏 도라야키를 만드는 친절한 할머니는 그 자체로 이야깃거리가 되고 소비자의 공감을 이끌어낼 것이다. 이는 가게의 정체성과 이미지를 확고하게 하는 데에도 도움이 된다.

이와 함께 온라인, 모바일, 전화 및 우편 주문, 지역 커뮤니티, 다양한 지역 내 학교나 기관 등으로 판매 채널을 확대하면 고객의 수는 증가할 것이며, 이는 안정적인 매출과 수익으로 연결될 것이다.

　스토리텔링 마케팅과 다양한 채널을 통해 가게와 상품이 알려지면 자연스럽게 가게의 이름, 즉 브랜드의 인지도를 높일 수 있다. 다만 여전히 영업 전략 및 커뮤니티와의 협력과 연대를 위한 전략을 개발할 필요가 있다.

　작은 가게들은 동네 안에서 충성도가 높은 고정 고객을 많이 만들어내는 것이 좋다. 지역 내 커뮤니티 구축은 단골 고객, 즉 고정 고객 수를 높이는 데 유리하다. 작지만 동네 사람들이 애착을 갖는 도라야키 가게로서 오래도록 살아남기 위해서는 그들의 일원이 되고 친구가 되어야 할 것이다.

마케팅
솔루션

소비자에게 이야기를 팔아라. 작은 가게에 장인 정신으로 만드는 최고의 품질만큼 인상적인 이야깃거리는 없을 것이다. 이를 이야기로 만들어 팔아라.

스토리텔링 마케팅

'이야기'는 '사실'보다 더 쉽게 기억된다

사람들은 이야기를 좋아한다. 소비자로서 우리가 기업의 이야기에 끌리는 것은 어쩌면 당연한 일이다. 소비자는 이야기를 원하고, 기업과 가게도 소비자에게 하고 싶은 이야기가 있게 마련이다. 즉 이야기는 기업과 소비자 모두가 원하는 것이고, 서로를 이해하기에 가장 효과적인 도구다.

스토리텔링 마케팅은 기업의 정체성과 가치를 담아낸 이야기(스토리)를 소비자에게 말하는(텔링) 과정을 전략적으로 수행함으로써 기업과 가게의 상품과 사업을 강조하고 효과적으로 전달하는(마케팅) 역할을 한다.

실제로 이야기는 기억에 남는다. 스탠퍼드대학교 경영대학원의 제니퍼 아커 교수에 따르면 사람들은 사실 자체보다 이야기를 22배 더 쉽게 기억한다.[5] 이외에도 연구자들은 이야기가 사람들을 더 이타적이고 친절하게 만들 뿐 아니라[6] 혈압을 낮추는 등 인체에도 영향을 미친다고 주장한다.[7] 사람들은 이야기를 '경험'하면서 이야기 속의 정보를 더욱 공감하며 잘 기억하는 것이다.

기업이 스토리텔링을 활용하여 큰 성공을 거둔 예는 셀 수 없이 많다. 코카콜라, 아이폰, 나이키는 광고와 홍보 매체에 이야기를 담는다. 기업이 소비자와의 소통을 위해 제품 사양보다 이야기에 집중하는 것은 이야기의 힘을 잘 이해하기 때문이다. 스토리텔링 마케팅은 작은 가게에도 적합하다. 적은 예산으로도 가게의 이야기를 소비자에게 전달하여, 소비자와 연결되며, 메시지 속에 담긴 가치를 공유하는 것이 가능하다.

다만 이야기 속에 담을 가게의 메시지가 충분히 매력적이어야 한다. 스토리텔링은 이미 대중에게 익숙한 도구이며 장치이다. 어떤 이야기를 어떤 방식으로 전달하느냐에 따라 결과는 달라질 것이다. 이처럼 스토리텔링 마케팅의 핵심은 성과를 내는 효과적인 운영에 있다.

WHAT: 전달하고자 하는 핵심 메시지를 정하라

재미있는 소설책이나 시간 가는 줄 모르고 본 영화를 떠올려 보라. 그 안에는 이야기를 구성하는 요소가 있다. 인물들이 나오고, 그들에게는 늘 특정한 문제와 갈등이 있다. 그들은 문제를 해결하기 위해 계획을 세우고 행동하고 이내 그 문제를 해결한다. 이처럼 모든 이야기에는 캐릭터, 문제점과 갈등, 해결과 극복, 플롯, 배경 등의 필수 요소가 포함된다. 유명한 스토리텔링 광고에도 마찬가지로 필수 요소가 포함되어 있다. 이야기를 전달하는 가장 효과적인 방식을 따르는 것이다.

더 중요한 것은 필수 요소가 전달하는 메시지이다. 갈등과 문제점을 해결하고, 소비자에게 감동을 주고, 공감대를 형성하고, 그들과 관계를 돈독하게 할 수 있는 메시지는 무엇일까? 이야기 속 인물과 그 인물이 맞닥뜨린 문제에 소비자가 공감하게 하려면 기업과 가게는 먼저 사업의 정체성을 면밀하고 명확하게 분석해야 한다. 사업과 브랜드의 목적, 타깃 소비자, 소비자에게 제공하고자 하는 사업 가치를 명확하게 정의하고, 가장 중요한 것이 무엇인지 한 문장으로 요약할 수 있어야 한다. 단 한마디로 정리할 수 있는 강력하고 압도적인 메시지가 없다면 어떤 이야기로도 소비자의 공감을 얻기 어려울 것이다.

HOW: 스토리텔링은 예술이다

사업과 제품의 핵심 메시지를 정의했다면 이를 표현할 수 있는 이야깃거리를 찾아내야 한다. 일반적으로 기업의 역사, 제품의 개발과 제조 과정, 직원이 겪은 사건, 고객의 경험 등에서 이야깃거리를 찾아낸다. 창업 이야기를 활용하여 마치 히어로물처럼 흥미로우면서도 기업 가치를 명확하게 드러내는 마케팅을 시도할 수도 있다. 제품이나 서비스의 개발 과정이 광고와 홍보에 묘사되는 경우도 적지 않다.

또 실제 고객의 사례는 기업과 고객의 관계를 이상적으로 그려내기 때문에 잠재 고객을 끌어들이기에 적합하다. 고객이 주요 인물로 등장하는 광고는 특히 공감대를 강화하고 신뢰도와 충성도를 높이는 효과가 있다. 무엇보다 가장 중요한 것은 소비자가 공감할 수 있어야 한다는 점이다. 일반적으로 좋은 이야기는 재미있고, 신뢰할 수 있으며, 교훈이 있고, 청중과 관련이 있고, 기억에 남는 이야기이다.[8]

스토리텔링은 이야기를 만드는 과정이다. 마케팅에 쓰이는 이야기는 늘 고객과 연결되어 있어야 한다는 점을 잊지 않아야 한다. 고객이 공감하거나, 고객이 활용할 수 있거나, 고객이 기업이나 가게와 관계를 맺을 때 도움이 되는 요소가 포함되어야 한다. 동시에 이야기를 만드는 것은 일종의 예술적인 창작 과정이기도 하다. 드라마적 요소를 갖추어야 하고 충분히 감동적이거나 호기심을 자극할 수 있어야 한다.

제품과 서비스의 세계는 늘 변화한다. 뛰어난 제품 사양이 사람들에게 영원히 기억되는 경우는 드물다. 그러나 이야기는 사람들에게 영원히 기억될 수 있다. 감동적이고 힘이 있는 이야기로 소비자와 연결되고 오랜 관계를 구축하고 유지할 수 있다. 특히 작은 가게에게 이야기는 가게를 스쳐 지나가는 수많은 잠재 고객에게 존재를 각인시키는 좋은 도구가 될 것이다.

3장

가격을 지배하다

극한직업

동네의 흔한 치킨집

드문드문 가정집과 가게들이 늘어선 골목길에는 어디에나 치킨집이 있다. 우리나라에는 2019년 2월 기준으로 전국에 8만 7,000개의 치킨집이 있다. 외식 프랜차이즈 가맹점 중 21.25%가 치킨집으로 그 수가 커피전문점보다 많다.[1] 사실상 모든 동네에 치킨집이 있는 셈이다. 우리가 흔히 마주하는 골목 어디에나 있는 이 치킨집이 영화〈극한직업〉속 배경이자 조연이다.

영화 속 치킨집에는 세월의 흔적이 가득한 테이블과 의자가 있다. 주방에는 기름때가 묻어 있고, 오래된 조명에도 눅눅한 먼지가 앉은 이 오래된 치킨집에는 이제 손님도 드나들지 않는다. 자리만 차지한 채 생명력을 잃어버린 치킨집에서 주인공들이 장사를 시작하며 새로운 장이 열린다. 손님들이 줄을 서서 기다리는 치킨집으로 바뀐 것이다. 밀려드는 주문과 밤낮없이 들어서는 손님들로 가게는 늘 북새통이다. 손님이 끊겼던 치킨집에 주인공들이 가져온 변화는 무엇이었을까? 동네의 흔한 치킨집을 발 디딜 틈 없는 유명 맛집으로 만든 비결은 무엇일까?

가격 결정권을 확보하다

어느 날 식당 주인과 종업원이 메뉴의 가격에 대해 나누는 이야기를 들은 적이 있다. 그들은 주메뉴 가격을 500원 올리는 것을 두고 이런저런 대화를 나눴는데, 식자재 값은 오르는데 손님들이 이를 알아주기는 어렵다는 걱정이 주된 내용이었다. 500원 가격 인상에도 걱정이 많은 것이 작은 가게의 현실이다. 손님 입장에서 동네 가게의 가격 인상은 드라마틱한 변화와 다름없기에 손님들에게 가격 인상을 설득하는 일은 쉽지 않다.

그러나 영화 속 치킨집인 '형제치킨'에서는 가격을 한껏 올리고도 손님들이 늘어만 갔다. 이런 일이 가능할까? 실제로 프랜차이즈 브랜드별 치킨 가격에는 차이가 있다. 메뉴를 차별화해 다양한 치킨을 다양한 가격에 판매한다. 일반적인 프렌차이즈 치킨의 가격이 1만 2,000원에서 2만 3,000원까지 다양하고, 가장 비싼 치킨은 3만 원에 달한다. 소비자는 브랜드 이미지, 메뉴의 독창성, 음식 맛, 가게 위치와 주변 환경, 가게 분위기와 서비스 등에 따라서 기꺼이 비싼 값을 치르기도 한다.

가격은 손님과 가게 사이에서 외줄을 타듯 아슬아슬한 위치에 있다. 어떤 경우에는 500원을 올리는 것도 설득이 안 되는데 다른 경우에는 1만 2,000원에도 살 수 있는 치킨을 3만 원을 주고 사서 먹기도 한다. 이는 결국 가격 지배력pricing power을 누가 가지고 있느냐에 대한 이야기다. 영화 속 형제치킨은 가격 지배력을 쥐고 있었다. 다시 말해 다른 치킨집과의 가격 경쟁을 무의미하게 만들고, 가격을 올리고도 손님의 수가 줄어들지 않으며, 이익은 오히려 더 늘어나게 하는 힘이 있다는 의미다.

가격 지배력은 가치와 가격의 관계를 이해하는 데에서 나온다. 가격을 정할 때 가게 운영자가 가장 우선시하는 것은 소비자가 인식하는 가격의 상한선과 하한선을 가늠하는 일이다. 그렇다면 가게는 가격의 상한선과 하한선을 어떻게 정해야 할까? 가게가 가격 지배력을 갖는다면 일반적으로 소비자를 고려하지 않는 것처럼 느껴지지만 사실은 그 반대다.

가격 지배력을 갖는다는 것은 가격 상한선에 대한 결정권을 갖는다는 말이다. 그런데 이 가격 상한선이라는 것이 매우 예민하고 결정하기 어려운 부분이다. 가격 상한선은 소비자가 상품의 가치를 어느 정도로 평가하느냐에 달려 있기 때문이다. 가격 하한선은 철저히 제품 원가에 가게의 이익을 더한 계산에서 나오는 것이므로 소비자보다는 제품 원가나 가게 사정에 초점을 맞춘다. 가게가 가격 상한선의 결정권을 갖는다는 것은 손님이 기대하는 가치를 제공하겠다는 의지를 나타내는 것이다.

소비자가 가격을 받아들이는 방식은 예상보다 복잡하다. 그들은 매우 다양한 요소를 고려하고 분석해 가격을 평가한다. 따라서 가게가 가격 상한선을 높게 정하는 것은 소비자가 부지불식간에 고려하는 그 수많은 요소를 충족시키면서 상품의 가치를 높이겠다는 의미다. 형제치킨에서 주인공들이 제공한 가치는 독창적이고 새로우면서 아주 맛있는 치킨이다. 굉장히 맛있는 치킨을 만들었으니 손님이 마다할 이유가 없다. 실제로 비싸면서도 잘 팔리는 치킨을 내놓는 치킨집들은 늘 새로운 메뉴를 개발하고 시도한다.

형제치킨은 최고의 맛을 내놓으며 가격 지배력을 가졌다. 그러나 상품의 가치를 높일 수 있는 요소는 이외에도 다양하다. 가게의 분위기나 브랜드 이미지, 다른 마케팅 전략과의 조화 등을 개선해서 가치를 높일 수 있다. 가장 우선되어야 하는 것은 손님이다. 더 나은 가치를 제공하려면 손님이 인정하는 가치여야 하기 때문이다. 그 가치를 먼저 정하고 소비자 가격과 원가를 결정해 제품을 개발하는 순서를 거친다.

물론 형제치킨도 처음에는 다른 치킨집과 다를 바 없는 가격으로 새로운 메뉴를 선보였다. 영화 속 주인공들이 이를 특별히 고려한 것은 아니었지만 실제로 시장에서는 일반적인 가격으로 소비자를 유도하는 것이 우선이다. 형제치킨처럼 일반적인 가격으로 새로운 치킨을 출시하여, 이 메뉴를 처음 맛본 소비자가 이를 SNS에 공유하면서 입소문을 타기 시작하는 것이 좋다. 이후 가격을 올리거나 조금 더 개선된 메뉴를 제공하면서 가격 지배력을 높여가는 것이다. 의도했건 의도하지 않았건 영화 속 형제치킨은 독창적인 메뉴에 대한 가격 지배력을 차근차근 확보해갔다.

마케팅 비결 ②
메뉴를 단순화하다

형제치킨에는 손님이 없었다. 그도 그럴 것이 형제치킨은 흔한 변두리 동네의 오래된 치킨집이다. 동네는 사람들이 모여들 만한 세련되고 매력적인 상권도 아니고 가게에는 기름때로 찌든 낡은 벽지와 촌스러운 테이블과 의자뿐이다. 그런 치킨집에 어느 날부터 손님이 줄을 서기 시작한다. 새로 생긴 단 하나의 메뉴 때문이다. 새로운 메뉴를 맛본 손님들은 환호한다. 소문은 입에서 입을 타고 빠르게 퍼진다. 사람들은 흔한 동네의, 흔한 치킨집 앞에, 단 하나의 메뉴 때문에 줄을 길게 서기 시작한 것이다.

맛이 좋으면 메뉴는 정말 하나여도 되는 것일까? 우리는 실제로 메뉴가 두세 개뿐인 맛집을 종종 만난다. 사람의 발길이 뜸한 외진 곳에 자리한 맛집이거나 시골 전통시장 안에 있는 유명 맛집에는 메뉴가 하나인 경우도 적지 않다. 그럼에도 불구하고 가게 안은 늘 사람들로 북적인다. 최고의 맛을 자랑한다면 메뉴의 수는 중요하지 않은 것일까? 혹은 메뉴의 수가 적을수록 좋은 걸까? 메뉴의 수는 가게 운영에 얼마나 중요할까?

사실 메뉴의 수가 너무 적은 것보다는 너무 많아서 불편한 경우가 더 많다. 소비자는 너무 많은 메뉴와 너무 다양한 상품에 압도되는 경우가 잦다. 쏟아지는 수많은 정보와 상품 속에서 오히려 선택은 점점 어려워진다. 시장이 혁신을 거듭할수록 가는 곳마다 메뉴는 더욱 빽빽해졌다. 요즘은 치킨집에도 수많은 메뉴가 있다. 특히 프랜차이즈 기업일 경우에는 더욱 그렇다. 이제 기업이 시장을 만족시키는 방법은 비슷비슷한 가격의, 비슷비슷해 보이는 메뉴를 추가하는 것이 된 듯하다.

메뉴 수를 늘리면 식당은 매출을 높일 수 있을까? 사실 그 반대다. 미국의 레스토랑 컨설팅 회사 애런앨렌&어소시에이츠Aaron Allen & Associates의 조사에 따르면 2013년부터 2017년까지 메뉴의 수를 늘린 외식업체의 평균 매출액 증가는 8%인데 반해, 메뉴의 수를 줄인 업체의 평균 매출 증가율은 14%였다.[2] 물론 영화 〈극한직업〉의 주인공들은 다소 극단적인 메뉴 단순화를 꾀했다. 그들은 단 하나의 대표 메뉴만을 메뉴판에 올렸다. 소비자들이 비슷비슷한 치킨 메뉴와 맛에 질려 있을 즈음 혁신적이고 독특한 시그니처 메뉴를 만들어낸 것이다. 이처럼 극단적인 메뉴의 단순화는 현실적이지 않다. 그러나 이런 소수의 혁신적인 시그니처 메뉴의 개발로 식당은 메뉴와 가격에 대한 지배력을 얻을 수 있다.

손님이 좋아하는 맛있는 핵심 메뉴에 집중하는 것은 여러 가지 비용 절감 효과를 가져오기도 한다. 메뉴 수가 많은 경우 모든 음식에 일관되게 높은 품질을 유지하고, 각양각색의 메뉴를 실수 없이 제공하기 위해서 가게는 더 많은 직원, 혹은 더 상세한 직원 교육이 필요하다. 그뿐만 아니라 많은 종류의 요리를 하기 위해 더욱 다양한 재료가 필요하며, 재고 관리를 위한 비용과 노력도 적지 않게 든다. 가장 중요한 것은 손님의 편의성이 떨어진다는 점이다. 따라서 가게는 자신들의 메뉴가 모두 비슷비슷하지는 않은지 점검해봐야 한다.

시장 트렌드를 따라가려고 하다가 자신의 본질을 흐리게 되는 전략적 오류가 없도록 해야 한다. 오히려 시그니처 메뉴의 품질을 개선하고 혁신하는 쪽이 효과적일 것이다. 특히 대형 프랜차이즈 식당에 비해 작은 식당은 비용 문제를 고려하지 않을 수 없다. 많은 메뉴를 운영하기 위한 인건비, 재료비와 재고 운영비 등에서 대형 프랜차이즈 식당과 경쟁하기 어렵기 때문이다.

식당 운영의 시작은 메뉴다. 메뉴를 엄선해서 최고의 품질과 서비스를 제공하는 데에 초점을 맞출 필요가 있다. 영화 속 형제치킨은 평범한 요리로 메뉴를 가득 채우지 않았다. 그들은 단 하나의 시그니처 메뉴로 가게를 특별하게 만들었다. 그 점이 가게를 더욱 눈에 띄게 했다.

영화 속 형제치킨의 마케팅 성과는 혁신적인 상품 개발 덕분이다. 혁신적인 시그니처 메뉴로 상품에 대한 평가와 만족도가 좋은 편이다. 또한 독특하면서도 잊을 수 없는 맛을 만들어 가격 지배력을 갖추었기 때문에 그 어떤 가격 전략보다도 뛰어난 성과를 냈다. 다만 이 세 가지 요소 외에는 다소 취약한 면모를 드러낸다.

우선 형제치킨의 위치와 공간은 아쉬운 부분이 있다. 흔한

흔한 치킨집이 이룬 마케팅 성과

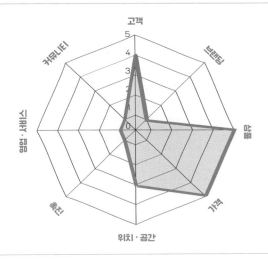

변두리 동네에 입지했을 뿐 아니라 주변 상권이 발달한 것도 아니며 가게는 오래되어 낡고 촌스럽다. 별다른 영업 및 서비스 전략이나 촉진 전략을 사용하지도 않으므로 이에 대한 성과도 기대하기 어렵다. 또한 지역 커뮤니티와 어떠한 연계도 없으니 이로 인한 성과도 전무하다. 입소문을 타고 수많은 손님을 끌어들이고 있으나 다른 측면에서 노력을 기울이지 않는다면 가게의 장기적인 성과를 기대하기 어렵다. 그렇다면 형제치킨의 장기적인 생존과 성과를 위한 전략에는 어떤 것이 있을까?

마케팅 제안 ①

SNS 활동을 시작하라

형제치킨은 '절대 사진을 찍지 말라'고 적힌 종이를 붙여놓지만 소문은 사람들의 입을 타고 빠르게 퍼져나간다. 더 정확히는 손님들의 SNS를 타고 널리 퍼진다. 처음에는 음식이 맛있다고, 가격이 오른 후에는 고급스러운 음식이라며 더 많은 사람에게 알려진다. 영화의 주인공들이 가게를 홍보하기 위해 하는 활동은 전혀 없다. 가게를 소개해주겠다는 방송국의 제안도 마다한 그들이다.

SNS에는 정보가 넘치고 소비자의 후기도 넘쳐흐른다. 많은 사람이 정보를 공유하고 서로 소통하기 위해 SNS를 이용한다. 이런 이유로 대부분의 기업이나 가게들이 SNS를 이용해 고객과 커뮤니티를 구축한다. 외식업 전문지 〈모던레스토랑매니지먼트Modern Resturant Management〉에 따르면, 실제로 미국의 레스토랑 중 63%가 홍보 효과를 위해 소셜 미디어를 이용하고 있다.[3] 그들은 유명 SNS에 자신들의 계정을 만들고 프로필을 작성한다. 그리고 새로운 요리를 개발해서 사진을 올리거나 새로운 이벤트를 공지하기도 한다.

나는 자주 다니는 단골 가게와 SNS로 소통을 해본 적이 없었다. 대부분 SNS를 하지 않았기 때문이다. 그러던 어느 날 미국 생활 중에 작은 빵집과 SNS로 소통하게 되었다. 정오만 지나도 빵이 다 팔리고 없는 작디작은 빵집이었다. 그들은 페이스북으로 동네 주민들과 소통하고 있었는데, 이른 아침에 빵이 나오면 사진과 함께 시간을 알리곤 했다. 가끔 피자를 만드는 날에는 어김없이 SNS로 손님들에게 알렸고 동네 단골손님들은 피자가 떨어지기 전에 사려고 종종걸음을 쳤다. 간단한 소통을 할 뿐인데도 김이 모락모락 날 것만 같은 빵 사진에 단골들이 기대에 찬 댓글을 다는 모습은 정겹고 다정해보였다.

이전에는 비즈니스를 위한 SNS 활동으로 손님들과 우정과 신뢰를 쌓을 수 있다는 생각을 전혀 해본 적이 없다. 그러나 어떻게 사용하느냐에 따라 비즈니스 용도의 SNS 활동으로도 충분히 손님과 신뢰를 쌓을 수 있었다. 연구 결과에 따르면, 기업은 온라인 브랜드 커뮤니티를 통해 충분한 소통의 장과 정보를 제공하는 것이 좋다. 소비자는 온라인 커뮤니티를 통한 사회적 혜택과 정보 혜택을 중시하기 때문이다.[4]

소셜 미디어에 가게의 프로필을 자세히 올리는 것은 소비자와의 친밀한 소통을 위한 중요한 첫걸음이다. 가게 위치, 업무 시간, 전화번호, 가게의 개성, 메뉴 사진 등이 정확하고 일관성 있게 담겨 있어야 한다. 영상은 사람들을 더 집중하게 만드는 힘이 있으므로 이를 활용하여 소셜 미디어 활동을 할 필요도 있다.

또한 손님들이 자신의 SNS에 멋진 인증샷을 올릴 수 있도록 신경을 써야 한다. 이제 가게의 서비스 항목에 인스타그램 사진을 잘 찍기 위한 요리와 매장의 인테리어도 넣어야 하는 때다. 식당과 요리는 물론 방문하는 손님 자신도 멋지고 매력적으로 보일 수 있도록 서비스를 제공할 필요가 있다. 가끔 멋진 사진을 올린 손님에게 쿠폰이나 무료 식사를 제공하는 것도 방법이 된다. 손님들의 참여도를 높일 수 있는 훌륭한 전략이 될 것이다.

마케팅 제안 ②
영업의 범위를 커뮤니티로 확대하라

영화 속 주인공들은 따로 영업을 하는 법이 없다. 쿠폰을 주거나 이벤트를 하는 등의 촉진 활동이 전혀 없는 것은 물론이다. 그러나 영업이나 촉진은 비즈니스의 가장 기본적인 영역이다.

작은 가게들은 지역 사회와 교류하며 지속적으로 회자되고, 지역에 활력을 불어넣는 역할을 할 필요가 있다. 충북 옥천의 작은 마을에서 '카페토닥'을 운영하는 젊은 사장이 지역 커뮤니티와 소통하는 방식이 좋은 사례다. 미술을 전공한 그는 동네 초등학교에서 아이들과 때때로 벽화를 그린다. 그렇게 아이들과 학교에 벽화를 그리는 동안 선생님들은 카페 사장이 정성껏 만들어온 샌드위치로 점심 식사를 하고는 했다.[5] 이처럼 가게가 지역 커뮤니티와 관계를 맺고 그 일원이 되어 가는 방법은 다양하다. 이러한 교류는 가게와 지역 모두에 활력이 된다.

형제치킨은 제법 널찍한 실내 공간을 가졌으니 지역 단체의 회의나 이벤트를 개최하는 것도 좋은 방법이다. 지역 학교 운동

팀이나 지역 스포츠 동호회의 허브가 되어줄 수도 있다. 이들이 모일 장소가 되어주고 할인을 제공할 수도 있다.

이처럼 지역 사회에 적극적으로 참여하고 언젠가 손님이 될 주민들에게 지역의 일원임을 알리는 것이 좋다. 지역 내에서의 영업은 안정적인 고객층을 확보해준다. 이는 값비싼 광고를 위해 큰 비용을 투자하는 것보다 효율적이다.

사실 영화 속 형제치킨은 마케팅이나 운영 면에서 한계점이 많은 가게이다. 독특하고 참신한 신상품과 가격 전략으로 사람들의 이목을 끌기는 했지만, 장기적인 성과로 이어지지 못할 가능성이 높다. 개업과 함께 소비자의 입맛에 맞는 단일 메뉴로 사람들을 끌어모았다면 이제는 장기 전략을 세워야 한다. 오랫동안 지금의 성황을 유지해야 하는 과제가 남아 있기 때문이다. 앞서 제안한 여러 마케팅 전략을 통해서 형제치킨은 부족했던 영업 및 촉진 전략을 강화할 수 있다.

특히 지역 내에 군건한 커뮤니티를 구축하는 것이 여러모로 유리하다. 개업 초기에는 맛있는 단일 메뉴의 치킨 요리로 손님들을 끌어모았으나 대부분 SNS를 통해 찾아온 손님이나 관광객 등으로 지역의 외부에서 유입되었다. 장기적으로 더욱더 안정적인 고객층을 유지하려면 지역 사회 내부에서의 유입을 늘려야 한다. 지역 커뮤니티를 중심으로 영업을 확대하고 촉진 활동을 전개하

마케팅 제안이 가져올 마케팅 성과

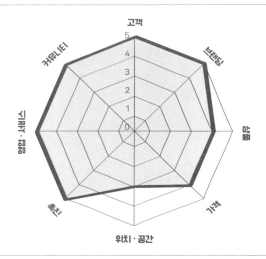

면서 형제치킨은 지역 사회 내부의 안정적인 고객층을 확보할 수 있다. 더불어 이제 막 개업한 가게 이름이 지속적으로 알려지며 브랜드 인지도 또한 높일 수 있다.

마케팅
솔루션

고객이 원하는 메뉴의 종류와 수를 찾아내라. 메뉴에도 엔지니어링이 필요하다.

메뉴 엔지니어링

각 품목의 인기도와 수익성을 분석하라

식당 메뉴는 매출을 결정하는 가장 중요한 도구다. 식당을 찾은 손님이 가장 먼저 하는 것이 메뉴를 읽어보는 것이기 때문이다. 메뉴에 따라 차이가 있지만, 갤럽의 조사에 따르면 일반적으로 소비자가 메뉴를 읽어보는 데에는 1분 40초 정도가 걸린다고 한다.[6] 소비자는 메뉴를 훑어보고 간단한 설명과 가격을 확인한다. 이때 메뉴에 정리되어 있는 품목이 무엇이며, 그것이 다른 품목과 함께 판매 가능한지가 중요하다. 또한 소비자가 내리는 빠른 의사 결정에 수익성 높은 품목이 포함되도록 해야 한다. 예를 들면 요리와 음료가 잘 어울려서 함께 판매되도록 메뉴를 구성하는 것이다.

손님에게는 1분 40초 정도가 걸리는 일이지만, 식당 입장에서 메뉴를 구성하는 일은 그리 단순하지 않다. 메뉴에 들어갈 단품과 가격을 정해야 하며 다른 단품과의 교차 판매도 고려해야 한다.

판매량과 수익성을 분석해 메뉴 항목을 다시 분류하고 가격을 조정한다. 따라서 메뉴를 결정하고 조정하기 위한 꼼꼼한 분석과 예측이 선행되어야 한다. 이를 위해 메뉴 엔지니어링이 사용된다. 메뉴 엔지니어링은 판매 데이터와 비용을 분석해 적절한 메뉴와 가격을 결정하고 조정하는 방법이다. 메뉴 엔지니어링을 통해 각 품목의 인기도와 수익성을 확인하는 것이다.

스타, 퍼즐, 플라우호스, 도그로 분류한다

메뉴 엔지니어링 분석을 위해서는 우선 분석할 기간을 정한다. 그리고 기간 내 전체 판매량과 품목별 판매량, 품목별 원가와 공헌이익, 전체 매출의 수익과 공헌이익, 품목별 선호도, 품목별 공헌이익과 선호도를 계산한다. 이렇게 계산된 공헌이익과 선호도(인기도)를 기준으로 각 품목을 네 개의 그룹으로 분류한다. 모든 품목은 선호도와 수익성이 높은 스타stars, 선호도는 낮으나 수익성은 높은 퍼즐puzzles, 선호도는 높으나 수익성이 낮은 플라우호스plow horses, 선호도와 수익성이 모두 낮은 도그 dogs 중 하나로 분류된다.

이러한 분류를 통해 어떤 품목이 매장의 수익성을 책임지고 있는지, 그렇지 않은 품목은 무엇인지, 메뉴에서 제거하거나 더 추가해야 하는 품목은 어떤 것인지 분석할 수 있다. 즉 수익성이 높고 인기도 높은 스타 품목은 최대한 유지하되 손님들의 주의를 더 끌

수 있도록 메뉴판의 가장 상단에 배치한다. 수익성이 낮지만 인기가 많은 플라우호스 품목은 가격을 인상하고 비용을 조정하기 위해 레시피를 재작업하거나 수익성이 높은 사이드 메뉴나 음료와 함께 세트 메뉴를 만들어 판매를 촉진할 수 있다. 퍼즐 품목은 가격을 인하하거나 눈에 띄도록 메뉴판에 재배치하고 메뉴의 이름을 변경하거나 이벤트 메뉴화하여 선호도를 높일 수 있도록 한다. 도그 품목은 메뉴에서 삭제하고 대체 메뉴를 개발하거나, 가격을 인상하고 원가를 인하해 퍼즐군으로 이동시킬 수 있다.

메뉴 엔지니어링 분석을 통해 메뉴를 재설계하고 보완하는 과정이 주기적으로 이루어져야 한다. 실적에 따라 주기적으로 분석하여 메뉴를 보완하고, 식재료의 계절성과 예상치 못한 가격 변동 또한 고려한다. 물론 소비자의 취향이나 트렌드도 반영해야 한다. 메뉴 변동이 너무 잦아서도 안되지만 메뉴 수정이나 보완이 전혀 이루어지지 않는 것도 고객의 발길이 줄어드는 이유가 될 것이다.

메뉴 분석은 수익에 직결된다

메뉴 관리를 위한 분석 방법은 메뉴 엔지니어링 외에도 다수 개발되어 있다. 원가율과 판매량으로 영업 성과를 판단해 품목을 분류하는 밀러의 방식, 원가율과 공헌이익, 판매량을 혼합해 분석하는 파베직 방식, 표준순이익과 품목별 순이익을 비교하는 헤이스와 허

프만 분석 방법 등을 이용할 수 있다. 각 분석 방법별로 장단점이 있으므로 여러 방식으로 분석을 해본 후 자신의 식당 메뉴를 개선하는 데 가장 효과적인 분석 방법을 선택하는 것이 좋다.

이처럼 메뉴를 분석하고 관리하는 다양한 방법이 개발된 것은 메뉴를 분석하고 보완함으로써 식당의 수익성을 개선할 수 있다는 것을 의미한다. 위의 기법들을 통한 정량적 분석 외에도 고객을 관찰하고 피드백을 수집하는 정성적 분석도 필요하다. 고객이 자신의 의견을 가감없이 드러낼 수 있는 방법을 이용해야 한다. 이를 위해 가게에 설문 카드를 비치하거나 웹사이트에 후기를 남기도록 유도할 수 있다. 가능한 모든 방법을 사용해 이상적인 메뉴를 구성하고 메뉴판을 새롭게 디자인함으로써 수익성을 높여야 한다.

4장

모퉁이 서점이
살아남는 법

유브 갓 메일

골목 안 오래된 작은 서점

주인공 캐슬린은 뉴욕 맨해튼의 한 골목에서 어머니에게 물려받은 작은 서점을 운영한다. 아침이면 그녀는 낙엽이 진 거리를 걸어 서점으로 출근한다. 그녀의 서점은 뉴욕의 가을에 잘 어울리는 고풍스럽고 아기자기한 아동서 전문 서점이다. 따뜻한 색의 조명, 어린이 독자를 위한 낮은 책상과 의자, 책장을 채운 형형색색의 아동 도서, 기둥에 붙은 귀여운 포스터로 가득찬 동화 같은 곳이다. 그녀는 가족 같은 직원들과 우정을 나누며 이 작고 아름다운 서점을 운영하고 있다. 동화 같은 작은 서점, 형제처럼 우애가 좋은 직원, 매일 서점에 들르는 귀여운 꼬마 독자. 우리가 꿈꾸는 완벽한 동네 서점의 모습이다.

　문제는 길 건너에 대형 체인 서점이 들어섰다는 사실이다. 넓고 깔끔하며 전문 서적부터 대중 서적에 이르기까지 없는 책이 없는 서점이다. 게다가 책을 읽으면서 함께 즐길 커피와 디저트까지 판매하고 있다. 책값도 싸다. 고급스럽고 편리하며 저렴하고 친절하기까지 한 대형 서점은 모든 작은 서점들에게 위협이 되었다. 이는 현재 모든 독립서점이 직면한 경제적 갈등의 단면이다. 그 어떤 작은 서점도 대형 서점이나 온라인 서점과의 경쟁을 피할 수 없는 서슬 퍼런 시장 경제의 이야기다.

개봉한 지 20여 년이 지난 지금 다시 봐도 촌스럽지 않은 로맨틱 코미디인 〈유브 갓 메일〉은 '대기업의 골목 상권 장악'이라는 해결되지 않는 사회 문제를 다룬 사회 비판 영화이기도 하다. 이 오래된 작은 서점은 어떻게 살아남아야 할까? 영화에서는 어떤 해법을 제시했을까?

마케팅 비결 ①
포근하고 안락한 공간이 되다

1990년대까지만 해도 대형 체인 서점은 작은 서점을 몰아내는 공공의 적처럼 취급되곤 했다. 대중과 미디어로부터 소중한 옛것을 파괴하고 골목의 상권을 잠식한다는 비판적 시각에 시달렸다. 그럼에도 소비자인 대중은 대형 서점에서의 소비를 즐겼다. 사실 소비자 입장에서는 대형 체인 서점을 거부하기가 쉽지 않다. 그곳에는 넉넉하게 넓은 공간이 있고, 할인된 가격의 다양하고 수많은 책이 있으며, 훈련 받은 직원이 있고, 책을 읽을 의자와 공간이 충분할 뿐 아니라 책과 함께 즐길 수 있는 커피와 디저트까지 있다. 대중은 결국 대형 서점의 장점이 주는 편리함과 경제성에 동참할 수밖에 없었다. 그러나 추억 속 동네 서점들이 하나둘 문을 닫고 떠나갈 때면 소비자들은 쓸쓸한 마음을 감추지 못했다.

우리가 쓸쓸함을 느꼈던 이유는 무엇이었을까? 우리 모두 한 번쯤 동네 서점에서 추억을 경험했기 때문일 것이다. 영화 속 작은 모퉁이 서점은 우리를 향수에 젖게 하는 추억 속 동네 서점의 모습 그대로였다. 포근한 색의 전등들이 켜지면 손때 묻은 나무 책장에 꽂힌 형형색색의 아동 서적들이 반짝거리는 동화 속 책방같은 서점이었다. 아이들의 상상 속에 존재할 것 같은 아름답고 사랑스러운 공간이었다. 작은 가게는 이처럼 가끔은 집보다 더 오래 머물고 싶은 아늑하고 편안한 공간이 된다.

미국의 사회학자인 레이 올든버그Ray Oldenburg는 1989년 저서 《정말 좋은 공간The Great Good Place》에서 이런 공간을 '제3의 공간'이라 불렀다. 그는 제1의 공간인 집, 제2의 공간인 직장, 그리고 그 사이에 존재하는 제3의 사회적 공간을 정의했다. 그가 말하는 제3의 장소는 집만큼이나 편안하고 익숙하되 직장보다는 덜 공적이면서 동시에 사회적 상호 작용이 이루어지는 공간이다. 그에 따르면 제3의 공간은 사람들이 사회적 지위나 재정적, 혹은 정치적 의도 없이 모일 수 있는 공간이어야 한다. 사람들이 모여 격의 없이 대화를 나누고, 편안하고 따뜻한 소속감을 느낄 수 있는 곳이다.

영화 속 모퉁이 서점은 집처럼 편안한 공간에서 새롭고 재밌는 책들을 읽고 이웃과 교류하는 주민들의 제3의 공간이었다. 단지 책을 파는 장소가 아니었다. 그렇기에 이 영화에서 모퉁이 서점과 대형 체인 서점과의 대결 구도는 한층 더 사회 비판적 의미를 내포하고 있다. 대형 서점은 지역 주민들의 편안하고 아늑하며 오랜 추억이 담긴 공간을 위협하고 있었기 때문이다.

캐슬린의 모퉁이 서점처럼 동네의 작은 가게들은 사람들에게 추억과 의미가 담긴 공간이 되어야 한다. 바삐 도시를 떠도는 사람들이 잠시라도 고요히 영혼을 안착하는 곳, 그런 곳이 영화 속 모퉁이 서점이다. 바쁜 일상 속에서 이웃들이 격의없이 함께 모여 편안히 시간을 보낼 수 있는 곳 말이다.

제3의 공간으로서 작은 가게는 이처럼 '모이는' 것이 핵심이다. 특히 이 공간이 서점이라면 사람이 모이는 공간이라는 가게 본연의 기능이 더욱 중요해진다. 하버드대학교 경영대학 교수 라이언 라파엘리Ryan Raffaelli는 2020년 〈소매업의 재창조: 독립서점의 새로운 부활〉[1]이라는 논문을 발표했다. 그는 이 논문에서 미국의 독립서점이 2009년 이래 다시 부흥기를 맞이한 이유로 커뮤니티community, 큐레이션curation, 모임convening의 3C를 들었다. 이처럼 사람들을 모이게 하는 서점의 기능은 지역과 사회에 매우 중요한 역할을 한다. 라파엘리 교수에 따르면 관심사가 같은 손님들을 모일 수 있게 하는 것은 독립서점의 최대 장점이며 동시에 생존을 위한 전략이 된다. 독립서점은 사람들이 모여 자연스럽게 지적인 관심사를 나눌 수 있는 공간이어야 한다.

영화 속 모퉁이 서점은 동네 주민들에게 그런 공간이다. 아이들과 책을 보며 편안하게 마주 앉을 수 있는 공간이며 동시에 서점을 찾은 다른 주민들과 책에 대해 이야기를 나눌 수 있는 곳이었다. 또한 어른이 되고 나서 다시 들러 나의 어린 시절을 추억하는 공간이었다. 모퉁이 서점이 40년 넘는 세월 동안 동네의 한 자리를 굳건히 지킬 수 있었던 것은 그곳이 단지 책을 파는 곳이 아니라 책과 함께 편안히 앉아 다른 사람들과 어울릴 수 있는 공간이었기 때문이다.

혜성처럼 시장에 등장한 쾌적하고 화려한 대형 서점은 물론 거부할 수 없는 매혹적인 공간이다. 그러나 현재는 온라인 대형 서점이 그 세력을 잔뜩 확장한 탓에 화려한 공간을 제공하는 오프라인 대형 서점조차 고전을 면치 못하고 있다. 화려하고 규격화되고 편리하며 친절한 공간이 있어도 사람들은 가격을 더 좇았다. 이것은 무엇을 의미할까? 공간으로서의 서점에 소비자들이 기대하는 것은 무엇이었을까?

화려하고 편리한 공간에서 간과되고 있었던 사실은 바로 서점은 사람들이 모이고 소통하고 지적인 욕구를 충족시키는 공간이어야 한다는 점이다. 이것이 독립서점에게는 기회의 메시지인지도 모른다. 온라인 시장이 시장 지배력을 강화할수록 소비자에게 '공간'은 공간 이상의 의미가 되어갈 것이다. 그렇다면 손님을 위해 가게들은 공간을 무엇으로 채워야 할까?

공간을 경험으로 채우다

서점 주인 캐슬린이 요정 모자를 쓰고 앉아 서점에 모여 앉은 아이들에게 동화를 읽어주는 모습은 영화에서 가장 아름다운 장면으로 꼽힌다. 모퉁이 서점에서는 아이들을 위한 스토리 타임story times(이야기 시간)이 열리곤 했다. 미국의 많은 서점이 아이들을 위한 스토리 타임을 연다. 미국의 작은 서점들은 아이들을 위한 스토리 타임뿐 아니라 그 성격에 맞게 시나 단편 소설 등의 낭독회를 열기도 한다. 영화 속에서 주인공 앞에 모여 앉은 아이들은 이야기에 진지하게 몰두하고 함께 즐거워하고 슬퍼하며 울고 웃는다. 스토리 타임이 끝나도 아이들은 쉽게 서점을 떠나지 못했다. 서점 구석구석을 살피고 다른 이야깃거리를 찾아 다니며 타인과 끊임없이 이야기를 나누었다.

꼬마 손님들에게 스토리 타임은 잊을 수 없는 기억이다. 부모와 손을 잡고 서점에 들러 다른 아이들과 흥미진진하게 동화를 함께 들었던 경험은 오랜 추억으로 남는다. 사람들이 모이는 공간이 되려면 이처럼 들어설 때마다 설레는 경험이 필요하다. 라이언 라파엘리는 서점이 활기찬 모임의 공간이어야 한다는 점을 강조했다. 그에 따르면 미국의 일부 독립서점들은 매년 500개 이상의 이벤트를 정기적으로 개최한다. 그들은 작가의 강연이나 저자 사인회, 어린이를 위한 스토리 타임, 청소년 독서 모임, 성인 독서 모임, 글쓰기 모임, 단골 고객들의 생일 파티, 요리 시연, 커피 로스팅, 드로잉 수업, 보드 게임 등 광범위한 영역의 이벤트를 열고 있다. 이벤트는 소비자가 서점으로 모이게 하는 가장 효과적인 방법이다.

서점은 같은 관심사를 가진 사람들이 모여 대화를 나누며 지적인 관계를 맺을 수 있는 최적의 공간이다. 독립서점이 전해야 할 가치는 책이라는 상품 가치만이 아닌 책을 통해 나누는 지적인 교류다. 대형 서점이나 온라인 서점에서는 충족되지 않는 욕구를 찾아내고 그들이 모방하기 어려운 전략을 모색해야 한다. 계절마다, 특별한 날마다 동네 사람들에게 어울리는 이벤트를 찾아내는 것이 독립서점이 해야 할 일이다.

영화 속 모퉁이 서점은 어린이 전문 서점으로서의 역할을 톡톡히 해내고 있었다. 할로윈 데이가 다가오면 커다란 호박으로 서점을 장식하고 서점 주인은 등골이 오싹한 이야기책을 읽어준다. 그리고 크리스마스가 다가오면 눈이 펑펑 내리는 날에 어울리는 동화책의 작가를 초대해 벽난로 앞에 모여 앉아 작가와 이야기를 나눈다. 모퉁이 서점은 동네 어린이 손님들을 즐겁게 해줄 수 있는 것이 무엇인지 잘 알고 있었다. 꼬마 손님들은 모퉁이 서점에서 경험한 이런 매혹적인 이벤트를 오래 기억할 것이다.

대형 체인 서점과의 경쟁으로 위기에 놓이기는 했지만, 영

골목 안 작은 서점이 이룬 마케팅 성과

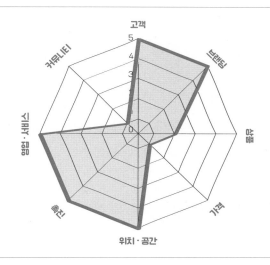

화 속 모퉁이 서점은 42년간 영업을 지속해 온 거리의 터줏대감이다. 오랫동안 동네 주민에게 삶의 일부가 되어준 소중한 공간이었다. 이 서점이 거의 반세기를 주민들 곁에 머물 수 있었던 비결을 분석해보자.

우선 가게의 위치가 좋다. 모퉁이 서점은 일정한 수의 유동 인구가 유지되는 거리에 자리하고 있다. 또한 손님들이 머물고 싶어 할 만한 널찍하고 아늑한 공간이 있다. 단골 고객이 많은 것도 장점이다. 아동서 전문 서점으로 명성을 쌓은 덕분에 어린이 손님이 많이 드나든다. 꼬마 손님들은 어른이 되어서도 모퉁이 서점을 추억의 공간으로 기억하고 자기 아이들을 데리고 서점에 들른다. 고객은 충성도가 높고 서점과 고객의 관계에도 늘 따스한 정이 넘친다. 아동서 전문 서점으로서의 브랜드 이미지도 잘 구축되어 있다. 아동 문학 저자를 초대해 사인회를 열고, 꼬마 손님들에게 책을 읽어주는 스토리 타임을 마련하는 등 촉진 활동도 적절히 이루어지고 있다. 서점의 영업력이나 서비스에 대한 평가도 나쁘지 않다. 서점 주인과 직원들은 손님들과 마치 오랜 친구처럼 다정한 관계를 유지하고 있다.

이처럼 많은 장점을 가진 동네 서점이지만 상품이나 가격 측면에서는 대형 체인 서점을 능가할 수 없는 것이 현실이다. 작은 동네 서점이 대형 서점과 차별화되는 상품을 구비하는 것은 어려운 일이다. 더 큰 문제는 가격이다. 대형 서점과 벌이는 가격 경쟁에서 작은 서점이 이길 도리가 없다. 영화 속 서점은 이웃이나 손님들과 좋은 관계를 유지하고 있었지만, 지역 커뮤니티나 상권 커뮤니티를 구축해 서로 협력하는 모습은 볼 수 없었다. 따라서 커뮤니티 관련 평가가 높지 않다. 그렇다면 특히 상품과 가격 경쟁에서 열위에 있는 이 작은 모퉁이 서점이 살아남기 위해서는 어떤 마케팅 전략을 개발해야 할까?

대형 서점과 동행하라

대형 서점이나 온라인 서점에서 책을 사면서 그 커뮤니티의 일원이 되었다고 느낀 적이 있는가? 회원 카드가 있고 포인트를 적립할 수 있으며 간혹 이벤트와 관련한 문자 메시지가 오기도 한다. 그러나 그들과 지적인 관계를 맺고 관심사를 공유하며 친밀히 교류하고 있다고 느껴본 적은 없다. 같은 책을 더 낮은 가격에, 더 넓고 안락한 공간에서, 더 많은 직원의 서비스를 받으며 살 수 있지만, 소속감이나 애착을 느낄 수는 없다.

이것이 독립서점의 생존 전략일 수 있다. 독립서점은 대형 서점과 달리 사람들이 편안하게 책을 읽고 이야기하고 모이는 지적인 커뮤니티가 되어야 한다. 이를 위해서 독립서점은 손님과 동네 주민, 그리고 이웃 상인과의 커뮤니티를 구축하는 것이 중요하다. 이는 곧 독립서점의 생존에 직결되는 문제다.

소비자를 독립서점이라는 커뮤니티로 끌어들여야 한다. 소비자는 독립서점을 찾아 책을 읽고 사람들을 만나고 지적인 교류를 하고 서로의 가치에 공감하는 시간을 가질 것이다. 소비자가 긴장을 풀고 소통하고 어울리며 서점에 머무는 것이 독립서점의 주요 기능이 될 것이다. 이것이 가능하려면 안정적이고 탄탄한 커뮤니티가 필요하며 이때 참여자의 수가 특히 중요하다. 커뮤니티 참여자를 늘리기 위해서는 서점을 찾는 손님, 주민, SNS 팔로워, 지역의 학교, 다른 서점, 지역의 이웃 상인과 교류하고 이들을 커뮤니티에 참여시켜야 한다.

독립서점은 커뮤니티를 확장하기 위해 대형 서점과의 교류도 고려할 필요가 있다. 독립서점과 대형 서점은 이질적이면서도 상호 보완적인 강점을 갖고 있기 때문이다. 편리함과 광범위한 서적을 갖춘 대형 서점에 따뜻한 인간미와 지적인 교류를 가능하게 하는 독립서점의 강점을 결합할 수 있다. 동시에 독립서점은 대형 서점의 고도화된 운영 및 마케팅 능력과 광범위한 온라인 커뮤니티를 공유할 수 있다. 최근 온라인 서점의 출현으로 오프라인 대형 서점도 위기를 맞고 있다. 이런 시기에 오프라인 대형 서점과 작은 독립서점은 서로 연대해 서로의 강점을 결합하고 시너지 효과를 낼 필요가 있다. 이를테면 대형 서점에 서적 분야별로 그 분야의 전문 독립서점이 입점할 수 있다. 혹은 독립서점의 전문성을 아웃소싱할 수도 있다.

그동안 대형 서점은 '다양성의 적', '독립서점들을 폐업시킨 장본인' 등 날 선 비판을 모른 척 수용해야 했다. 독립서점과의 협력으로 이제 그들은 시장의 파수꾼으로 변화할 수 있다. 대형 서점과 독립서점은 모두 정체성의 변화를 꾀해야 하는 위치와 시점에 와 있다. 영화 속 모퉁이 서점처럼 동네의 여러 독립서점 또한 누구도 대체할 수 없는 정체성을 갖고 있을 것이다. 대형 서점은 동네의 정체성과 낭만을 지켜나가고, 독립서점은 소비자와의 안락한 교류를 확장해가는 것이다. 라이언 라파엘리는 독립서점이 '지역 사회가 주도하는 비즈니스에 대한 희망'이라고 강조했다. 커뮤니티를 광범위하게 구축하고, 손님부터 대형 서점에 이르기까지 다양한 구성원을 확보해야 한다. 작은 가게들은 이런 방법으로 지역의 새로운 가치를 만들고 공유해야 한다.

마케팅 제안 ②
더 개인화된 경험을 제공하라

영화 속 모퉁이 서점은 어린이 전문 서점으로 손색이 없는 서적을 갖추고 있다. 어린이 손님들의 추억 속에 오래 남을 만한 이벤트들도 진행하면서 아이들에게 마치 동화 속에 들어온 듯한 아기자기한 경험을 제공한다. 오래된 동네 서점답게 서점의 전통적인 이벤트와 인테리어는 어른 손님마저 향수에 젖게 만들기에 충분하다.

그러나 향수에 젖는 것만으로 고객이 만족할 수 있는 시절이 아님을 잊어서는 안된다. 아기자기한 인테리어를 하고, 다양한 어린이 서적을 갖추고, 스토리 타임을 열고, 인형극이나 작가 낭독회를 여는 것 등은 대형 서점도 제공할 수 있는 경험이기 때문이다. 전통적인 이벤트와 서비스에는 이제 더 차별화된 가치가 덧입혀져야 한다. 어린이와 부모들이 굳이 동네 서점을 찾아야 할 이유를 어떻게 제시할 것인가?

내가 사는 동네에는 오래된 작은 서점이 하나 있다. 내가 어릴 적부터 드나들던 학교 앞 서점이다. 다른 곳으로 떠난 지 20여 년이 지난 뒤 어릴 적 동네에 다시 찾아갔을 때, 이 작은 학교 앞 서점은 여전히 자리를 지키고 있었다. 더욱 놀라운 것은 내가 중고등학교 시절에 드나들던 이 서점에 내 아이들이 드나든다는 것이다. 동네 학생들은 여전히 매일 이 서점에 방문하여 책을 사간다. 내 아이들과 아이들의 학교 친구들은 대부분 이 서점에서 참고서와 문제집을 산다. 한없이 다양한 참고서와 문제집을 온라인 서점에서 더욱 저렴한 가격에 살 수 있는 요즘이다. 무거운 참고서를 대문 앞까지 배송해주는 편리함은 덤이다. 그럼에도 아이들은 이 작은 동네 서점에서 참고서를 산다. 그러고는 무거운 참고서들을 힘겹게 들고 집으로 온다.

관찰을 시작하자마자 서점의 비법을 알아차릴 수 있었다. 비법은 서점을 인수한 젊은 주인에게 있었다. 동네 아이들은 서점에 들어서기 무섭게 매우 익숙한 태도로 이 젊은 서점 주인에게 자신이 어느 학교의 몇 학년이며 현재 본인의 성적이 어느 정도 되는지를 빠르게 이야기한다. 몇 달 혹은 몇 주 뒤에 어떤 시험이 있는지를 속사포처럼 쏟아낸다. 그러면 서점 주인은 차분하면서도 매우 빠른 속도로 컨설팅을 시작한다. 그 학생에게 적합한 참고서와 문제집을 과목별로 권유하는 것이다. 입시와 관련된 장기적 계획을 간략하고 이해하기 쉽게 요약해주는 것도 잊지 않는다. 빠르게 기록을 찾아 이전에 사갔던 참고서와 문제집은 공부하기에 적합했는지, 어느 정도 끝냈는지도 빼놓지 않고 묻는다. 학생들은 마치 진학 상담 선생님과 이야기하듯 거침없이 학업에 대한 고민을 쏟아낸다.

지루하거나 긴 조언의 시간은 없다. 학생과 서점 주인 사이에는 오랜 신뢰가 내재해 있었다. 학원으로 서둘러 가야 하는 아이의 동선도 서점 주인은 충분히 이해하고 있었다. 학생들에게는 더할 나위 없는 컨설턴트인 셈이었다. 아이를 대신해 서점을 찾는 학부모에게도 물론 같은 서비스가 제공되었다. 더욱이 이 모든 서비스는 무료로 제공된다. 그래서일까. 특히 신학기가 시작되면 학년이 바뀌어 잔뜩 긴장한 학생들이 하교 시간마다 서점 앞에 길게 줄을 늘어서는 진풍경도 펼쳐진다.

최근 독립서점들은 서점의 분야와 정체성에 맞는 서비스를 제공하기 위해 다양한 방법을 모색하고 있다. 그들은 서점을 찾는 독자의 독특한 독서 취향에 맞는 책을 추천해주며 작가와 독자를 잇는 가교 역할을 한다. 책을 추천하는 방식도 다양해져서 인상적인 문구를 손수 적은 책갈피를 끼워넣기도 하고 책에 대한 소개를 적어 선반에 붙여놓기도 한다. 손수 적은 메모나 책갈피는 내게는 늘 효과적인 추천 방법이었다. 요즘은 그저 책을 판매하는 역할이 아니라 북 큐레이터로서 책에 대한 깊은 지식과 열정을 가진 직원이 있는 독립서점도 적지 않다. 서점을 찾는 독자에게 책을 잘 아는 사람과의 대화만큼 설레는 일도 없기 때문이다. 이러한 서비스가 더욱 개인화되고 개별화된다면 더 많은 독자를 독립서점으로 끌어들일 수 있을 것이다.

고객 한 명 한 명을 알아보고, 그들 각자가 서점을 찾아온 동기를 짐작하고, 서점에서 고심하는 바를 알아차리고, 각자에게 필요한 책을 권하는 것. 이처럼 극단적으로 개인화된 서비스를 작은 동네 서점이 아닌 그 어떤 서점에서 제공할 수 있을까. 거대한 양의 구매고객 데이터를 수집하고 분석해서 그들이 새롭게 선호할 법한 제품을 권하는 것이 요즘의 개인화 서비스를 대표하고 있지만 우리 중 누구도 그것이 '나 하나만을 위한 서비스'라고 생각하지는 않는다. 개인화는 거대한 마케팅 트렌드가 되어 시장 속으로 파고들면서 점차 고도화되어 가고 있다.

개인화가 소비자가 기대하는 익숙한 트렌드가 될수록 작은 가게에 좋은 기회가 될 것이다. 작은 가게는 단골 고객에게 누구보다 친근하고 정확한 개인화된 서비스를 제공할 수 있다. 그렇다면 어린이를 위한 서점인 영화 속 모퉁이 서점은 어린이와 부모인 고객 한 명 한 명에게 어떤 서비스를 제공해야 할까? 그들 각자가 동네 어린이 전문 서점에서 원하고 기대하는 것은 무엇일까? 해법은 여기에서부터 시작된다.

치열한 경쟁을 전제로 하는 시장의 현실은 이제 서점이 책

마케팅 제안이 가져올 마케팅 성과

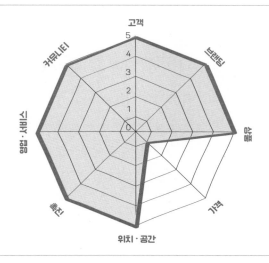

만 팔아서는 승산이 없음을 알려준다. 따라서 사회 문화적인 면에서 근본적으로 서점의 기능과 역할을 다시 정의할 필요가 있다. 모퉁이 서점은 '책'을 파는 공간이 아니라 '지적인 교류'를 파는 공간으로 거듭나기 위해 우선 커뮤니티를 구축할 필요가 있다. 그렇게 된다면 지속적으로 독자들과 교류할 수 있고 이웃 상인들이나 지역 주민들과 협력할 수 있다. 협력과 교류의 토대를 만드는 것은 독립서점에게만 필요한 일은 아니다. 이는 모든 기업이나 작은 가게에 요긴한 전략이 된다. 안정적으로 커뮤니티가 구축되면 고객에게 지적인 교류를 통한 더 나은 경험을 제공할 수 있다. 나아가 고객과의 지속적인 관계를 통해 안정적인 소비층도 확보할 수 있다.

개인화된 서비스를 제공하고 상품 범위를 확장해 다양한 상품과 서비스를 교차 판매하는 것도 효과적인 전략이다. 독립서점은 상품과 가격으로 대형 서점이나 온라인 서점과 경쟁하기 어렵다. 서적이라는 한정된 영역을 다루고 있기 때문이다. 그래서 다양한 상품이나 서비스로 상품의 범위를 넓히는 전략이 유효하다. 다양한 상품과 서비스를 책과 함께 판매함으로써 더 개인적이고 인상적이며 매력적인 고객 경험을 제공할 수 있기 때문이다.

마케팅
솔루션

이제 서점에서 파는 것은 책만이 아니다. 지적인 소통과 교류를 함께 팔아라.

독립서점의 3C

온라인과 모바일 쇼핑이 일상이 되고 있는 요즘, 라이언 라파엘리 교수는 동네 서점의 부흥을 이야기하고 있다. 라파엘리는 1995년 아마존닷컴의 등장으로 대거 감소한 미국 독립서점의 수가 2009년 이래로 꾸준히 증가하고 있는 현상에 주목했다. 그리고 이러한 현상을 분석하여 미국 독립서점의 부활에 기여한 전략적 요소 세 가지를 발표했다. 이 세가지 요소는 향후 독립서점의 성장과 생존에 필요한 지침이기도 하다.

독립서점을 새롭게 부활시킨 3C

라파엘리 교수는 독립서점의 생존 공식 세 가지를 3C, 즉 커뮤니티, 큐레이션, 모임으로 요약했다. 독립서점의 부활에 기여한 첫 번째 요소는 커뮤니티이다.

독립서점은 지역 커뮤니티, 즉 지역 공동체의 중심축 역할을 할 수 있다. 특히나 서점은 지역 내 소비자들의 지적인 상호 작용을 가능하게 하여 문화 생활의 터전이 되어준다. 독립서점이 지역 사회 구성원의 연결 고리가 됨으로써 지역 주민이 한데 모이고 상품을 구매하며 지역 경제의 활성화에도 기여하게 된다. 나아가 독립서점은 지역의 중심축이 되어 지역 주민은 물론 같은 생각을 가진 서점, 지역 내의 가게, 학교와 기관, 작가들과의 협력으로 커뮤니티를 확장해가게 된다.

두 번째 요소는 큐레이션이다. 독립서점은 대형 서점이나 온라인 서점에 비해 가격이나 책의 구색 면에서는 경쟁력을 갖추기 어렵다. 그래서 독립서점에게 큐레이션은 더욱 중요한 전략적 요소가 된다. 최근 독립서점은 자신만의 독특한 큐레이션으로 더 나은 고객 경험을 제공하고 있다. 그들은 무명의 신진 작가, 유행에 부합하지 않는 개성 있는 책을 기꺼이 서점으로 들인다. 대형 서점의 수많은 책 사이에서는 찾기 힘든 보석 같은 책을 찾아내 지역 내 소비자에게 소개하는 역할을 하는 것이다. 이처럼 고전적인 서점의 역할을 통해 대형 서점의 대량 재고나 온라인 서점의 알고리즘과 경쟁한다. 무한한 재고와 알고리즘의 추천 속에서 길을 잃기 쉬운 소비자 선택의 폭을 좁히고 특정한 취향에 맞는 책을 직접 권하는 방식이 소비자의 발길을 다시 독립서점으로 돌리고 있다.

세 번째 요소는 모임이다. 사람들이 모이고 지적인 교류를 하는 공간으로서의 역할을 하는 것이다. 이는 특히 온라인 서점이 수행할 수 없는 역할이며, 대형 서점 또한 특정 지역 소비자와의 교류와 관계를 구축하는 측면에서 한계를 보인다는 점에서 의미가 있다. 지역 내 소비자 모임의 공간이 되는 것은 독립서점만의 강점이다. 또한 이는 특정 지역의 소비자가 독립서점에서 독특한 경험을 할 수 있다는 것을 의미한다. 독립서점은 다양한 모임을 주최하고 더 많은 소비자가 더 자주 서점에서 모이도록 하기 위해 개성 있는 이벤트를 개발한다.

3C, 오프라인 소상공업 생존의 열쇠가 되다

이처럼 독립서점은 대형 서점과 온라인 서점이 활용하기 어려운 전략들로 스스로를 차별화하고 소비자를 유입시킨다. 이뿐만 아니라 3C는 서점과 소비자와의 장기적인 관계, 소비자와 소비자 간의 교류와 관계, 서점과 기관간의 협력 관계 등을 구축하는 데 큰 역할을 한다. 독립서점은 지역 사회와 함께 공동체의 가치를 만들어가고, 특히 지역 내 소비자들이 지역 경제에 기여할 수 있는 경로가 되어준다.

라파엘리는 '산업과 기술의 급격한 변화 속에서 독립서점은 지역 커뮤니티 중심의 비즈니스에 희망이 된다'고 주장한다. 라파엘리의 3C는 독립서점 뿐만 아니라 일반 소상공업에도 적용이 가능한 전략이다. 온라인 시장이 커지고 있는 요즘, 오프라인 매장이 살아남기 위해서는 기능과 역할이 차별화되어야 할 것이다. 온라인 시장이 할 수 없는 오프라인 시장만의 역할은 무엇일까? 그 열쇠가 라파엘리 교수의 3C에 있다.

5장

골목을 디자인하다

빵과 수프,
고양이와 함께하기 좋은 날

고즈넉한 주택가에 새로 생긴 식당

영상은 골목 풍경을 배경으로 시작된다. 주택들이 나란히 들어선 길에 작은 가게들이 아기자기하게 자리한 평범한 골목이다. 간간이 지나는 사람들이 있을 뿐 번화하거나 번잡하지 않다. 평범한 이웃들이 골목길을 걷고 골목 안 가게들을 드나든다. 이 평범한 골목 안에 어머니의 소박한 밥집을 이어받은 주인공 아키코가 있다. 오랫동안 출판사에서 일해왔으며 식당 일을 해본 적 없는 그녀는 식당을 물려받기에 적합하지 않아 보인다. 그런 그녀가 고심 끝에 이 골목에서 샌드위치를 팔기로 한다.

어머니의 밥집을 이어 가기에는 경험이 부족했지만, 그녀는 맛있는 샌드위치를 만들기로 정평이 나 있었다. 그녀는 자신이 즐겨 만들던 간단한 샌드위치와 수프로 두어 개의 메뉴를 정해서 식당을 시작했다. 세련되고도 단조로운 메뉴로 단정하게 가게를 다시 꾸며 어머니의 오래된 식당을 이어간다. 주인공은 자기만의 방식으로, 자신에게 가장 잘 어울리는, 자신을 많이 닮은 식당을 만들어갔다. 그녀는 새로운 소비자를 성공적으로 끌어들였다. 곧 다른 동네에서 유입

된 손님들로 골목 안은 활기를 띠었다. 참신한 샌드위치 식당의 이런 성공적인 안착에는 어떤 마케팅 전략이 숨어 있었을까? 아키코는 어릴 적부터 살아온 동네에서 새로운 메뉴와 새로운 이름으로 다시 오랫동안 식당을 이어갈 수 있을까?

마케팅 비결 ①
고객을 좁게 정의하다

회사를 사직하기로 한 주인공은 어머니의 오래된 식당을 새롭게 꾸몄다. 자신 있는 샌드위치와 수프로 메뉴를 구성하고 식당의 인테리어도 세련되게 바꿨다. 아키코의 식당은 곧 젊은 여성 손님으로 붐비기 시작했다. 그녀가 선택한 트렌디한 메뉴가 적중한 것이다.

젊은 여성 소비자의 취향과 감성을 사로잡은 그녀의 메뉴는 단순했다. 두 종류의 샌드위치 메뉴를 세 종류의 빵에서 골라 정할 수 있으며 수프는 선택할 수 없다. 식당을 운영해본 경험이 없는 주인공이 가장 자신 있게 내어놓을 수 있는 최적의 메뉴였다. 게다가 그녀는 점심 시간에만 영업을 했다. 간단한 메뉴로 정해진 시간에만 영업하는 것은 장사를 처음 시작하는 사람에게 적합한 사업 초기 전략이 될 수 있다. 손님들의 평과 조언을 들으며 조금씩 방향을 수정하고 보완해갈 수 있기 때문이다.

주인공은 마치 소비자를 선택하는 사람 같아 보인다. 젊은 여성 소비자들이 좋아할 만한 메뉴를 선정한 것도 그렇고, 연세가 높은 어르신들을 위한 메뉴는 굳이 추가하지 않는 것도 그렇다. 그로 인해 다른 많은 소비자를 놓치게 되더라도 그녀는 식당의 이미지와 분위기를 쉽게 바꿀 생각은 없어 보인다. 이렇게 선택한 젊은 여성 소비자는 결과적으로 매우 효과적인 소비군이었다. 그들은 아키코의 식당이 안정화되는 데에 톡톡히 기여했을 뿐만 아니라 골목 전체에 활기를 주고 상권을 활성화했다.

고객의 범위를 좁게 정의하는 것은 사업 초기에 더욱 효과가 있다. 사업 초기이거나 사업의 규모가 작을 때는 목표 고객의 범위, 즉 표적 시장을 작게 잡는 것이 좋다. 취향과 특성이 명확한 작은 소비 집단을 표적으로 삼으면 마케팅 활동을 계획하고 브랜드 이미지를 명확히 하기에도 수월하다. 특히 요즘처럼 소비자들의 취향이 빠르게 변하는 시기일수록 욕구와 특징이 뚜렷한 소비자들을 대상으로 하는 쪽이 유리하다. 최근 개인화 마케팅personalization marketing이 대세인 이유도 여기에 있다. 한 명 한 명의 소비자 모두가 취향이 다르고 원하는 바도 다르며 온갖 자극에 매우 민감하게 반응하기 때문이다. 취향이 뚜렷하게 구분되는 하나의 소비 집단을 정해 서비스를 제공하면서 동시에 그들의 의견을 충실하게 반영해야 한다.

대기업과 작은 동네 가게 영업의 차이는 근본적으로 목표 시장 범위에 있다는 것을 알게 된 계기가 있다. 작은 독립서점에 마케팅 컨설팅을 나간 날이었다. 독립서점의 사업이 수월한 경우는 전무하다고 봐도 과언이 아니지만 운영진의 사비를 털어 운영하는 서점의 마케팅을 의논하는 것은 내게도 큰 부담감을 주었다. 지역 청소년과 주민을 위한 공간의 역할을 하기 위해 운영진은 모든 노력을 경주하고 있었다. 그러나 일관된 마케팅 노력을 기울이기 위해서는 목표 고객의 범위를 줄여야 한다는 점에서부터 나는 이견을 마주했다. 운영진은 서점을 찾는 그 어떤 고객도 마다할 수 없다고 했다. 그들의 서적 구성과 SNS 콘텐츠, 마케팅 활동, 공간의 인테리어는 모든 잠재 고객을 대상으로 하고 있었다.

목표 시장의 범위를 줄이고, 목표 시장에 맞는 서적을 중점적으로 구비하고, 목표 시장이 흥미를 가질 만한 이벤트를 열고, 목표 시장의 성향에 맞는 SNS 콘텐츠로 소통을 해야 했다. 이를 위해 지금 당장 그들이 중점을 두어야 할 서적과 서점의 이미지, SNS와 이벤트의 콘텐츠 등을 권했다. 그러나 서점을 사랑할 가능성이 있는 그 누구도 포기할 수 없다는 운영진의 태도는 단호했다. 고객을 '목표'로 삼는다는 개념에서부터 그들은 거부감을 느꼈다. 그들은 지역 주민 모두에게 진정한 애정을 갖고 있었다.

그러나 이렇게 광범위한 애정은 마케팅 집중도를 떨어뜨리고 그 효과를 약화시킨다. 한정된 자원을 광범위한 소비자에게 쏟는다는 것은 드넓은 바다에 잉크 몇 방울을 떨어뜨리는 것과 같다. 좁은 범위의 목표 고객을 설득하고 그들을 내 가게의 운명 공동체로 만드는 것이 우선이다. 그들이 우리 가게의 일원이 되면 시장을 넓히는 일에 그들이 함께 나서게 될 것이다.

대표적인 사례로 나는 BTS(방탄소년단)를 들곤 한다. BTS 활동 초기에 그들의 엔터테인먼트 회사인 빅히트가 전세계 남녀노소 누구에게나 마케팅을 했을까? 그들은 젊고 트렌디하며 아이돌 음악에 편견없이 빠져들 청년들을 대상으로 마케팅 자원을 쏟아부었다. 빅히트는 철저하게 그들의 목표 시장에만 전념했다. 우리가 알고 있는 대부분의 유명 브랜드도 마찬가지다. 시장 세분화와 목표 시장 선정이 매우 기초적이며 전통적인 마케팅 전략 단계이자 이론인 이유가 여기에 있다.

단 하나의 기업이나 가게가 남녀노소 모두 사랑하는 상품과 서비스를 제공하는 것은 불가능한 과업이다. 내 편을 늘리고, 내 사업체의 운명 공동체를 넓혀나가는 과정이 선행되어야 한다. 목표 시장을 만족시키면 그들이 나의 시장을 넓히는 가장 영향력 있는 동업자가 되어줄 것이다. 이것이 최근 부각되고 있는 팬덤 마케팅의 골자이기도 하다. 가게는 그들을 만족시키고 그들은 가게의 생존에 관여하게 된다. 점차 고객의 범위가 넓어지고 팬층이 두터워지게 되는데 이것이 BTS는 물론 수없이 많은 대형 브랜드가 세운 마케팅 전략의 첫 단추다.

드라마 속 식당은 젊은 여성 소비자를 목표로 했다. 아키코는 자신이 정한 목표 고객들의 취향을 간파하고 있었다. 그러나 간혹 이들로부터 예상치 못한 요구 사항이 생기기도 했다. 그중에는 어린 자녀를 위해 유기농 야채와 유기농이 아닌 야채를 표기해달라는 요구가 있었다. 까다로운 요구이기는 하나 젊은 여성 소비자에게 더 장기적이고 전폭적인 지지를 얻기 위해서는 유기농 메뉴를 추가하는 것도 방법이 될 수 있었다. 그녀는 이처럼 늘어나는 손님들의 요구 사항과 제안을 접하며 점차 대상 소비자들의 다양한 욕구와 기대 수준에 더욱 부합하는 식당을 만들어갔다. 식당에 올 소비자들은 그녀가 선택했지만, 식당의 다른 모든 것을 결정하는 것은 그녀의 목표 고객이었다. 그녀는 이렇게 목표 고객들의 장기적이고 절대적인 지지를 얻는 일에 몰두했다.

이처럼 작은 가게에는 단골손님들의 의견과 조언이 모이며 신뢰와 돈독한 유대감이 더불어 쌓이게 된다. 목표로 삼은 적은 수의 고객에게 충성도를 얻고, 고객은 마음 편안한 안락함과 만족감을 얻는다. 이는 식당의 빠르고 안정적인 성과로 이어질 뿐 아니라 입소문을 타면서 가게의 고객 범위를 넓히는 데 기여한다. 가게가 성장하면서 사업 초기의 작은 표적 시장이 커지는 경우를 자주 접한다. 그러나 초기에 모호하게 '모든 소비자'를 표적으로 했던 가게가 시간이 흐른 뒤 표적 시장을 명확히 하는 일은 쉽지 않다. 영화 속 샌드위치 식당도 시간이 지나면서 하나둘 단골이 생겨났다. 작은 소비 집단과 안정적인 관계를 이어가다 보면 가게는 오랫 동안 그 자리에 머물게 될 것이다.

골목을 디자인하다

이 드라마의 주인공은 식당 주인 아키코도, 샌드위치 식당도, 주인공의 이웃도 아니다. 주인공은 단연 샌드위치 식당이 있는 골목길이다. 영화 속 에피소드의 시작과 끝은 늘 골목과 거리, 그 거리를 지나는 사람들이다. 동네와 거리, 거리를 지나는 사람들과 이웃한 가게들은 어느 거리에서 무슨 장사를 하든 빼놓을 수 없는 가장 중요한 요소다. 이런 요소들을 늘 관찰하고 분석하고 고려해야 한다. 이 드라마는 이들의 중요성을 가장 잘 보여주는 작품이다.

주인공의 샌드위치 식당이 등장하자 골목의 풍경은 어머니의 오랜 식당이 있던 풍경과 사뭇 달라졌다. 주인공 아키코의 세련되고 깔끔한 식당이 자리한 거리의 풍경은 전보다 한결 밝고 활력이 넘친다. 불투명한 유리와 가리개 천으로 가려진 어머니의 식당과 달리, 아키코의 식당은 가려진 곳 하나 없이 가게 안까지 환하게 비쳤다. 통유리와 따뜻한 조명으로 꾸며진 아키코의 식당은 골목까지 밝고 경쾌하게 만들었다. 이처럼 가게 하나의 외관이나 분위기, 이미지는 골목 전체에 큰 영향을 미친다.

젊고 세련된 가게의 등장은 오가는 손님들의 성향에도 변화를 가져왔다. 아키코의 샌드위치 식당이 오래된 골목에 혜성처럼 등장하자, 골목을 오가는 손님들도 중장년층에서 젊은 여성 중심으로 바뀌었다. 이처럼 동네의 가게가 바뀌면 유동 인구의 특성이 변화하고 점차 동네 상권 전체에 변화가 생긴다. 아키코의 식당은 동네의 상권 지도를 새롭게 디자인한 것이다. 이처럼 동네를 핫 플레이스로 만들면 소비가 활성화되고 궁극적으로 지역 경제의 활성화를 기대할 수 있다.

알려지지 않은 작은 동네에 세련되고 멋스러운 가게들이 들어서면서 젊은 소비자들이 드나들며 상권이 활기를 띠게 되는 예는 현실에도 적지 않다. 다만 이는 상권 전체의 변화가 전제될 때에만 가능하다. 내가 자주 드나드는 동네 상가에는 터줏대감과 같은 오래된 맛집들이 자리하고 있다. 동네 주민들이 애용하기는 하지만 낡고 허름한 모양새 때문에 젊은 고객들은 찾아보기 힘들다. 그런데 최근 이 상가에 젊은 세대에 유행하는 깔끔하고 멋스러운 이자카야가 들어섰다. 이국적인 인테리어에 예약제로 운영되어 붐비지 않으며 가격대가 적절해 젊은 소비자들이 자주 드나들었다. 이 새롭고 활기찬 가게를 찾는 젊은 고객들의 모습이 내게는 매우 고무적으로 보였지만 상가 전체의 분위기와는 크게 동떨어진 것이 사실이었다.

다른 가게들은 여전히 낡고 허름하며 유행에 뒤처져 있었고 이는 상가 전반의 분위기를 결정했다. 게다가 새로 가게를 낸 이자카야의 운영진은 이웃한 가게들과 전혀 소통이 없었다. 이들은 서로 무관심했다. 이는 새로운 가게에도, 기존 가게에도 좋은 일이 아니다. 새로운 이자카야에는 여전히 젊은 손님들이 많이 드나들지만 상가 전반의 분위기가 바뀌지 않는다면 이자카야 또한 단기간 유행의 덕을 볼 뿐 장기적 성과를 기대하기는 어렵다. 젊은이들의 메카에 진입할 것이 아니라면 기존 상권과의 융화가 필요하다. 기존 가게들은 젊은 소비자들이 주변 가게를 찾는 지금의 기회를 놓치지 않아야 한다. 시간이 걸리더라도 함께 상권의 변화를 도모할 필요가 있다.

아키코는 이웃들과의 조화를 위해 신뢰와 우정을 쌓는 일에도 신경을 썼다. 상권에 불어닥친 활력과 기회를 놓치지 않기 위한 노력인 것이다.

젊은 여성 소비자들이 SNS 입소문을 통해 외부에서 아키코의 식당을 찾아오면서 오래된 이웃들이 머물던 공간에도 점차 외부 유입 소비자가 늘어나고 있었다. 이는 궁극적으로 동네 상권의 매출 향상으로 이어질 것이다. 동네의 경제 구조를 위해서는 이 두 가지가 모두 고르게 존재해야만 한다. 정감 있는 오래된 이웃들이 있어야 하고 젊은 소비자들이 드나들어야 한다. 이로 인해 동네의 젊은이들도 일자리를 구할 수 있게 될 것이다. 소비자들이 계속 늘어나면 주인공 아키코의 식당을 필두로 이런저런 새롭고 트렌디한 가게들이 생겨나게 될 것이다. 오래된 이웃을 밀어내는 구조가 아니라면 이제 이 동네는 더할 나위 없는 경제 구조를 갖출 수 있다. 드라마 속 동네 골목은 새로 생긴 작은 샌드위치 식당으로 인해 이 모두를 갖추기 시작했다.

지역 내 소상공업은 실제로 지역 사회 경제의 중추적 역할을 한다. 연구 결과에 따르면 지역 내 소상공업과 중소기업은 대형 다국적 기업보다 4.6배 더 많은 63%의 수익을 지역 경제에 재순환시킨다.[1] 다국적 기업에 비해 8.4배 더 많은 일자리를 창출하며 수익의 31.4%를 지역 내의 다른 상품과 서비스 구매에 지출한다. 또한, 지역 자선 단체에 최대 250% 더 많이 기부한다.[2]

드라마 속 아키코 역시 동네에서 음식 재료를 사고, 이웃한 카페에서 커피를 주문해 마시며, 동네 꽃집에서 식당을 장식할 꽃을 산다. 동네 가게들은 이처럼 동네 경제에 수익을 재순환시키는 역할을 한다. 주인공이 동네에서 아르바이트 직원을 고용한 것처럼 일자리도 창출한다. 이같은 선순환이 이루어지기 시작하면서 동네에 대한 이웃들의 자부심과 애착은 더욱 커진다.

동네 가게들은 이처럼 지역 사회에 실질적인 혜택을 제공하고 이를 서로 주고받는다. 아키코의 샌드위치 식당은 골목을 새롭게 단장하고, 지역 경제의 순환에 중요한 기여를 하고, 젊은이들을 위한 일자리를 만들어 그들의 경제적 자원이 되었다. 그녀는 자신의 가게를 디자인하고 그녀의 가게는 골목을 디자인하며 동네 상권을 활성화한다. 드라마는 그녀가 이웃들과 융화하며 자신의 삶은 물론 동네 이웃들의 삶까지도 활기차게 만드는 과정을 담담한 시선으로 그려냈다.

드라마 속 샌드위치 식당의 마케팅 성과는 대부분 상품력이나 고객과 관련이 있다. 아직 개업 초기로 식당 이름이 널리 알려지지 않아 브랜딩 성과가 좋다고는 할 수 없다. 메뉴는 단순하지만 목표 고객층인 젊은 여성 소비자의 취향에 정확히 부합했으므로 상품은 전략적으로 잘 선택되었다. 무리 없이 평범한 가격대를 선정해 소비자와의 불협화음이 없으므로 가격대의 선정도 적절했다. 다만 골목 안쪽에 있어서 식당 위치가 좋다고 할 수는 없다. 그러나 동네 주민들로 이루어진 고정적인 유동 인구가 있어서 아주 불리하다고만 볼 수도 없다. 개업 초기이고 이름이 알려지지 않은 식당임에도 별다른 영업 활동이나 촉진 활동이 없는 것은 장기적으로 문제가 될 수 있다. 개업 초기부터 적절한 영업과 촉진 활동이 이루어졌다면 더 많은 소비자에게 더 빨리 알려질 수 있었을 것이다.

주인공이 어려서부터 자란 동네이고 이웃 상인들과의 인연이 깊어 지역 커뮤니티와의 관계가 돈독하다. 게다가 그녀는 작은 것 하나도 동네의 이웃 상인들에게서 구매하고, 이웃 가게와 중복되는 메뉴는 피하면서 지역 공동체와 좋은 관계를 유지하고 있다. 이웃 상인과의 제로섬 게임을 피하고 고객 유입을 늘려 상권 자체를 키워가는 점은 매우 현명한 전략이라 할 수 있다.

전반적인 마케팅 성과를 평가하자면 개업 초기의 작은 식당답게 그리 안정적이지 않다. 또한 장기적인 성공을 점치기에는

새로 생긴 샌드위치 식당이 이룬 마케팅 성과

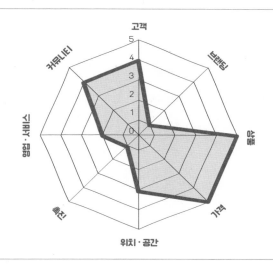

아직 큰 성과가 없다. 하지만 첫 발자국은 매우 신중하고 현명한 전략가다웠다. 그렇다면 장기적인 사업의 안착과 성공을 위해서 샌드위치 식당은 앞으로 어떤 마케팅 전략을 선택해야 할까?

마케팅 제안 ①
단체 손님을 공략하라

주인공 아키코가 손님들에게 메뉴에 없는 음식을 선보인 날이 있었다. 어린이 야구팀이 식당을 빌려서 파티를 즐기는 날이었다. 그날 아키코는 아이들이 좋아하는 달걀 요리를 했고 햄버거 모양의 샌드위치를 만들었다. 어린이 손님들은 입맛에 딱 맞는 샌드위치를 먹으며 탄성을 질렀다. 오랜만에 빈틈없이 식당 안을 꽉 채워 앉은 손님들과 정신없이 바쁜 주인공으로 가게 안은 기분좋게 소란스럽다. 주인공은 당분간 영업시간을 늘리거나 메뉴의 수를 늘릴 계획이 없으므로 이처럼 단체 손님을 확보하는 것은 매출 유지를 위한 좋은 전략이 될 수 있다.

드라마 속 식당은 두세 개의 샌드위치 메뉴로만 운영되며 점심시간에만 영업을 한다. 이런 간결한 운영 방식은 아키코 식당만의 개성이지만 장기적으로는 한계점이기도 하다. 몇 개 안 되는 단순한 메뉴와 한정된 수의 고객만으로는 장기적으로 큰 성과를 보기 어렵다. 특히나 작은 식당들은 연간 매출액과 수익을 일정하게 유지하기가 쉽지 않기 때문에 이는 더 심각한 문제가 된다. 모든 사업체에서 연간 일정하게 발생되는 매출과 수익은 사업의 유지에 매우 중요하다. 따라서 일정하고 예측 가능한 수익 구조를 만들기 위해 단체 손님을 정기적으로 꾸준히 유치할 필요가 있다.

아키코의 식당을 전세 냈던 어린이 야구부가 야구부원의 생일이 돌아올 때마다 파티를 연다면 가게의 매출 유지에 큰 도움이 될 것이다. 그뿐만 아니라 서빙이 가능한 인원이라고는 사장인 아키코와 아르바이트 직원 한 명밖에 없는 식당에서 단체 손님은 손이 덜 가는 매출원이 된다. 같은 시간에 몰린 한 두 명의 손님으로 구성된 20팀보다는 20명이 한 팀인 단체 손님을 서빙하는 편이 수월하다. 약속한 인원에 맞게 음식 재료를 준비하고 남는 재료도 많지 않을 테니 재고 관리에도 효과적이다. 음식과 서비스에 만족한 단체 손님은 SNS에 모임에 대한 후기 등을 올리면서 자연스럽게 식당의 홍보를 돕기도 한다. 더 중요한 효과는 서비스가 만족스러웠던 식당을 정기적인 모임 장소로 정한다면 다시 방문할 가능성이 높아진다는 데 있다.

이처럼 전략적으로 주효한 단체 손님을 유치하기 위해서는 커뮤니티와의 관계가 중요하다. 단체 손님 유치가 가능한 모임, 동네의 학교나 회사와의 관계가 결정적인 역할을 할 것이다. 동네의 정기적인 모임을 파악하고 직접 모임에 가입하거나 인근의 회사나 학교, 학원에 홍보하는 것도 도움이 된다. 동네의 정기 행사와 이벤트 일정을 미리 파악하고 주최 측과 네트워킹을 하는 것도 좋다. 최근에는 취향 중심의 모임이 더욱 다양해졌고, 이들이 정기적으로 모일 장소가 필요한 경우도 많아졌다. 따라서 이들의 정기 모임을 유치하기 위해서는 모임의 특성에 따라 특별한 메뉴를 제안하거나 가격 할인을 해주는 등 적극적이고 유연한 운영이 뒷받침되어야 한다.

동네의 오래된 식당이나 슈퍼마켓을 중심으로 조기축구회 등의 운동 모임이 활성화되는 경우가 많은 것도 좋은 예다. 모임을 직접 조직하고 운영에 적극적으로 참여함으로써 고정 고객을 확보하고 단체 모임을 유치할 수 있다. 단체 손님 유치에 집중하다

보면 개인 손님과의 관계를 간과할 수 있으나 개인 손님들의 만족도가 그들이 속한 모임의 유치로 이어지기도 한다.

마케팅 제안 ②
영업시간을 늘려라

아키코는 지인에게 쓴 편지에서 '늦은 시간까지 불이 켜진 작은 가게를 다시 찾아달라'고 적었다. 분명 뭔가가 변해 있을 거라면서 말이다. 자신이 식당을 운영하는 일에 점차 익숙해지면서, 또 고객들의 반응과 제안을 듣고 반영하면서 그녀는 가게 영업시간을 늘리거나 메뉴를 늘려갈 계획인 것이다. 그녀가 편지에서 스스로 말한 것처럼 이는 필수 불가결한 일이 될 것이다. 식당의 영업시간이 길어지고 손님들과 마주하는 시간이 늘어나면서 아키코는 이웃과 손님들을 알아가고 그들이 기대하는 바를 더 정확히 파악하게 될 것이다.

가게의 영업시간은 사업의 성패에 중요한 요소 중 하나다. 사업 초기에는 한동안 변동이 있을 수 있다. 배우고 알아가야 할 사안이 많기 때문이다. 우선 식당의 메뉴와 성향, 표적 고객들에게 적합한 식사 시간을 파악해야 한다. 주변에 비슷한 메뉴를 가진 식당이 있다면 그곳의 영업시간을 참고하는 것도 좋다. 직원 수가 한정되어 있으니 근무 시간도 고려해야 한다. 영업시간 동안 식당을 운영하는 데 필요한 비용도 물론 계산해야 한다.

아키코는 가게를 운영하는 일에도 삶을 살아가는 일에도 초연한 사람이었다. 재촉하지 않지만 느긋하지도 않고, 집착하지 않으면서 애착을 가질 줄 아는 사람이었다. 아키코는 식당의 성공에 과하게 집착하지 않았다. 그러나 오랫동안 알고 지내온 이웃의 카페 주인은 아키코의 가게에 앉을 자리가 없어 문앞을 서성이다 돌아가는 손님을 보는 날이면 늘 "영업시간을 늘려야 한다"고 조언한다. 어렵게 찾아온 손님을 그냥 돌아가게 하지 않았으면 하는, 오랜 세월 가게를 운영해 온 선배의 권고였다. 재료가 없거나 점심시간이 끝나 버려서 어렵게 찾아온 손님을 그냥 돌아가게 하는 것, 정기 휴일이 아닌 임시 휴일에 멀리서 찾아온 손님들을 헛걸음하게 하는 것 등 찾아오는 손님들을 충분히 배려하지 않는 듯한 태도에 이웃 가게 주인은 늘 염려하고 우려를 표했다.

내 기억 속 단골 가게들은 문득 가게에 들른 나를 헛걸음하게 하는 법이 없었다. 그들은 손님이 문 앞에서 그냥 돌아가거나 문 앞에 서서 기다리게 하는 일을 스스로 용납하지 않았다. 가게를 찾는 손님들에게 가장 적절한 영업시간과 휴일을 정할 뿐 아니라 단골 고객들이 가게에 오는 시간을 피해 쉬는 시간을 정하고 이를 손님들에게 충분히 알렸다. 그리고 늘 가게를 찾는 나를 반기고 고맙게 여겨 주었다. 영업시간은 그들과 나의 관계에서 늘 첫 번째 관문이었다. 때로는 단골인 나를 기다리고 언제나 나를 환영한다는 의미로 여겨지기까지 한다.

아키코의 샌드위치 식당도 물론 시간이 지나면서 조금씩 변할 것이다. 사업이 안정되고, 운영의 묘를 터득해가고, 더 많은 손님과 교류하고, 어머니의 친구였던 이웃 상인들과도 서서히 우정을 쌓아갈 것이다. 더불어 그녀의 식당도 더 긴 시간 운영할 수 있게 될 것이다. 그녀가 편지에서 예고한 것처럼 그녀의 식당 또한 언제 들를지 모를 단골손님들을 그냥 돌려보내는 일 없이 늘 그들을 환영하는 아지트가 되어갈 것이다. 그렇게 식당과 아키코는 함께 성장해갈 것이다.

아키코는 목표 고객 집단에 대한 이해를 토대로 탁월한 메뉴를 선택했다. 어머니가 오랫동안 식당을 하던 자리에 터를 잡았으므로 주변 상인들과도 친밀했다. 사려 깊은 사람답게 동네에서 소비를 하는 편이고, 식당에 필요한 재료나 각종 용품도 이웃 상인에게서 구매하며 상부상조한다. 이웃들도 물론 아키코의 식당을 애용한다. 이처럼 그녀는 커뮤니티와의 친화력이 뛰어난 편이다. 그러나 한정된 메뉴로 점심시간에만 영업한다는 점이 장기적인 성장에 방해가 될 수 있다.

이런 그녀가 영업시간을 늘리고 지역 커뮤니티에서 적극적으로 단체 손님을 유치한다면 한층 더 안정적인 매출을 기대할 수 있다. 단체 손님 유치를 위해 커뮤니티 내 다양한 단체와 기관에 영업과 판촉활동을 할 필요가 있다. 메뉴가 샌드위치이니 간단한

마케팅 제안이 가져올 마케팅 성과

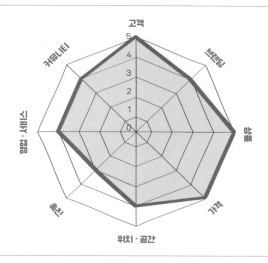

점심 식사용으로 적당하며 야외에서의 모임에도 적합하다는 강점이 있다. 커뮤니티에 지속적으로 영업 활동을 하게 되면 가게의 이름이 알려지고 브랜딩이 된다는 장점도 있다.

마케팅
솔루션

골목을 새롭게 디자인해서 팔아라. 상권부터 키워야 한다.

목표 고객 선정, STP

모든 기업이 '나만의 고객'을 갖고 있다. '모두'는 시장이 될 수 없고 '누구나'는 고객이 될 수 없기 때문이다. 점차 마케팅은 넓게 그물을 치는 것이 아니라 특정 고객을 설득하는 낚시에 가까워지고 있다. 그물을 치듯 불특정 다수의 '모든' 소비자를 대상으로 하기 위해서는 모두를 만족시킬 '모든' 상품을 판매해야 하는데 한정된 자본과 인력으로는 어려운 일이다.

이런 이유로 대부분의 기업이 자신만의 구체적이고 한정된 목표 고객을 선택하고 있으며 이를 명확하게 표현한다. 커피를 파는 스타벅스는 2022년 기준 전 세계에 3만 5,711개의 매장을 보유하고 있다. 전 세계 모든 사람을 타깃으로 할 듯한 거대한 커피 기업이지만 그들은 사실 '22세에서 60세까지의 교육 수준이 높고 상대적으로 부유한 사회 중산층과 상류층, 또한 사회적 의식수준이 높으며 사회적 활동을 활발하게 하고 있는 고객'을 목표로 한다. 실제로 스타벅스 고객의 평균 연령은 42세이며, 고등 교육을 받고 평균 소득이 9,000달러 수준인 고소득층이 주류를 이룬다.[3] 나이키는

2022년 전 세계 매출 규모가 468억 달러에 달하며 명실상부한 세계 최고 의류 브랜드다. 이 정도 규모라면 나이키는 모든 사람을 목표로 할 것 같지만 그들의 타깃 소비자는 '15세에서 45세의 안정된 소득 수준을 가진, 건강과 스포츠에 관심이 높은 소비자'다.[4]

STP, 나만의 고객을 찾아내다

이처럼 활발하게 마케팅 활동을 하는 거대 기업일수록 구체적이고 명확하며, 한정되고 세분화된 목표 고객층을 선택한다. 그들은 누가 자신의 상품을 원하는 사람일지 명확히 구분하고, 정의하며, 이들과 효과적으로 소통한다. 내 상품을 필요로 하고 원하는 사람을 정확하게 파악하고 찾아내어 선택하는 과정, 그것이 STP이다.

STP는 시장세분화Segmentation, 타깃팅Targeting, 포지셔닝Positioning의 약자이며, 이 세 가지 단계로 이루어진 마케팅 전략의 핵심 개념이다. 마케팅을 논의할 때 가장 먼저 등장하는 전략의 기초이기도 하다. STP는 마케팅의 뿌리를 구성하며 가장 소비자 중심적이고, 가장 소비자 지향적인 단계다. 우리가 마주하는 수없이 많은 소비자들과 경쟁사들을 우선 분류하는 단계로, STP를 거치지 않고서는 효과적인 상품 전략이나 마케팅 활동을 구현할 수 없다.

STP는 자기만의 소비자를 찾아내는 거대한 깔대기와 같다. 수없이 다양한 소비 욕구와 소비 성향을 가진 거대한 소비자 집단을 특정한 기준에 맞게 세분화하여 몇 개의 소비 집단으로 나누고(시장세분화), 나누어진 소비 집단 중 하나를 선택하고(타깃팅), 이들의 욕구와 필요를 면밀하게 분석해서, 나의 상품과 서비스를 각인시키는(포지셔닝) 과정이다. STP라는 거대한 깔대기를 통해 모래알처럼 많은 소비자 중 소수의 소비자만을 걸러내는 것이다. 상품과 서비스를 원하고 구매할 욕구를 가진 소비자를 찾아내는 과정이다.

앞의 스타벅스와 나이키의 사례처럼, 타깃 고객은 연령, 성별, 소득 수준, 교육 수준, 라이프 스타일 등의 다양한 기준을 토대로 상세하고 구체적으로 정의된다. 이를 위해 일반적으로 지리적, 인구통계적, 행동 특성, 심리적 특성 등을 세부적으로 분석하여 시장을 구분하는 것이 시장세분화다. 최근에는 점차 다양한 특성을 분류에 사용하고 있다. '커피를 좋아하는' 소비자가 아닌 '20-30대이고, 고등교육을 받았고, 직장생활을 하고, 중산층이며, 서울 중심가에 거주하고, 대중교통으로 출퇴근을 하고, 친구들과의 모임과 문화생활을 즐기고, 퇴근 후에는 자기계발을 하며, 환경문제에 관심이 많은 커피 애호가'를 찾아내어 목표로 하기 위한 과정인 것이다.

이렇게 세분화된 다양한 소비자 집단 중에서 하나의 집단을 목표 고객으로 선택하는 것이 타깃팅이다. 선택할 때에는 충분한 수의 고객이 존재하는지, 다른 소비 집단과의 차이가 명확한지, 마케팅 활동을 통해 원활한 소통이 가능한지, 수익성이 높은지, 점차 다른 소비 집단으로의 확장이 가능한지에 대한 분석과 평가가 필요하다. 공정무역에 관심이 높은 소비자를 대상으로 카페를 운영한다면 공정무역 커피에 관심이 있는 고객 수가 충분한 지역인지, 그들의 커피 수요가 수익을 내기에 충분한지, 지역 내에 공정무역에 대한 관심이 확장될 만한 연령대와 사회적 의식 수준이 유사한 인구가 있는지 등을 고려해야 한다.

이렇게 정해진 목표 고객에게 가게와 상품을 각인시키는 과정이 포지셔닝이다. 가게와 상품의 가치를 각인시키고 시장에서 두드러지게 눈에 띄려면 경쟁사와 차별화하는 과정이 필요하며 포지셔닝은 이 단계에 해당한다. 최근 인기를 끌고 있는 바버샵을 열기 위해 목표 시장을 평가하고 선정하는 과정을 거쳤다면 해당 시장에서 목표 고객들이 기존에 이용하던 미용실이나 다른 바버샵들을 분석하고 이들과 차별화된 마케팅 활동을 해야 한다. 저렴한 가격을 제시하거나, 고급스러운 매장 인테리어와 서비스로 힙한 명품 이미지를 제공할 수도 있다.

프로파일링, 나만의 고객을 정의하다

STP의 또다른 강점은 스토리텔링의 역할을 한다는 것이다. 기업은 STP의 결과를 여러 종류의 자료로 정리한다. 소비시장을 다양한 기준으로 세분화한 내용을 기록하고, 목표 시장을 기술하고, 경쟁 관계를 표현한 포지셔닝 맵을 작성한다. 이는 우선 기업 내부의 효율적인 의사소통과 사업 목표의 공유를 위한 기초가 된다. 모든 관련 부서가 누구를 대상으로 상품을 만들고, 마케팅 활동을 하며, 의사소통을 해야 하는지에 대해 정확히 알고 있어야 하기 때문이다. 동시에 소비자와의 효과적인 의사소통과 마케팅 효과의 극대화를 위해 반드시 필요한 과정이기도 하다. 이를 위해 상세하고 명확하게 정의된 소비자의 프로파일profile이 필요하다.

　　무엇보다 이 과정은 가게와 기업의 스토리가 된다. 연간 매출이 8억 달러에 달하는 파타고니아는 친환경 아웃도어를 지향하는 사람들의 상징이나 다름없는 거대 패션 기업이다. 파타고니아는 '35세부터 50세의 환경에 관심이 높고, 활동적이며 사회적 책임에 민감하고, 등산과 아웃도어 활동을 좋아하며, 중산층 소비자로서 신중한 소비를 선호하는 고객'을 타깃으로 한다. 이는 그들의 쇼핑몰에서 사진으로, 마케팅 캠페인으로, 카탈로그의 상품 사진으로, 소셜 미디어의 콘텐츠로 다양하지만 일관되게 표현된다. 사진 속 그들은 환경 친화적인 파타고니아의 옷을 입고 눈이 잔뜩 묻은 채 소탈한 모습으로 산 속에 서 있거나 오지의 작은 마을을 걷는다.

　　구체적으로 기술되었거나 그려진 그들의 목표 고객들은 마케팅 활동의 가이드라인이 될 뿐 아니라 또 다른 잠재 고객을 끌어들이는 매력적인 스토리가 된다. 효과적인 프로파일을 만들기 위해서 우선 이상적인 목표 고객에 대해 상세히 기술한다. 그들이 왜 나의 제품을 선택하는지, 어떤 정보를 필요로 하는지, 제품의 어떤 특징이나 기능을 좋아하는지 등을 정의한다. 또한 그들의 나이와 직업, 그들이 선호하는 소셜 미디어의 종류, 최근 추구하는 가치, 취미 활동 등을 조사한다. 이를 통해 목표 고객이 해당 상품에 대해 요구하는 수준, 원하는 기능과 특성, 필요로 하는 것 등을 정의하는 것이다. 더불어 어떤 경로와 매체를 통해 나의 상품과 가게를 접할지를 결정한다. 특정 웹사이트나 블로그, 소셜 미디어, 사용하는 검색어, 관심을 갖는 콘텐츠 등을 정의하고 이에 대한 계획을 세워야 한다.

나만의 고객과 소통하다

STP는 제품 중심이 아니라 소비자 중심으로 접근하는 방법이다. 소비자를 나누어 구분하고, 선택하고 지향하며, 그들에게 각인시키는 과정이다. 즉 제품을 만들고 판매하는 내가 아니라, '나의 메시지를 듣는 사람'의 입장에서 마케팅을 시작하는 접근법인 것이다. '누가 나의 이야기를 들어줄 것인가', '들어줄 사람이 있다면 어떤 이야기를 어떻게 전달할 것인가'를 결정한다. 즉 STP는 개인화된 소통을 위한 기초다.

프로파일링을 통해 마치 단 한 사람처럼 묘사된 목표 고객을 위해 상품을 기획하고, 가격을 정하고, 가게 위치를 정하고 꾸미고, 마케팅 활동을 한다. 아마존이나 쿠팡과 같은 거대한 기업들도 각종 기술을 이용해 개인화된 상품 추천을 하고, 개인화된 판촉 활동을 하고, 개인화된 메시지를 전달한다. STP를 통해 선정한 나의 목표 고객에게 필요한 메시지로, 그들이 원하는 시점에, 그들이 원하는 방식으로 소통해야 한다.

환경 문제에 민감하고 사회적 책임에 공감하는 소비자를 대상으로 한다면 재활용 소재를 사용해 제품을 만들고, 포장재를 줄이고, 더 오래 입으라는 메시지를 광고를 통해 전달하고, 어려운 이웃에게 기부할 캠페인을 열고, 매장을 소탈하고 간소하게 꾸며야 한다. 그리고 그 사회적 메시지가 서서히 더 폭넓게 공감대를 형성하며 목표 소비 집단이 확대되어 가도록 장기적인 전략을 세운다.

'모두'를 위한 상품은 없다. 따라서 '누구나' 내 상품의 소비자가 될 수도 없다. 모두를 위한 그물을 치지 않기 위해서 STP를 반드시 거쳐야 한다.

6장

SNS 마케팅의
순기능

아메리칸 셰프

유명 셰프의 작은 푸드 트럭

직업에 대한 주인공의 열정이 이처럼 고스란히 전해지는 영화는 오
랜만이었다. 빠른 비트의 음악 속에서 리드미컬하게 식재료를 다듬
는 주인공의 움직임에서 요리에 대한 그의 애정을 자연스럽게 확인
할 수 있었다. 주인공 칼은 열정과, 실력에 걸맞는 명성을 가진 셰프
였다. 그러나 어느 날, 그는 갑작스러운 사건으로 인해 자존심도, 명
예도, 경력도 모두 잃고 말았다. 늘 동분서주하며 요리에 열정을 쏟던
그에게서 모든 것을 앗아간 사건은 SNS에서 시작되었다.

그렇게 모든 것을 잃은 칼은 작고 낡은 푸드 트럭을 샀다. 우
여곡절 끝에 칼의 푸드 트럭이 미국 전역을 달리기 시작했다. 푸드 트
럭에 어울리는 이국적인 쿠바 샌드위치를 만들어 팔고 새로운 아이
디어와 근사한 재료가 생기면 메뉴를 추가하기도 했다. 유명 셰프가
만드는 이국적인 쿠바 샌드위치라면 누구라도 맛보고 싶은 것은 당
연했다.

한 가지 문제가 있다면 그의 푸드 트럭이 미국 전역을 옮겨 다
닌다는 것. 도시를 옮겨 다니며 날마다 새로운 곳에서 장사를 하는데

도 그의 푸드 트럭 앞은 늘 손님들로 인산인해를 이뤘다. 이 낡은 푸드 트럭의 성공에는 어떤 비결이 있었던 걸까? 그의 흥미로운 요리 여행이 성공 가도를 달린 비결 역시 SNS에 있었다. 이 영화는 SNS로 모든 것을 잃고 SNS로 다시 모든 것을 얻은 칼의 푸드 트럭 이야기이다.

마케팅 비결 ①
가장 작고, 가장 독창적인 식당

영화 속 주인공인 칼은 사람들이 호사를 누리고 싶은 기념일에 가족과 함께 멋지게 차려 입고 찾을 법한 고급 레스토랑의 셰프이다. 분위기 있고 근사한 레스토랑에 걸맞게 흠잡을 데 없는 음식을 내어놓는 그는 잡지나 텔레비전에도 등장하는 스타 셰프다. 부족할 것 없는 칼은 가끔 오랫동안 함께 일해온 레스토랑의 사장과 메뉴의 독창성 문제를 놓고 마찰을 빚었다. 사장은 레스토랑의 명성을 유지하고, 오랫동안 레스토랑의 단골이었던 기존 손님들의 입맛을 만족시켜야 했다. 그러나 사장이 요구하는 전통적인 메뉴로는 자신의 독창성을 보여줄 수 없었던 칼은 점차 난감한 상황에 처했다. '좋은' 메뉴에 대한 사장과 셰프의 첨예한 의견 차이는 독창성이 필요한 사업 분야에서 흔히 발생하는 조율 불가능한 갈등이다. 과연 사업에는 독창성이 더 중요할까, 수익성이 더 중요할까? 이 흔하고도 해결 불가능한 대립에 칼은 지쳐갔다.

사실 칼의 독창성은 실패한 적이 있었다. 독창성을 발휘하는 일은 언제나 다양한 유형의 실패를 전제로 하게 마련이었다. 칼이 독창성을 발휘하려면 비싼 조리대를 구매하는 등 자본을 투자해야 했고 때론 기존 메뉴에 길들여진 단골 고객들의 불만을 들어야 했다. 재무적 손실을 예고할 뿐인 칼의 독창성은 사업가인 레스토랑 사장에게는 타협 불가능한 부분이었다. 대형 레스토랑 운영에서 상업적이고 이성적인 사고는 독창적인 요리를 제공해야 하는 셰프의 창의적 사고와는 분명히 대립되나 사업의 성공을 위해서는 피할 수 없는 것이었다.

독창성과 사업성을 동시에 만족시키는 것은 어느 사업체에게나 어려운 일이다. 그럼에도 독창성이 우선되어야 하는 사업이 있을까? 소비자가 유난히 창의적인 제품과 서비스를 예상하고 기대하는 가게는 어디일까? 바로 작은 가게일 것이다. 소비자는 작은 가게에서 매력적이고 독창적이며 참신한 경험을 기대한다. 작은 가게에서조차 대량 생산되고 규격화된 상품이 선반을 가득 메운 대형 마트의 모습을 기대하지는 않을 것이다. 이를 고려한다면 칼의 푸드 트럭은 최고의 선택이었다. 그는 이 작은 푸드 트럭에서 그동안 열망해온 대로 독창적이고 맛있는 요리를 마음껏 선보일 수 있을 것이다. 소비자가 대형 레스토랑과 작은 푸드 트럭에 기대하는 음식 또한 매우 다를 것이기 때문이다.

영화를 보는 내내 칼이 기대한 대로 그의 푸드 트럭에 사람들은 열광했다. 검증된 실력과 독창성을 갖춘 유명 셰프의 음식을 저렴한 가격에 거리에서 마음껏 즐길 수 있다는 사실은 사람들을 흥분시키기에 충분했다. 지역 특산물로 만든 맛있고 독창적이며 값싼 요리. 보기만 해도 문득 배가 고파지고 당장 손을 뻗어 먹어 보고 싶은 음식들. 이것이 소비자가 푸드 트럭과 작은 식당에 기대하는 것이 아닐까? 소비자가 작은 가게에 기대하는 바는 이처럼 독창적인 상품이다.

같은 이유로 푸드 트럭의 친근하면서도 독창적인 메뉴가 그의 일터였던 고급 레스토랑에서는 전혀 먹히지 않았다. 고급 레스토랑과 작은 푸드 트럭은 소구하는 소비층이 전혀 다르다. 각각의 소비자가 기대하는 것과 요구하는 것도 물론 다르다. 칼이 독창성을 세상에 보여주고 싶다면 그에 맞게 소비층을 정확히 파악하고, 그들이 소비하는 장소와 시기에 맞는 가게의 규모와 메뉴 등을 정해야 했다. 칼에게는 이런 조건에 부합하는 것이 작은 푸드 트럭이었다. 이처럼 작은 가게에는 소비자가 작은 가게에 기대하는 바에 맞는 상품 기획력이 반드시 필요하다.

마케팅 비결 ②
SNS의 드라마틱한 영향력을 이용하다

이 영화는 SNS의 강력한 파급력을 잘 드러낸다. 모든 것은 셰프 칼의 요리에 대한 평론가의 신랄한 혹평이 SNS를 통해 공개

되면서 시작되었다. SNS를 통해 퍼져나간 혹평은 칼의 명성을 무너뜨렸고 대중은 평론가의 혹평에 큰 관심을 보였다. 이처럼 SNS 세계에서 날 선 혹평과 독설은 대중의 빠르고 광범위한 관심을 불러일으킨다. 그날의 SNS는 칼의 추락을 부른 서슬 퍼런 칼날이나 다름없었다. 독설과 악평은 SNS를 통해 앞뒤 사정을 가리지 않고 사실 관계를 확인하지도 않은 채 무서운 속도로 퍼져 나갔다.

이를 계기로 SNS는 요리에만 충실하던 주인공의 삶으로 깊숙이 파고들었다. 요리에만 몰입해온 칼이 금세 SNS에 적응하기란 매우 어려운 일이었다. 트위터, 리트윗, 바이럴, 소셜 네트워킹 등 용어조차 생소한 인터넷 문화를 채 이해하기도 전에 칼의 명성에 얹혀버린 불명예의 무게는 나날이 더해졌다. 그렇게 SNS에 의해 한 사람의 명성과 경력이 무너지고 성실과 열정은 조롱당했다. 영화는 SNS의 요란한 역기능을 시사하며 시작되었다.

SNS로 일자리를 잃고 보잘 것 없는 낡은 푸드 트럭에서 요리를 다시 시작한 칼에게 화려한 재기의 발판이 된 것 또한 아이러니하게도 SNS였다. 원조 쿠바 샌드위치를 만들며 유명 셰프 칼의 푸드 트럭이 달리기 시작했다. 동시에 그들의 SNS 마케팅과 그 혜택도 파도처럼 높이 밀려들기 시작했다. 영화는 이제 SNS의 순기능을 고스란히 보여준다. 칼의 푸드 트럭이 도시에 들어옴을 알리는 어린 아들의 트윗은 이후로도 가는 곳마다 사람들을 끌어모으는 데 톡톡히 기여한다. 몰려든 사람들이 리트윗을 날리며 주인공은 또다시 대중의 관심 한가운데로 들어섰다.

　푸드 트럭 손님들은 끊임없이 트위터로 입소문을 내고 유튜브나 페이스북에 영상이나 사진을 올린다. 칼의 푸드 트럭이 이 도시에서 저 도시로 넘나들 때마다 그의 아들은 트위터, 페이스북, 유튜브 등의 SNS를 넘나들었다. 그들은 푸드 트럭이 머무를 모든 지역을 사람들에게 미리 알렸고, 후일담으로 사람들의 흥미를 이끌어갔다. 칼의 SNS 팔로워는 연일 늘어갔다.

　이제 그들이 가는 곳마다 손님들이 넘쳐났고 트윗, 리트윗과 각종 호의적인 SNS 이야기들도 함께 넘쳐났다. 칼은 좋은 재료를 구할 줄 알았으며 최고의 맛을 낼 줄 아는 실력파 셰프였고, 이를 세상에 드러낸 것은 다름 아닌 그가 코웃음을 쳤던 SNS였다. 재능과 실력에는 반드시 적절한 포장지와 소통이 수반되어야 한다. 우리는 모두 SNS가 그만한 역량을 갖추고 있음을 느끼고 인지하고 있다. 마치 양날의 검처럼 순기능과 역기능을 모두 담고 있는 영화 속 SNS의 효과는 과장된 바가 전혀 없다. SNS는 힘이 있다. 이를 어떻게 사용할 것인지만이 과제로 남는다.

　반론의 여지없이, 작은 가게에 가장 힘 있고 효과적인 소통의 도구는 SNS다. 이 도구를 백분 활용하려면 작은 가게만의 이야기가 있어야 한다. 작다는 것은 손님과 더 밀접하고 친근한 소통과 관계가 가능하다는 의미이기도 하다. 마치 친구처럼 작은 가게는 소비자들에게 그만의 이야기를 건네야 한다. 칼의 푸드 트럭에는 이미 충분히 알려진 이야기들이 있었다. 그의 메뉴에도, 그가 이동하는 길에도, 푸드 트럭이 새롭게 자리 잡은 지역에도 늘 이야깃거리가 있었다. 이는 SNS를 통해 실시간으로 전해지며 소비자들에게 친근하게 다가왔다.

칼이 겪은 모든 일은 작은 가게가 정체성을 찾아가는 과정을 잘 보여준다. 그는 독창적인 요리를 마음껏 선보였고 미국 전역을 여행하며 사람들이 좋아하는 요리와 그들이 살아가는 모습을 관찰했다. 이런 관찰을 토대로 그는 각 지역의 특징과 사람들의 취향에 맞는 요리를 개발해 유연하게 대응해간다. 지속적으로 메뉴를 개발하고 이에 대한 폭발적인 호응을 얻으며 그는 다시 자신감 넘치는 셰프로 돌아올 수 있었다.

영화 〈아메리칸 셰프〉는 이야기의 흐름을 타고 자연스럽게 SNS의 역기능과 순기능을 소개했다. 열정적이고 실력 있는 셰프 칼을 추락시킨 것도 SNS였고 아들의 애정 어린 홍보를 통해 다시 재기하도록 도운 것도 SNS였다. 아들의 애정과 존경심이 고스란히 드러난 SNS 마케팅은 순기능 이상의 뭉클한 감동을 담고 있었다. 마치 사랑하는 이가 보낸 낡고 따스한 편지처럼, SNS에도 진솔한 마음과 이야기를 담아내고 표현할 수 있다는 것, 또 그것이 사람의 마음을 움직이기에 충분할 수도 있다는 것, 이것이 바로 이 시대의 SNS 마케팅이 나아가야 할 방향이 아닐까.

셰프 칼의 푸드 트럭이 이룬 마케팅 성과

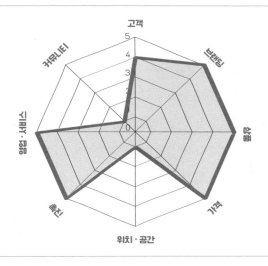

셰프 칼은 인생의 최대 고비에서 푸드 트럭을 시작했고 그 성과는 놀라웠다. 그는 의도치 않게 최고의 마케팅 전략을 수행하게 되었다. 우선 그에게는 이미 유명 셰프라는 명성이 있었다. 명성에 손상을 입는 사건이 발생하기는 했지만 오랜 기간 미디어에 회자되었던 그의 유명세는 분명 도움이 되었다. 그는 이미 일정 수준의 브랜드 파워를 지니고 있었다. 상품 면에서도 그의 푸드 트럭은 최고의 평가를 받을 만했다. 그는 최고의 맛을 내는 실력파 셰프였고 그의 메뉴는 거부할 수 없는 맛을 내는 이국적인 원조 쿠바 샌드위치였다. 푸드 트럭에 적합한 간단하지만 맛있는 메뉴였으며,

가격 또한 적당했다.

그의 마케팅 핵심은 단연 SNS였다. 푸드 트럭은 가는 곳마다 대중적이고 가독성 좋은 간결한 문장의 트위터 게시글로 손님들을 불러 모았다. 셰프 칼과 그의 어린 아들, 동료와 함께한 추억을 페이스북에 올려 소비자들의 관심을 끌고 공감을 얻었다. 요즘 젊은 세대가 즐기는 짧은 영상 콘텐츠를 만들어 새로운 형태의 SNS 채널에도 꾸준히 자신들의 이야기를 올렸다. 이는 작은 푸드 트럭을 운영하는 데 최고의 영업 전략이었고 촉진 전략이었다.

한계점이 있다면 미국 전역을 끊임없이 돌아다닌다는 것이다. 점포의 위치 측면에서는 일관적인 접근성을 제공할 수 없었다. 같은 맥락에서 푸드 트럭은 지역 사회나 공동체 등의 커뮤니티와 협력하고 연대할 수 없다는 점 또한 장기적으로는 한계점으로 작용한다. 셰프 칼의 푸드 트럭은 사실 푸드 트럭 사업에 손색없는 마케팅 역량을 갖추고 있다. 늘 이동해야 하는 불안정성을 지닌 푸드 트럭 사업에서 이름 있는 셰프, 최고의 요리, 적당한 가격, SNS를 통한 영업 및 촉진 역량을 갖추었으니 흠잡을 데 없다. 그럼에도 장기적으로 더 나은 성과를 낼 수 있는 마케팅 전략을 제안해본다.

마케팅 제안 ①
다른 푸드 트럭과 함께하라

칼은 푸드 트럭을 타고 미국 전역을 여행하듯 돌아다닌다.

그는 셰프로서의 자존감을 되찾고 마음껏 독창성을 발휘하며 시장에서 자신의 잠재력을 재확인하고 싶다. 새로운 도시를 돌아다니며 영업을 하는 푸드 트럭 마케팅은 나무랄 데 없다. 한 가지 아쉬운 점은 다른 푸드 트럭들과의 연대와 협력이 없다는 것이다. 협력은 늘 규모의 경제 효과를 내게 마련이다. 자원이 한정적일 때는 여럿이 협력하는 구조를 만들면 효과적이다.

영화 속에서는 잘 드러나지 않았지만, 일반적으로 푸드 트럭은 영업할 수 있는 장소가 지정되어 있다. 대체로 공원, 유원지, 축제, 행사장 등으로 사람이 많이 모이고 다른 푸드 트럭들도 함께 영업하는 장소다. 푸드 트럭이 모인 장소는 소비자를 더 많이 끌어모을 수 있는 최적의 공간이기도 하다. 소비자에게는 함께 모여 놀고 즐길 수 있는 공간이 되어줄 수 있다. 서로의 자원을 모아 새로운 시각적 콘텐츠를 만들고 소비자들에게 신선한 경험을 제공할 수도 있다. 버스킹이 펼쳐지는 등 다양한 문화 이벤트를 통해 소비자에게 즐겁고 독특한 경험을 제공한다. 이 모든 이색적인 경험이 소비자의 SNS로 멀리까지 퍼져나가고 알려지게 된다.

여러 푸드 트럭들이 함께 포인트 카드 적립제 등의 로열티 프로그램을 운영하는 것도 좋은 방법이다. 각자 운영하는 로열티 프로그램에는 소비자의 호응이 낮을 수 있다. 일정한 위치와 공간을 제공하지 못하므로 소비자에게 접근성이 떨어지기 때문이다. 로열티 프로그램은 재구매 유도가 가장 큰 목적인데, 접근성이 낮으면 잦은 구매가 어려워진다. 고객들과 온라인 커뮤니티를 강화한다고 해도 마찬가지다. 다른 푸드 트럭들과 연대하여 소비자들이 같은 커뮤니티의 푸드 트럭을 이용하는 빈도를 높이는 것이 좋다.

함께 이메일로 뉴스레터를 발송하는 서비스도 소비자와 관계를 지속하는 데 도움이 된다. 특히 푸드 트럭의 경우에는 이동이 불가피하므로 다양한 스토리를 만들어 전달할 수 있다. 푸드 트럭들이 각기 다른 장소에서 경험한 내용을 소비자와 공유하는 것이다. 영화 속 주인공처럼 각지의 유명한 식재료를 다른 푸드 트럭이나 소비자와 공유한다. 이를 이용하는 레시피를 공개하는 것도 친밀함을 다지고 소비자와 교류하는 데 좋은 효과를 낼 수 있다.

푸드 트럭 커뮤니티는 혼자서는 자원 부족으로 할 수 없었던 마케팅 전략을 수행하도록 돕는다. 함께 다양한 정보를 공유하고 경험을 나누면서 서로에게 힘이 되어줄 수도 있다. 소비자와의 소통과 관계 구축에도 도움이 될 것이다. 이처럼 작은 가게는 함께 모임으로써 여러 면에서 규모의 경제 효과를 누릴 수 있다. 적은 돈으로도 함께 즐길 수 있는 청년들의 낭만적인 도시 문화를 형성하는 데 푸드 트럭만큼 잘 어울리는 비즈니스가 또 있을까.

마케팅 제안 ②
끊임없이 메뉴를 개발하라

이 영화를 본 지인들은 하나같이 "속이 비었을 때 이 영화를 봐서는 안 된다"고 경고했다. 영화가 시작된 지 얼마 지나지 않아 나는 그 유머러스한 경고의 이유를 알아차렸다. 영화 초반, 셰프 칼이 밤을 새워 개발하는 메뉴들은 경고를 무시한 채 영화를 보는 누구라도 괴롭혔으리라. 영화 속에서 칼은 끊임없이 새 메뉴를 개발한다. 함께 일하는 동료 직원들이 밤을 새워 새로운 메뉴를 개발하는 그의 모습을 익숙하게 여길 정도였다.

늘 새롭고 독창적이면서도 동시에 꾸준히 최고의 맛을 선보여야 하는 것이 외식 산업의 숙명이다. 특히 푸드 트럭의 경우에는 더더욱 그렇다. 주변에 식당과 배달 음식이 흔한 요즘이다. 푸드 트럭을 찾는 소비자는 무엇을 원할까? 푸드 트럭의 주요 소비층은 20~30대로, 이들은 조리 시간이 짧아 오래 대기하지 않아도 되는 음식, 익숙하면서도 이국적인 새로운 풍미의 요리를 원한다.

영화 속 주인공이 선보인 원조 쿠바 샌드위치는 이 조건을 모두 만족시켰다. 그는 특히 지역의 유명 식재료를 가장 신선한 상태로 구해 즉석에서 메뉴를 바꾸거나 추가했다. 덕분에 각기 다른 도시의 소비자들은 서로 다른 풍미의 쿠바 샌드위치를 맛볼 수 있었다. 이처럼 그의 메뉴는 지속적으로 개발되고 다채롭게 변화해야 한다. 그것이 소비자들이 셰프 칼의 푸드 트럭에 기대하고 요구하는 것이다.

셰프 칼이 운영하는 푸드 트럭의 마케팅 전략에는 중요한

마케팅 제안이 가져올 마케팅 성과

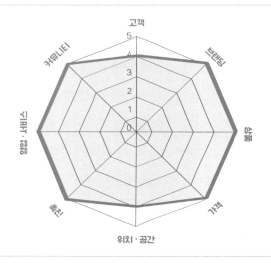

요소가 전부 갖추어져 있다. 다만 푸드 트럭의 전형적인 특성상 위치와 공간 면에서 한계가 있으며, 지역 및 상인 커뮤니티와의 협력에 어려움이 있다. 푸드 트럭은 이동하며 영업을 해야 하기 때문이다. 그러나 다른 푸드 트럭들과 연대해 커뮤니티를 구축하면 여러 가지 측면에서 더 나은 성과를 기대할 수 있다. 서로 이동하며 영업하지만 이벤트를 함께 진행하거나 포인트 카드를 커뮤니티 내의 푸드 트럭에서 모두 사용할 수 있도록 하는 등의 방법이 있다.

서로의 개성이 잘 어우러지는 푸드 트럭들 간에 커뮤니티를 구성하고 함께 마케팅 활동을 한다면 그 자체로 브랜딩 효과를 누릴 수 있을 것이다. 독특한 문화를 함께 형성해 소비자와 교감할 수 있다. 소비자는 이색 문화를 누리는 동시에 편의성을 충족한다.

푸드 트럭의 커뮤니티 구축과 활동을 지원할 수 있는 기업, 기관, 앱을 적극 활용하는 것도 좋은 방법이다. 체계적으로 조직화하고 소비자들과의 소통을 활성화한다면 다양한 조직과 협업할 기회가 열릴 수도 있다. 국내에서는 푸드 트럭 커뮤니티와 카드사가 협업해 신용카드 포인트를 쌓아 사용하도록 하는 이벤트가 이목을 끈 예도 있다.

공공기관이나 교육기관 등과 행사를 열고 소비자에게 새로운 경험을 제공할 수도 있다. 조직적인 커뮤니티를 구축하면 소비자에게 지속적이고 다채로운 경험을 제공하고 소통하며 그들과 장기적인 관계를 맺게 된다. 그렇게 하나의 문화가 만들어지는 것이다.

마케팅
솔루션

SNS는 작은 가게만의 이야기를 가장 효과적으로 전하는, 작지만 소리가 큰 스피커다.

소셜 미디어 마케팅

SNS 마케팅

이제 마케팅에 소셜 미디어를 사용해야 한다는 것은 부인할 수 없는 사실이다. 2021년 기준 미국에서만 42억 명의 사용자가 매일 2시간 25분간 소셜 미디어를 사용한다.[1] 일반적인 인터넷 사용자가 8.4개의 소셜 미디어 계정을 운영하며, 소셜 커머스의 시장 가치는 2020년 기준 894억 달러에 이른다. 소셜 미디어를 논하지 않고 마케팅을 이야기할 수 없을 정도다.

특히 영화 속 주인공처럼 레스토랑을 운영할 경우 소셜 미디어의 영향력은 더욱 지대하다. 레스토랑의 63%가 소셜 미디어를 홍보에 이용하고 있으며, 소셜 미디어 사용자의 37%는 소셜 미디어를 통해 브랜드와 제품에 대해 조사한다. 또한 소비자의 49%가 SNS를 통해 음식에 대한 정보를 접한다고 알려져 있다.[2] 이것이 레스토랑이 소셜 미디어 마케팅을 피할 수 없는 이유다. 그렇다면 레스토랑을 포함하여 소상공업은 어떻게 소셜 미디어를 활용할 수 있을까?

계획을 세우라

소셜 미디어를 활용할 때에도 구체적인 계획을 세워야 한다. 소셜 미디어를 왜 이용하고자 하는지 목표를 명확히 하고 이에 따라 활용 계획을 세운다. 일반적으로 상품과 서비스를 판매한다면 새로운 고객을 끌어들이고, 브랜드 인지도를 높이며, 고객과 장기적인 관계를 구축하는 것을 소셜 미디어 활용의 목표로 한다. 이에 더해 경쟁 업체가 어떤 방식으로 소셜 미디어를 사용하는지 조사하는 것도 효과적이다. 같은 업종에 있으므로 같은 효과를 거둘 가능성도 높아진다.

적합한 플랫폼을 정하라

나날이 새로운 소셜 플랫폼이 시장을 뒤흔들고 있지만 여전히 페이스북, 유튜브, 트위터, 링크드인, 인스타그램에 가장 많은 사람들이 몰린다. 2021년 기준 페이스북의 실사용자는 28억 명에 달한다. 최근에는 왓츠앱, 위챗, 틱톡 등의 다양한 플랫폼이 시장 점유를 넓히고 있다.[3] 소셜 미디어 플랫폼이 많아질수록 사업에 가장 적합한 플랫폼을 선정하는 것도 까다로운 일이 되었다.

각 소셜 플랫폼은 차별화된 특징을 갖고 있다. 페이스북과 유튜브의 사용 연령대는 대체로 고르게 분포하지만 특히 25~29세 사용자가 가장 많다. 인스타그램이나 스냅챗의 경우 18~24세가 가장 많이 사용하며 50세 이상 사용자는 10% 미만으로 떨어지는 등 젊은 사용자가 월등히 많은 비중을 차지한다.[4] 따라서 타깃 소비층의 특징을 고려해 특정 소셜 플랫폼 사용에 특별히 집중하는 것도 효과적이다.

지속적으로 콘텐츠를 제공하라

소셜 미디어를 사용하는 주된 이유는 고객에게 도움이 되는 정보를 제공하기 위한 것임을 잊지 말아야 한다. 고객이 원하는 콘텐츠가 지속적으로 게시되면 고객은 해당 사업체를 진지하게 받아들이게 될 것이다. 일반적으로 콘텐츠의 80%는 고객과 소통하고 정보를 제공하기 위한 것이고 나머지 20% 정도가 브랜드와 제품 홍보에 사용될 때 가장 효과적이라고 알려져 있다.

특히 정기적으로 콘텐츠를 게시하는 것이 고객과의 상호 작용과 관계 구축에 효과적이다. 효과적인 게시물의 빈도와 콘텐츠의 유형은 소셜 미디어 플랫폼에 따라 차이가 있다. 인스타그램에서는 인상적인 사진과 함께 일상적인 이야기를 정기적으로 게시하는 것이 효과적이다. 페이스북에는 하루에 한 번 정도 길고 상세한 게시물을 올리는 것이 일반적이다. 트위터에서는 대부분 하루에 여러 번 트윗을 하며, 링크드인에는 일주일에 여러 번 콘텐츠를 공유한다.

고객과의 관계 구축에 집중하라

소셜 미디어 마케팅의 가장 큰 강점은 고객과 개인적이고 직접적인 관계를 구축할 수 있다는 것이다. 고객과 적극적으로 상호 작용을 하기 위해 고객이 남긴 댓글과 모든 후기에 적극적으로 응답해야 한다. 고객이자 팔로워의 콘텐츠를 공유하고 태그를 지정하는 것도 좋은 방법이다. 고객 참여의 기회를 만들고 그들의 관심을 끌기 위해 인스타그램 스토리의 설문 스티커나 트위터의 투표를 사용하여 간단한 설문 조사를 할 수도 있다.

베이커리 카페 브랜드인 파네라 브레드Panera Bread는 2020년에 새로운 커피 구독 서비스에 대한 고객의 관심을 유도하기 위해 트위터 투표 기능을 이용했고 588,748명에게 응답을 받았다. 응답자들에게 그해 여름 동안 무료 커피를 제공했는데, 그보다 더 중요한 고객과의 강력한 관계를 얻었다고 평가받고 있다.[5]

레스토랑의 소셜 미디어 마케팅 전략

영화 속에서처럼 레스토랑을 운영한다면 페이스북과 인스타그램은 반드시 운영하는 것이 좋다. 레스토랑은 음식의 시각적 효과가 특히 중요하므로 사진과 동영상을 아름답고 매력적으로 만들어 게시해야 한다. 인스타그램의 경우 93%의 사용자가 사진이나 동영상에 나타난 제품의 외관에 큰 영향을 받는다고 응답했다. 레스토랑에 대한 고객들의 사진이나 동영상 콘테스트를 여는 이벤트도 많이 활용된다. 물론 참여한 고객에게는 식사 쿠폰, 할인, 상품권 등을 제공한다. 이러한 방법으로 고객의 콘텐츠를 공유하고 더 많은 잠재 고객에게 노출하는 효과를 누릴 수 있다.

7장

고객을 아는 가게

초콜릿

고요한 시골 마을의 초콜릿 가게

거칠게 몰아치는 북풍과 함께 빨강 망토를 쓴 모녀가 마을로 들어선다. 영원히 아무 일도 일어나지 않을 것 같은 고요한 마을에서 모녀는 초콜릿 가게를 연다. 모두의 경계와 호기심 속에서 주인공 비앙은 능숙한 솜씨로 일사불란하게 가게를 열었다. 흑백 영화 속 유일한 총천연색 같고, 생명력 없는 마을에 유일하게 생기 넘치는 생명체 같은 비앙이 무미건조한 마을에 달콤하고 신비로운 맛의 초콜릿 가게를 연 것이다. 이야기는 이처럼 지극히 상반된 성격과 특징을 가진 마을과 새로운 초콜릿 가게의 극명한 대비 속에서 시작된다.

비앙의 초콜릿은 그야말로 최고이다. 그녀의 초콜릿은 기력이 쇠하고 병에 걸려 까탈스럽고 예민해진 노인에게 다사롭던 젊은 시절을 추억하게 하고, 열정이 식은 중년의 부부에게는 정열적인 사랑을 선사한다. 초콜릿은 마치 마법처럼 사람들을 위로했다. 손님들은 비앙이 손에 쥐어주는 초콜릿을 맛보는 순간이면 언제나 가슴 설레는 경이로움을 느끼곤 했다. 초콜릿 하나로 우리가 정말 행복을 느껴볼 수 있을까? 한겨울 북풍을 타고 마을로 들어온 비앙의 초콜릿 가게는 얼음이 녹는 봄이 되자 마을 사람들의 냉랭한 마음마저 녹인 듯했다. 마을은 온통 처음 경험하는 신비롭고도 완벽한 초콜릿 맛에 빠져들었다. 의심 많고 경계심으로 가득 찬 마을 주민들 사이에서 비 앙의 초콜릿 가게는 어떻게 성공할 수 있었을까?

마케팅 비결 ①
개인화의 정수를 보여주다

초콜릿에는 사람을 설득하는 오묘한 힘이 있다. 이처럼 개 인의 취향과 성격에 깊이 관여된 제품이 있을까. 갈색의 이 작고 달콤한 식품은 맛도 매우 다양하다. 주성분인 카카오와 첨가되는 향신료에 따라 매우 다양한 맛을 내고, 온갖 단맛이 개인의 정서에 깊숙이 관여한다. 초콜릿의 이런 신비한 특성을 잘 알고 있는 비앙 은 낯선 마을의 주민들 각자에게 어울리는 초콜릿을 만들어내기 시작한다. 언제나 하나의 집단일 뿐이었던 마을 사람들에게 처음 으로 각기 다른 '나'라는 존재를 깨닫게 해주고 존중해주는 곳이 생긴 것이다. '나'라는 존재가 그 자체로서 존중받는다는 사실은 누구에게나 기분 좋은 일이 아닐 수 없다.

최근 혜성처럼 시장에 등장해 소비자들을 사로잡은 개인화 마케팅personalization marketing도 영화 속 초콜릿과 같은 이유로 인기 를 끌고 있다. 우리는 일반적으로 유명 동영상 스트리밍 서비스 기 업이나 소셜 커머스 및 온라인 쇼핑 중개 기업들로부터 추천 서비스를 제공받는다. 그들은 내가 구매한 것, 내가 선호하는 것, 내가 검색하는 것을 분석해 나만을 위한 상품을 제안한다. 무수히 많은 데이터를 수집하고 분석해내야 하는 개인화 마케팅은 자본력이 우세한 대기업의 산물로 이해할 수 있지만, 사실 개인화 마케팅은 소비자와 밀접하게 소통하는 작은 가게에 활용도가 더 높다. 고객 개개인과 밀접한 관계를 맺는 작은 가게는 손님들 각자가 원하는 것을 정확히 포착할 수 있기 때문이다. 자원과 예산이 부족하다면 영화 속 주인공이 손님들을 관찰하는 과정을 참고해 볼 수 있다.

비앙은 매우 흥미로운 과정을 거쳐 개인화된personalized 초 콜릿을 손님의 손에 쥐여준다. 그녀는 손님에게 오묘한 그림이 조각된 원판을 돌려 보게 한다. 가만히 멈춰 있어도 의미를 알 수 없는 그 오묘한 그림은 원판이 돌기 시작하면 더 신비롭고 묘해 보인다. 사람들은 어지럽게 도는 그림 속에서 뭔가를 찾아내곤 했다. 조용한 주부의 눈에는 야생마를 탄 여인이, 늙고 병든 노인에게는 삶에 지치고 기력 없는 노인의 모습이 보였다. 비앙은 이내 그 결과에 따라, 혹은 그녀가 관찰한 그들의 내면에 기반하여 각자에게 가장 잘 어울리는 적합한 초콜릿을 내어놓았다.

상대의 내면을 꿰뚫어보는 비앙에게 그 신비로운 원판을 돌리는 일은 필요치 않은 과정이었다. 원판을 돌리며 자기 내면을 들여다보는 일은 사실 손님에게 뜻깊은 과정이었다. 그들은 도통 표현할 일도, 표현할 방법도 없는 복잡한 자신의 내면을 그림을 읽어내며 비앙에게 드러낼 수 있었다. 그러고는 본인 입맛에 딱 맞는 초콜릿을 받아들고 맛을 본다. 이제 그들은 표현할 수 없었던 자신의 속마음을 읽어준 비앙에게 마음을 활짝 열게 되는 것이다.

이 간단하고도 신비로운 '원판 돌리기'는 손님들에게는 단순하면서도 신기한 경험이자, 비앙과 나누는 소통이다. 아울러 작은 가게만이 할 수 있는 손님 각자를 이해하기 위한 개인화의 과정이다. 비앙의 예처럼 작은 가게들은 판매하는 상품의 특징에 맞는 작은 경험을 제공할 수 있다. 이러한 과정을 거치며 고객을 충분히 관찰하고 분석한다. 고객 개개인의 취향과 욕구에 맞는 상품을 추천하고 관계를 공고히 하는 것이 최선의 전략이 된다.

최근 젊은 소비자들의 마음을 사로잡고 있는 '레이블링 게임labeling game' 또한 같은 맥락이다. MBTI 테스트를 통해 분석해 낸 개인의 성격 유형을 자기 정체성으로 특징화하여 레이블링하는 것이다. 요즘은 광고나 이벤트, 상품 소개 등에 레이블링이 많이 이용되고 있다. 사람들은 이제 자신의 개성과 정체성을 마음껏 드러내게 되었으며, 기업들은 소비자 각각의 성격과 취향을 존중하겠다는 의지를 보여주고 있는 것이다. 나 또한 생일에 맞는 별자리 카드를 상품과 함께 받았던 기억이 지금까지 남아 있다. 카드에는 내 별자리에 어울리는 덕담이 가득 쓰여 있었다.

IT 컨설팅 기업 인포시스Infosys가 2013년에 조사한 결과에 따르면, 무려 86%의 소비자가 개인화 마케팅이 구매 항목을 정하는 데 영향을 미친다고 답했다. 개인화를 경험한 쇼핑객의 59%는 개인화가 구매에 영향을 미쳤다고 답했다.[1] 소비자는 어떤 형태의 매장에서든 개인적인 경험과 서비스를 요구하고 있다. 그것이 바쁘 돌아가는 각박한 세상에서 소비자에게 건네는 기업이나 가게의 따뜻한 인사이기 때문이다. '나를 존중하는 이웃과 함께 한다'는 안도감으로 기업이나 가게와의 소통과 관계가 시작되는 것이다. 그들에게 의지할 이웃이 되어준다는 것. 이것이 비앙이 선택한 초콜릿 가게의 주요 전략이었다.

마케팅 비결 ②
오감을 만족시키다

비앙의 초콜릿은 맛있었다. 그녀는 2,000여 년간 이어온 마야인의 초콜릿 레시피를 전수받은 몇 안 되는 초콜릿 장인이다. 그녀는 초콜릿이 사람의 건강과 영혼에 어떤 영향을 미치는지 누구보다 잘 이해한다. 그녀의 초콜릿을 맛본 사람들은 경이로움에 가까운 행복감을 숨기지 못한다. 그러나 아무리 영혼을 치유하고 행복을 선사하는 초콜릿이라 해도 사람들을 가게 안으로 끌어들이지 못한다면 무용지물이다.

다행히도 마을 사람들은 비앙의 초콜릿 가게에 호기심을 느낀다. 온통 무채색인 마을에서 유일하게 이국적인 색으로 가득한 곳이 초콜릿 가게이기 때문이다. 향기가 없던 마을에서 아주 달콤한 향기를 풍기는 곳이기도 하다. 직접 칠한 벽도, 장식품도, 진열장에 놓인 초콜릿도 온통 이국적이다. 보수적이고 오래된 관습을 고집하며 매일을 다를 것 없이 살아온 마을의 모든 것과는 매우 대조적인 가게임에 분명했다. 가게는 신비로우며 충분히 아름답다. 무미건조하고 지루한 마을에서 비앙의 초콜릿 가게는 다채로움 그 자체이다.

이처럼 가게 안에 들어서는 순간 느껴지는 것. 그것이 가게와 손님의 관계를 형성하는 가장 첫 번째 단계이다. 손님이 가게로 첫 발을 들이는 순간, 가게는 자신의 모든 물리적인 그리고 정서적인 기능을 각인시켜야 한다. 이런 이유로 기업은 감각 마케팅, 일명 오감 마케팅에 투자를 아끼지 않는다. 매장의 외관, 매장에 들어서면 눈에 들어오는 색상, 가구와 집기의 배치, 음악 소리, 가게 안을 메운 사람들의 소리, 가게 주인의 경쾌한 인사, 기분 좋은 향기는 모두 감각 마케팅의 일환이다. 감각 마케팅은 소비자의 오감을 자극해 고객의 정서적, 심리적 상태에 큰 영향을 미친다.

비앙은 감각 마케팅을 이용해 초콜릿의 효능과 이미지를 능숙하고 효과적으로 드러냈다. 이국적인 가게의 분위기를 마주한 순간, 달콤한 초콜릿 향 속에 둘러싸인 순간, 비앙이 핫 초콜릿을 대접하는 순간, 손님이 가장 좋아할 만한 초콜릿을 알아맞히는 순간, 그 초콜릿을 입에 넣는 순간. 소비자는 이 모든 순간이 만들어내는 감미로움과 신비로움을 오감으로 느낀다. 비앙은 초콜릿 가게에 들어서는 손님이 오감으로 느끼는 경험을 효과적으로 구상했다. 그녀의 가게는 보이는 것부터 보이지 않는 것까지 꼼꼼하게 설계된 공간이다.

고객의 오감을 자극하면 매장의 수익이 향상된다는 것은 이미 잘 알려진 사실이다. 매장은 음악으로 손님의 청각을 자극해 마음을 흔든다. 적절한 조명으로 가게의 의도를 설명하고, 아름답고 개성 있는 인테리어는 시각적으로 고객을 설득한다. 간혹 시식으로 미각을 자극하거나 독특한 향으로 후각을 자극하는 경우도 있다. 한 예로 던킨도너츠는 서울의 한 시내버스에서 회사의 광고 음악이 나올 때마다 커피 향이 분무되도록 하는 마케팅을 진행했다. 이는 던킨도너츠 매출을 29% 증가시켰고 성공적인 감각 마케팅으로 회자되고 있다.[2] 우리가 매일 느끼는 감정의 75%는 향기나 냄새의 영향을 받는다는 주장도 있다.[3] 향기나 특유의 냄새가 가게에 대한 첫인상을 결정한다고 봐도 과언이 아닌 것이다.

다양한 감각 마케팅 활동이 인위적이거나, 불편하거나 부자연스럽지 않게 조화를 이루려면 그 모든 자극이 가게의 콘셉트와 이미지를 매우 일관되게 표현해야만 한다. 비앙은 감각 마케팅을 매우 능숙하게 활용했다. 그녀의 초콜릿 가게는 독특한 인테리어와 다양한 초콜릿 모양으로 손님의 시각을, 달콤하게 가게 안을 채우는 초콜릿 향으로 후각을, 무료로 대접하는 핫 초콜릿과 새로 만든 초콜릿 시식으로 미각을, 초콜릿 포장이나 시식용 초콜릿을 만

시골 마을의 초콜릿 가게가 이룬 마케팅 성과

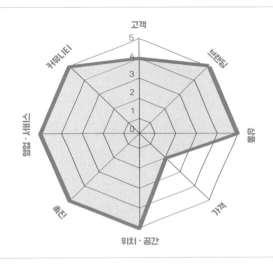

져 보며 촉각을, 비앙의 초콜릿 이야기로 청각을 자극했다. 가게의 생존은 손님의 오감을 모두 만족시키느냐와 직결되어 있다. 가게 안에 들어선 손님이 더 오래 머물고 싶도록, 그리고 물건을 구매하고 싶도록 해야 한다. 감각 마케팅은 이를 위한 가장 첫 번째 전략임을 영화는 잘 나타내고 있다.

집안 대대로 내려오는 전통적인 초콜릿 제조법을 알고 있는 전문가답게 비앙의 초콜릿 맛은 최고이다. 아름다운 모양과 감미로운 맛으로 주민들의 호기심을 끌고 그들을 완벽하게 설득했다. 따라서 그녀의 상품력에는 최상의 평가를 내릴 수 있을 것이다. 가게의 위치 역시 좋은 편이다. 손님들이 주말마다 들르는 성당 바로 앞이고, 평소에도 주민들이 지나다니는 길이어서 잠재 고객들과 마주치기 쉬운 위치였다. 지역 공동체에 적극적으로 참여하고 주민들과 금방 친숙해지면서 초콜릿 가게의 브랜딩에도 큰 성과가 있었다. 주민들의 파티에 초콜릿을 무료로 제공하고, 가게에 온 손님들에게 무료로 핫 초콜릿을 대접하고, 새로 만든 초콜릿을 시식하게 하는 그녀만의 영업 및 촉진 활동도 만족스러운 성과를 냈다. 이처럼 마케팅 측면에서 비앙과 그녀의 초콜릿 가게는 완벽했다.

무엇보다 비앙의 초콜릿은 손님을 가리지 않는다는 데에 큰 매력이 있다. 초콜릿 가게의 모든 마케팅 활동은 이웃에 대한 그녀의 관심과 애정을 의미한다. 그녀의 한 마디, 지긋한 눈빛, 고요하고 따스한 미소, 초콜릿을 건네는 행동에서 초콜릿으로 사람들의 영혼을 치유하고자 하는 사명감이 드러난다. 단 한 사람의 영혼도 놓치지 않으려는 그녀의 진실된 애정은 모든 마케팅 활동을 통해 드러난다. 이러한 그녀의 태도가 성공의 이유를 잘 설명해준다.

마케팅 제안 ①
가격은 가장 강력한 마케팅 도구다

비앙의 초콜릿 가게의 마케팅에 한계점이 있다면 바로 가격이다. 작은 시골 마을 주민들에게 비앙의 초콜릿은 비싼 감이 없지 않았다. 다양한 소비 생활을 경험해보지 않은 주민들에게는 생필품이 아닌 기호 식품을 소비하는 일 자체가 낭비로 여겨졌다. 비앙이 놓친 부분이 있다면 이런 주민들의 소비 문화일 것이다. 애초부터 주인공은 마을 주민들의 생활 방식이나 문화, 그들의 사고방식이나 편견에는 관심이 없었다. 그녀는 그저 초콜릿이 마을 사람들의 영혼을 치유할 수 있다고 굳게 믿었다. 그래서 늘 초콜릿의 원료와 맛, 향과 초콜릿이 전할 치유의 역할에만 집중했다. 그녀에게 가격은 그리 중요한 문제가 아니었다. 가격 문제는 이처럼 간혹 서로에 대한 이해와 소통의 부재에서 시작되기도 한다.

새로 가게를 열거나 새로운 메뉴를 선보일 때 가격을 결정하는 일은 늘 복잡하고 어렵다. 소비자는 가격에 매우 민감하다. 가격이 낮으면 품질과 가치가 의심받는 상품도 있고, 가격이 높으면 주위의 경쟁 업체로 미련없이 떠나는 상품도 있다. 비앙이 새로 가게를 연 마을의 주민들처럼 소득 수준이 높지 않거나 소비를 악덕으로 여기는 경우도 있으며, 높은 가격을 지불하더라도 쾌적한 공간에서 정성스러운 서비스를 받는 일을 즐기는 부류도 있다. 물론 소비자 개개인의 성향에 따라서도 반응이 천차만별이다. 더 큰 문제는 한번 가격을 정하고 나면 소비자의 반응에 따라 가격을 바꾸는 것이 좀처럼 쉽지 않다는 것이다.

비앙이 다른 창업하는 가게들이 흔히 범하는 가격 결정의 오류를 피한 것은 사실이다. 새로 가게를 열거나 메뉴를 추가할 때 어떤 가게들은 무조건 경쟁 업체보다 낮은 가격대를 설정하거나 혹은 소비자의 의도와는 무관하게 높은 가격대를 설정하기도 한다. 너무 낮은 가격 설정이나 무분별한 가격 인하는 브랜드 이미지와 제품 가치에 손상을 입힐 수 있다. 가격이 과하게 낮은 경우 소비자는 제품이나 브랜드에 대한 기대 수준을 낮춘다. '제품이나 브랜드에 문제가 있나' 하고 의심하기도 한다. 이는 얻는 것보다 잃는 게 더 많은 가격 전략이 되기 쉽다.

고객이 수용하기 어려운 높은 가격을 책정하는 것 또한 고객을 다른 가게로 빼앗기기 쉬운 전략이다. 나중에 고객의 수를 늘릴 필요가 생기면 그제야 무리하게 가격 인하를 해야 할 수도 있다. 고객 수준과 의도를 토대로 한 가격상한선, 경쟁 업체의 가격대, 가격 변화에 따른 고객의 수요 수준 변화를 분석한 가격탄력성 등의 면밀한 분석이 선행되어야만 한다.

이처럼 가격은 매우 까다롭고 예민한 마케팅 요소이다. 따라서 가격만을 무기로 사용하는 것은 현명하지 않다. 이런 면에서 비앙은 다른 마케팅 요소를 강화하며 가격에 대한 의존도를 낮추는 대담하지만 수익성이 유지되는 지속가능한 마케팅 전략을 펼쳐왔다. 그러나 고객이 수용하기 어려운 높은 가격을 계속 유지한다면 장기적으로 비앙의 가게를 찾는 손님의 수가 줄어들게 된다. 가격이 유일한 무기가 되어서는 안 되지만, 가격이 가장 강력한 무기임을 잊어서도 안된다.

가게를 닫는 늦은 저녁 시간에 특정 상품을 할인하거나, 특정 요일에 제품을 할인하여 판매하는 가격차별화 전략은 작은 가게에 활용도가 높다. 동네 빵집이나 슈퍼마켓에서 하는 타임 세일이나 특정한 날짜에 의미를 부여해 관련 상품을 판매하는 데이 마케팅이 이런 전략에 속한다. 상품들을 묶어서 가격을 정하는 묶음가격 전략도 활용도가 높다. 특히 구매 빈도가 높은 제품과 구매 빈도가 낮은 제품을 묶어 할인된 가격으로 판매할 수 있다. 특별히 낮은 가격의 상품으로 고객을 매장으로 끌어들이는 유도가격 전략도 좋은 가격 전략이다.

그러나 가격 인하가 늘 성과를 낼 것이라는 착각 또한 경계해야 한다. 효과적인 방법으로 가격을 내린다면 비싸서 가게에 들어서지 못했던 잠재 고객을 매장으로 끌어들일 수 있다. 다른 마케팅 활동이 효과적으로 수반된다면 이렇게 매장에 들어선 잠재 고객은 단골 고객으로 전환될 것이다. 다만 가격에 변화를 줄 때에는 늘 고객에게 충분히 설명하고 상품 가치와 가게 이미지에 피해가 없도록 해야 한다. 가격이 상품의 가치를 대변한다는 점을 꼭 기억해야 한다. 더불어 소비자가 가격 변화의 이유를 스스로 추측하지 않도록 주의를 기울여야 한다.

비앙의 초콜릿 가게는 이미 체계적이며 진정성 있는 마케

마케팅 제안이 가져올 마케팅 성과

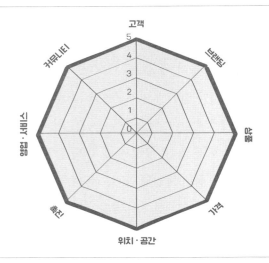

팅 활동을 통해 성과를 거두고 있었다. 다만 주민들의 생활 수준에 비해 가격이 높다는 것이 한계였다. 효과적인 가격 전략을 전개한 다면 가격 문제를 해결할 수 있을 뿐 아니라 더 많은 고객을 가게로 유도할 수 있다. 한번 들어선 고객을 단골로 만드는 데 탁월한 재능을 지닌 사장인만큼 가격 전략은 고객 기반을 늘리는 좋은 기회가 될 것이다.

워낙 보수적인 마을이어서 문화적으로 이질감을 느끼는 주민들도 있을 수 있다. 지역 커뮤니티와 이웃들에게 늘 친절하고 적극적으로 다가가 친구가 되는 비양은 이 문제도 결국 해결할 것이다. 그녀의 초콜릿 가게는 완벽한 마케팅 전략을 수행했다고 볼 수 있다. 그 모든 마케팅 활동이 이웃에 대한 그녀의 애정에서 시작되었음은 물론이다.

개인화된 상품을 팔아라. 면밀한 관찰과 분석이 최고의 개인화를 만든다.

개인화 마케팅

개인화 마케팅이란

개인화 마케팅은 소비자 개인의 취향에 맞는 상품과 서비스를 제공하는 기법을 말한다. 대량 생산된 상품을 불특정 다수의 소비자에게 홍보하고 영업하던 방식과는 사뭇 다른 접근법이다. 과거에 개인화가 쉽지 않았던 이유에는 여러 가지가 있는데 관련 기술의 부재도 큰 원인이었다. 고객관계관리CRM,Customer Relationship Management 기술을 필두로 각종 기술이 발전하면서 기업은 이제 고객의 데이터를 수집하고 분석하며, 이들과 더욱 적극적으로 소통하는 것이 가능해졌다. 이를 토대로 고객 개개인에게 개별화된 광고, 홍보, 상호 작용, 상품 추천 등의 서비스를 제공하는 것이 개인화 마케팅이다.

실제로 소비자의 욕구는 매우 다양해졌다. 그리고 기업은 다양하고 복잡해진 소비자의 욕구를 충족시킬 방법이 필요하다. 인포

시스의 조사에 따르면 소비자의 86%는 개인화 마케팅이 구매에 영향을 미친다고 답했다.[4] 소비자 욕구의 다양화, 기업의 니즈, 기술의 발전이라는 삼박자가 어우러져 지금의 개인화 마케팅을 이끌었다. 기술 및 인력 자원이 충분하며 온라인 비즈니스를 운영하는 기업이라면 개인화 마케팅을 활용하는 것이 보다 수월하다. 일반적으로 온라인 비즈니스를 통해 고객에 대한 더 많은 데이터를 수집하고 이를 기반으로 고객 개개인에 대해 더 잘 알 수 있기 때문이다.

개인화 마케팅의 핵심, 고객 데이터

데이터의 수집과 분석은 개인화 마케팅에서 가장 중요한 부분이다. 고객 데이터를 수집하기 위해 고객이 기업의 웹사이트에 계정을 만들고 기업과 소통하고 제품을 구매하도록 유도해야 한다. 개인화된 경험을 제공하기 위해 더 많은 고객 데이터가 필요하다면 설문이나 간단한 퀴즈 등을 활용할 수도 있다. 실제로 '안경 업계의 넷플릭스'로 불리며 가장 혁신적인 기업으로 평가받는 와비파커Warby Parker는 고객이 원하는 안경테를 찾을 수 있도록 퀴즈를 이용했다. 이를 통해 고객에게 재미있는 쇼핑 경험을 제공하면서 동시에 양질의 고객 데이터를 수집할 수 있었다.[5] 데이터 과학을 패션계에 접목한 스티치 픽스Stitch Fix 또한 자사의 온라인 쇼핑몰에 가입하는 고객들에게 취향을 묻는 설문 조사를 진행했다.

고객에게 맞춘 소통을 위해 기업들은 매장을 자주 방문하는 충성도 높은 고객의 목록을 만들어 이들에게 더 개인화되고 친밀한 이메일을 보낸다. 고객의 구매 패턴을 분석해 제품 추천, 할인 혜택, 특정 상품의 쿠폰, 이벤트 초청 등의 내용을 이메일에 포함한다. 대기업도 이러한 업무를 더욱 정밀하게 수행하기 위해 이메일 마케팅 기업을 이용한다. 이들은 고객을 성향에 따라 분류하고 개개인의 구매 행동을 분석한 후 정기적으로 이메일을 보내고 이에 대한 고객의 반응도 분석한다.

소상공업의 개인화 마케팅 활용법

개인화 마케팅이 마케팅의 새로운 장을 열고 있음에도 기술 자원이 부족한 소상공업에게는 여전히 요원한 일로 여겨지기 쉽다. 그러나 개인화 마케팅을 수행하는 데 작은 규모는 오히려 강점이 될 수 있다. 작은 가게를 운영한다면 우리는 가게의 고객들과 친밀히 소통하며 그들을 잘 알게 된다. 그렇다면 자원이 부족한 작은 가게에서 개인적인 상호 작용을 할 수 있는 방법은 무엇일까?

작은 가게는 대기업과 같은 데이터 수집과 분석 기술은 물론 자동화 기술 등을 갖추고 있지 않다. 관련 기술 기업을 이용하는 것도 좋은 방법이지만 비용이 적지 않게 든다. 이런 경우 가게 내에서 고객에게 최대한 개인화된 쇼핑 경험을 제공해야 한다. 우선 고객을 기억해야 한다. 최소한 충성도가 높은 단골 고객은 기억할 수 있어야 한다. 이를 위해 고객의 간단한 프로필을 POS에 설정하는 것도 좋은 방법이다. 이를 토대로 고객의 간단한 정보는 물론 이전에 구매한 상품에 대한 정보를 수월하게 찾을 수 있다.

또 매장 내에서 고객이 소홀한 대접을 받거나 불편을 겪었다고 느끼지 않도록 최대한 친근하고 활기차게 대하도록 한다. 고객과 이야기하고 그들의 질문에 최선을 다해 답한다. 제품 추천을 위해 질문하기도 하고 제품과 관련된 양질의 정보를 제공할 수도 있어야 한다. POS 외에도 각종 모바일 앱을 이용하는 등 개인화 마케팅을 위해 비용이 적고 비교적 간단한 기술을 활용해도 좋다.

작지만 세심한 배려로 개인화된 서비스를 제공해 성공한 중소기업이나 소상공 업체가 적지 않다. 반려동물 액세서리 매장인 휘너앤다이너Whiner&Diner는 판매하는 모든 제품에 구매자의 반려동물 이름을 무료로 그려 넣어준다. 고객들은 휘너앤다이너 웹사이트에 자신의 반려동물 사진을 올리고 다른 고객들과 공유하기도 한다. 자신의 반려동물을 보여주고 싶어하는 고객에게 공유의 공간을 제공하는 것이다. 여성을 위한 온라인 안경 판매점인 리벳앤스웨이Rivet &Sway는 고객이 안경테를 고르는 과정을 돕고 구매 이후에도 이메일을 보내거나 전화를 걸어 피드백을 받는다. 불만 사항이나 문제가 있을 경우에는 신속하고 적극적으로 후속 조치를 취해 충성도 높은 고객들을 만들어냈다. 사진 스캔 서비스를 제공하는 스캔마이포토ScanMyPhoto.com는 구매 후 적극적인 후속 조치로 인기를 끌었다. 고객이 파티에서 활용하기 위해 사진 디지털화 서비스를 받았다면 몇 주 후 파티가 잘 진행되었는지, 사진은 잘 활용되었는지 등을 묻는 이메일을 보낸다.[6]

이들처럼 자신의 고객을 잘 알고 그들이 정말 필요로 하는 것을 제공해야 한다. 와인 가게를 운영한다면 단골 고객의 결혼기념일, 생일, 크리스마스 등에 고객이 선호하는 와인의 할인 쿠폰을 보내는 것도 좋은 방법이다. 물론 고객의 이름과 함께 정성껏 적은 카드나 이메일이 필요할 것이다. 고객의 관심사는 물론이고 그들이 생각하지 못하는 니즈까지도 찾아낼 필요가 있다.

작은 가게에서 친밀하고 개인화된 서비스를 제공받는다면 고객은 어떤 느낌을 갖게 될까? 대기업의 개인화된 제품 추천이나 메시지와는 차별화된 만족감을 느끼게 될 것이다. 작은 가게는 작은 가게만이 할 수 있는 개인화 마케팅 전략과 기법을 개발해 충분히 차별화할 수 있다.

감각 마케팅

보고, 듣고, 만지고, 냄새를 맡고, 맛을 보다

식당에서, 백화점에서, 혹은 카페에서 신기술을 확인하기란 이제 어려운 일이 아니다. 점원에게 한마디 건네는 일 없이 키오스크로 주문을 하고, 진동벨이 울리면 음식과 음료를 가져온다. 패션 매장이나 백화점에서는 직접 입어보지 않고도 옷이 잘 맞는지 모니터로 확인할 수 있다. 이처럼 나날이 새로워지는 신기술에 가려 가끔 중요성을 잊는 부분이 있다.

보고, 듣고, 만지고, 냄새 맡고, 맛을 보는 일이다. 오감을 자극하는 감각 마케팅은 기업이나 가게의 매출에 상당한 영향을 미친다. 고급 기술의 출현에도 여전히 소비자는 구매 결정을 자신의 오감에 의존한다. 감각 마케팅은 기업이 브랜드, 상품, 서비스에 대한 긍정적인 이미지를 만들기 위해 오감을 사용하는 기법이다. 오감을 사용하여 소비자에게 무의식적인 영향을 미치는 일종의 심리적 기법으로 이를 통해 소비자의 관심을 끌고, 신뢰를 얻고, 충성도를 높일 수 있다. 일반적으로 한 가지 감각보다 세 가지 감각에 호소하면 매출도 세 배 높아진다고 알려져 있다.[7]

어떻게 소비자의 오감을 자극하는가

시각을 자극하기 위해서는 독특한 매장 디자인, 매장에 쓰이는 색상 등이 중요하다. 쇼핑을 하는 소비자가 상품을 만져보는 것도 중요한 역할을 한다. 특히 옷이나 가구 등 사용할 때 질감이 중요한 상품은 소비자가 직접 만져볼 수 있도록 하는 것이 중요하다. 대부분의 매장이 음악을 사용하여 청각을 자극하는 것도 전형적인 감각 마케팅이다. 미각을 자극하기 위해 시식 샘플을 제공하는 것은 가장 일반적으로 사용되는 방법이다. 매장마다 브랜드 이미지를 표현하기 위한 독특한 향기를 사용하는 것은 후각을 자극하는 방법이다.

감각 마케팅은 최근 전통적인 기법에서 점차 새롭고 독창적인 기법으로 진화하고 있다. 또한 여러 감각을 동시에 자극하기 위해 다양한 방법이 사용되고 있다. 음료수 병의 경우 모양부터 색상, 특유의 질감, 병의 윤곽까지 매우 독특하고 흥미롭게 디자인된다. 시각은 물론 촉각도 함께 자극하기 위한 시도인 것이다. 비누는 이제 시각, 촉각, 후각까지 자극하기 위해 상품의 질감과 포장의 촉감까지도 차별화하고 있다.

작은 가게는 감각 마케팅을 어떻게 사용하는가

감각 마케팅은 오프라인 매장에서 활용하기에 더욱 용이하다. 오감을 자극할 수 있는 방법은 주로 물리적 형태로 전달되기 때문이다. 따라서 동네 가게도 독창적이고 효과적인 감각 마케팅 기법을 적용할 수 있다.

이를테면 빵집은 오븐을 매장 앞쪽에 설치하고 소비자가 선호하는 냄새를 매장 내부와 가게 앞에 퍼지게 할 수 있다. 패션 매장 아베크롬비Abercrombie는 매장 전체에 강한 코롱 향이 퍼지게 한다. 이는 청각을 자극하는 시끄러운 음악, 시각을 자극하는 조명, 독특한 매장 바닥재 등과 복합적으로 작용해 소비자의 감각을 자극한다.[8]

일반적으로 고객이 매장에 더 오래 머물게 하는 데에는 꽃향기가 좋다고 알려져 있다. 가죽 냄새는 호화로운 느낌을 주어 고급 패션 매장이나 보석 매장에 효과가 있다. 살롱이나 스파에서는 라벤더 향이 편안한 느낌을 주어 잘 어울리며, 피트니스 매장에는 상쾌한 느낌의 린넨 냄새가 효과적이다. 제품의 선물 포장을 위해 질감이 독특한 포장재를 준비해두는 것도 좋은 방법이 될 것이다.[9]

이와 같이 매우 일반적인 방법으로 최대의 효과를 낼 수 있는 것이 감각 마케팅이다. 즉 비용에 비해 큰 효과를 거둘 수 있는 마케팅 기법인 것이다. 앞서 설명한 대로 최근 오프라인 매장에는 다양한 신기술이 적용되고 있다. 이러한 기술은 시각 외에는 오감을 복합적으로 자극하는 기능이 포함되지 않은 경우가 대부분이다. 키오스크나 대형 모니터에서 시각 효과만이 아니라 상품에 흥미를 느끼고 구매 욕구를 자극할 수 있는 소리가 나도록 하여 청각을 자극하는 것도 좋은 방법일 것이다.

오감을 자극하면 소비자의 감성에 직접적인 영향을 미친다. 매출뿐 아니라 브랜드나 가게 이미지를 각인시키고, 지속적으로 방문할 수 있도록 쇼핑 경험을 제공하는 마케팅 기법이므로 적극적으로 활용할 필요가 있다.

8장

사라지는
동네 슈퍼 살리기

장수상회

오래된 동네 슈퍼마켓

영화 〈장수상회〉에서는 토박이가 많은 서울의 평범한 동네 속의 오래된 동네 슈퍼인 장수마트를 비춘다. 장수마트에는 깔끔하고 까칠한 성격으로 유명한 할아버지 점원 성칠이 있다. 우리가 사는 동네에도 하나씩 있을 법한 슈퍼마켓인 장수마트에는 동네 손님들이 끊임없이 드나든다. 그러나 한창 성업이던 시절에 비하면 그 위세가 예전 같지 않다. 젊고 기운 넘치던 전성기가 지나간 성칠은 그런 동네 슈퍼의 현재를 보여주는 것만 같다.

　　　동네가 개발되고 발전할수록 동네 슈퍼는 설 자리를 잃어만 갔다. 재개발과 함께 모든 것이 변하여 가게가 위태로워진 상황을 못마땅해하는 성칠은 동네 슈퍼의 생존을 우려하는 목소리를 대변하는 듯하다.

　　　쇠락해가는 동네는 재개발을 추진하며 변화를 모색하고 장수마트의 젊은 사장은 그 안에서 변해갈 장수마트의 미래를 기대한다. 긴 세월 장수마트를 지켜본 성칠은 우려와 거부감을 여실히 드러낸다. 이웃 상인들의 짜증 섞인 반발 속에서도 그는 꿋꿋이 마트를 살피고 물건을 바르게 진열하고 안팎을 깨끗이 정리한다.

손님들은 대형 마트나 온라인 쇼핑몰에서 물건을 사기도 하지만, 때로는 동네 슈퍼에서 간단한 품목들을 구매한다. 동네 슈퍼 장수마트의 오늘은 늘 똑같이 바삐 움직인다. 성칠도 늘 똑같이 가게를 살뜰히 돌보며 오늘을 보낸다. 이런 동네 슈퍼 장수마트가 가야 할 방향은 어디일까?

마케팅 비결 ①
구석구석 꼼꼼하게 상품을 관리하다

장수마트의 할아버지 점원 성칠은 늘 선반을 정리하고 또 정리한다. 상품명이 손님을 향하도록 모든 상품을 일일이 방향을 맞추어 잘 세워놓는다. 선반 사이를 걸어다니며 모든 상품을 꼼꼼히 확인하고 유통 기한이 지난 상품은 모두 걷어낸다. 그는 항상 가게 안팎을 정리하고 손님들이 편리하고 쾌적하게 물건을 살 수 있도록 노력한다.

열심히 가게를 정돈하고, 상품을 쇼핑하기 편하게 정리하고, 유통 기한이 지난 식품을 골라내고 신선도를 유지하는 것은 슈퍼마켓의 기본 기능이다. 대를 이어 내려오는 장수마트는 늘 부지런하고 성실하게 그 기능을 수행했다.

동네 슈퍼는 우리 주변에서 점점 사라지고 있다. 장수마트도 예외는 아니다. 통계청에 따르면 2006년 9만 6,922개에 이르던 동네 슈퍼는 2017년 5만 8,493개로 줄어들었다.[1] 동네 슈퍼가 줄어든 원인을 대형 마트와 편의점의 확대에서만 찾을 수는 없다. 이제 시장은 대형 마트와 편의점 외에도 기업형 슈퍼마켓, 창고형 할인 매장, 인터넷 쇼핑몰 등 다양한 업태가 경쟁하는 각축장이 되었다.

우리는 새벽에도 신선한 식료품이 문 앞으로 배달되는 무한 경쟁의 시대에 살고 있다. 골목 상권을 보호하기 위한 정책도 나오고 있지만, 동네 슈퍼의 생존은 더 이상 골목 상권에 달려 있다고 볼 수 없다.

내가 사는 동네 역시 동네 슈퍼가 있다. 서울 한복판의 매우 번화한 동네에 사는 지금도 나는 동네 슈퍼에서 장을 본다. 갑자기 다른 시공간에 들어선 듯한 세련되지 못한 인테리어에 유니폼을 입는 일도 없는 중년의 점원 두어 명이 있는 이 동네 슈퍼로 인근 아파트 주민들이 끊임없이 들어선다. 근방에는 물론 편의점도, 세련된 반찬가게와 유기농 야채가게도, 유명 대형마트도 있다. 그럼에도 우리 동네 슈퍼는 성업 중이다.

동네 슈퍼가 설 자리를 잃어 가는 지금, 이처럼 자기 자리를 찾은 이들의 비결은 다양하다. 무엇보다 그들이 소비자의 기본적인 쇼핑 욕구 중 하나를 충족시킨다는 것은 매우 분명하다. 바로 빠르고 편리하게, 익숙한 곳에서 쇼핑하는 것이다. 그들은 집 가까이에서 깨끗하고 신선한 요리 재료나 간단한 식료품을, 합리적인 가격에 얼른 사올 수 있는 편리하고 익숙한 가게인 것이다.

여전히 성업 중인 동네 슈퍼들은 이런 쇼핑이 가능하도록 인근 주민들의 생활 패턴을 잘 파악하고 있다. 그들은 동네 주민들의 특성을 고려해 상품을 갖춘다. 동네 주민들이 일상생활을 하며 자주 필요한 상품이 무엇인지, 얼마나 자주 구매하는지, 가격대가 어느 정도여야 하는지를 잘 알고 있다. 그리고 이런 상품들을 편리하고 빠르게 찾아서 사갈 수 있게 매대를 정리해둔다.

이처럼 적절한 상품 구색과 편리하고 익숙한 쇼핑 환경을 갖추는 것이 생존하는 동네 슈퍼들의 제1의 덕목이라면 오랜 기간 장수마트와 함께해온 할아버지 점원 성칠은 최고의 자원이다. 한 동네에서 오래 살아왔으며 그 긴 세월을 장수마트에서 일해온 그는 이웃 주민들의 소비 특성을 잘 알고 있다. 그에 맞는 상품 구색을 잘 갖출 수 있는 것도 이런 이유에서다. 장수마트는 상품을 골고루 갖추고 있지만 신선 편의 식품류, 장류, 조미 식품류를 더욱 다양하게 갖추고 있었다. 전통시장 옆에 자리하고 있으니 주민들이 신선한 식재료는 시장에서 구매하기 때문이다. 또한 그는 소비자가 상품을 쉽게 찾고 쾌적하게 쇼핑하도록 늘 가지런히 상품들을 정리해둔다.

오래된 동네 가게와 노인의 방식에는 비슷한 면이 있다. 차근히 손님을 관찰한다는 것. 그리고 아주 성실하고 정직하게 일한다는 것. 장수마트는 수십 년 동안 주민들을 관찰하고 그들에게 적응해왔다. 그렇게 그들이 원하는 상품과 필요로 하는 물건을 가게 안에 채웠다.

가게와 함께 수십 년을 일해온 성칠도 마찬가지이다. 그는 손님들에게 필요한 것을 잘 알고 있다. 또한 늘 정직하고 부지런히 움직인다. 그는 가게가 기본적으로 제공해야 하는 것에 한 치의 어긋남이 없도록 한자리에서, 늘 같은 방식으로 가게를 가꾸고 지켜왔다.

마케팅 비결 ②
동네에서 점원을 채용하다

장수마트의 할아버지 점원 성칠은 영화 속 그 누구보다 돋보인다. 배경이 되는 동네에서 젊은 시절을 다 보낸 성칠은 오랫동안 동네를 지킨 장수마트에 누구보다 잘 어울린다. 어린 시절을 함께 보낸 이웃과 친구들 사이에서 마트를 운영하는 장수마트 사장도 다르지 않다. 그들은 모두 동네 토박이로 누구에게나 이웃인 셈이다. 친근한 동네 슈퍼에는 늘 함께해온 이웃이 일하는 것이 심리적 접근성을 높이는 데 도움이 된다.

지역 경제를 지원하고 싶은 소비자들이 가장 많이 찾는 곳이 동네 가게이다. 이러한 동네 주민들은 자신의 작은 구매가 그들이 사는 동네의 경제로 환원될 것인지를 진지하게 고려한다. 동네 가게에서의 구매가 지역 경제로 환원되고 선순환을 일으키는 방법에는 여러 가지가 있다.

그중 하나가 지역 내 일자리 창출이다. 지역 내에서 직원을 고용하고 그들이 다시 지역 내에서 소비하면서 지역 경제 활성화에 일조하게 된다. 이는 더불어 지역 내의 실업률이 낮아지는 데기여하면서 지역 경제의 선순환에도 도움이 된다. 소비자에게는 지역 경제에 생기를 불어넣는 가치 있는 쇼핑이 되는 것이다.

장수마트와 할아버지 성칠은 잘 어울린다. 어릴 적부터 함께 자라고 고락을 같이하며 허물없이 지내는 이웃들에게 누구보다 친근한 존재가 성칠이다. 살가운 구석이 없는 무뚝뚝한 그이나 모두들 그의 마음을 이해할 수 있었다.

현실적으로 노인을 고용한다는 것은 기업뿐 아니라 가게에도 쉬운 선택이 아니다. 그럼에도 불구하고 장수마트는 성칠을 고용함으로써 동네에서 일자리를 만들고 지역 경제에 기여했을 뿐아니라 동네의 오랜 이웃들에게 정서적 접근성을 높였다. 지역 시장이 불편함을 감수하고서라도 지역 채용을 지향해야 하는 이유가 여기에 있다.

다만 실제로 성칠 같은 직원과 소비자들과의 정서적 거리가 가까운지, 그들이 친근하고 익숙해하며 만족스러워하는지 확인할 필요가 있다. 영화 속에서 성칠은 매달 고객들이 꼽는 '이달의 일꾼왕'이다. 손님들은 성칠을 잘 알고 있으며, 나아가 그의 성실함을 인정하고 있다는 의미이다. 그들은 매장의 물건들을 찾기 쉽게 정리하고 그들이 원하는 정보를 제때 알려주는 옆집 할아버지 같은 점원의 가치를 알고 있었다.

장수마트는 지역 내에서 직원을 고용하고, 직원의 가치를 확인하고, 고객들에게 '이달의 일꾼왕'을 뽑게 하여 이를 재확인시킨다. 고객에게 가게의 서비스 품질을 묻는다는 것은 가게의 약속을 뜻하기도 한다. 고객의 눈높이에 맞추기 위한 그들의 노력과 태도를 보여주는 첫 단계이다. 고객에게 평가를 구한다는 것은 그만큼 최선의 노력을 다했다는 의미이며, 꾸준히 고객의 기대에 부응하겠다는 의지이다.

장수마트는 고객에게 의견을 묻는 신뢰할 수 있는 가게임을 보여주는 동시에 저렴한 방법으로 가게의 서비스 품질을 홍보하고 지역 경제에 기여하는 자신들의 가치를 드러낸다. 장수마트의 손님들은 직원을 평가하거나 마트의 서비스를 평가하면서 마트와 유대감을 쌓고 지역 경제에 도움이 되었다는 작은 성취감을 느끼게 될 것이다.

장수마트는 유동 인구가 많은 동네에 위치하고 있다. 주택가가 가까워 동네 슈퍼인 장수마트에서 간단한 장을 보는 주민들이 적지 않았고, 주변에는 전통시장과 상점들도 여럿 있다. 소비를 위한 유동 인구가 많은 지역에 자리 잡은 장수마트의 입지 조건은 좋은 편이다.

오래된 동네 슈퍼마켓이 이룬 마케팅 성과

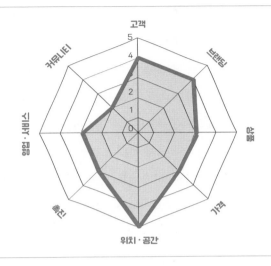

40년 동안 대를 이어 슈퍼마켓을 해왔고 이웃 주민들이나 상인들과 친밀한 관계를 유지하고 있어 브랜드 가치도 충분하다. 가까이에 있으니 물리적인 접근성이 좋고, 친근한 이웃이 운영하고 있어 심리적인 접근성도 좋다. 이런 이유로 단골 고객도 많고 주민들도 자주 찾는 편이다. 따라서 고객과의 관계나 고객의 수도 안정적이라 평가할 수 있다.

그러나 마케팅 면에서 장수마트는 부족한 점이 많다. 처음 동네 마트로 사업을 시작할 때와는 시장이 많이 달라졌기 때문이다. 이제 동네 주민들은 장수마트나 동네 전통시장 외에도 대형 마트, 편의점, 온라인 쇼핑몰, 기업형 쇼핑몰 등을 모두 이용한다. 주민들의 수요는 다양한 형태의 가게들로 분산되었고, 사회가 변화하면서 소비자들의 취향과 필요도 달라졌다.

시장과 소비자의 변화에 비해 장수마트의 마케팅 전략은 변한 것이 없다. 대형 마트나 온라인 쇼핑몰 등에 비해 상품의 다양성이 부족하고, 특별하고 차별화된 상품군을 보유하고 있지도 않다. 창고형 할인 매장과 비교하면 가격대가 높으며 할인 상품이 충분하지도 않다. 전봇대에 전단지를 붙이고 가끔 할인 행사를 하는 것이 촉진 활동의 전부이며 특별한 영업 전략도 없고 차별화된 고객 서비스도 없다. 동네 이웃들과 허물없이 지내고 있지만 이웃들이나 지역 커뮤니티와 특별히 협력하거나 연대하는 활동도 없다. 그렇다면 장수마트는 어디에서부터 전략을 수정해야 할까?

마케팅 제안 ①

새로운 정체성을 찾아라

장수마트는 장수상회부터 이어져 내려온 오래되고 전형적인 동네 슈퍼이다. 동네 사람들에게 장수마트는 동네 터줏대감이고 이웃들의 친구이다. 장을 보러 나가 저녁거리를 사고 아이들의 과자나 아이스크림도 산다. 장수상회에서 장수마트로 바뀌면서부터는 파는 물건도 조금씩 달라지고, 서로 얼굴 보고 인사를 나눌 사이도 없이 빽빽한 선반 사이에서 얼른 물건만 사서 나갈 수 있도록 가게 구조도 바뀌었을 것이다.

상품을 살 수 있는 곳이 지금처럼 많지 않던 시절에 동네 슈퍼는 동네에 없어서는 안 될 존재였다. 돌아보면 동네 슈퍼는 대형 마트나 백화점, 편의점과는 다른 곳이었다. 식료품과 일상용품을 판매하는 규모가 큰 잡화점과 같았다. 달리 말해 동네 슈퍼는 파는 물건도, 가격도, 서비스도 모두 주인 하기 나름인 곳이며, 그 특징과 개성이 모호한 업태라 할 수 있다.

그러나 시장에 속속 등장하는 새로운 업태들은 자신의 정체성을 명확히 정해 소비자들 사이로 파고들었다. 정체성이 명확한 업태들은 다양한 상품 구색, 나들이 삼아 즐길 수 있는 쇼핑 경험, 쾌적한 환경, 저렴한 가격, 특정한 상품군, 신선한 식재료, 유기농 식품, 빠른 배달 등 각기 다른 자신만의 강점으로 소비자들을 끌어들인다. 이들은 대체로 쇼핑 편의성이 좋고 쾌적하며 개성이 분명해 소비자들은 이들이 만드는 새로운 시장 구조에 빠르게 적응했다.

반면 장수마트는 정체성과 개성이 분명하지 않다. 달라진 소비자들에게 맞는 영업, 홍보, 촉진 전략도 없으며 소비자들과의 소통도 충분하지 않다.

따라서 장수마트가 우선 해야 할 것은 새로운 정체성을 찾는 일이다. 전문가들에 따르면 현재 동네 슈퍼마켓은 사라지는 것이 아니라 구조 조정 중이다. 다행스럽게도 최근 중대형 슈퍼마켓을 중심으로 다시 매출이 늘어나고 있다.[2] 동네 슈퍼마켓은 새로운 유형의 경쟁자들 속에서 구조 조정을 거치며 새로운 위치를 찾는 중이다.

덕분에 소비자들은 점차 동네 슈퍼로 돌아오고 있다. 다만 예전처럼 가정에 필요한 물품의 대부분을 동네 슈퍼에서 구매하진 않는다. 소비자들은 이제 간단한 장을 볼 때나 신선한 식재료 몇 가지가 필요할 때 집 근처의 동네 슈퍼로 향한다.[3] 접근성이 좋고 편의성이 높다고 인식한다는 의미이다.

이제 동네 슈퍼 장수마트는 편의성이라는 새로운 정체성을 찾아야 한다. 다른 업태와 중복되지 않는 기능이나 특징을 찾아내고 그에 따라 새로운 상품 구색을 갖추고 마케팅 기법을 구사해야 한다. 다른 업태와 주요 소비층이 중복된다면 그들과는 다른 차별화된 서비스를 제공할 수 있어야 한다.

최근 소비 트렌드를 감안해 간단한 식품류나 신선한 식재료를 준비하고, 주변에 1~2인 가구가 많다면 소포장이 가능하도록 하는 것도 방법이다. 기업형 슈퍼마켓과 경쟁하기 위해 배달 서비스를 제공하는 것도 중요하다. 중장년층 주민이 많은 동네라면 전화나 문자로 배달 주문을 받는 것도 고객의 편의성을 높이는 좋은 방법이다.

'신선한 식재료를 간단히 구매하는 가게', '접근성이 좋고 배달 등의 편의도 제공하는 가게'라는 새로운 정체성이 동네 슈퍼 장수마트가 지속하는 힘을 보탤 수 있다. 주변 상권의 변화를 관찰하고 인근 주민들의 생활 방식에 주의를 기울여야 한다. 그 안에는 장수마트 같은 동네 슈퍼만이 충족시킬 수 있는 자리가 분명히 존재할 것이다.

마케팅 제안 ②
커뮤니티와의 관계를 강화하라

장수마트는 이미 정서적으로 커뮤니티의 구심점 역할을 하고 있지만, 지역 경제를 활성화하기 위한 커뮤니티 활동을 조직하지는 못하고 있다. 지역 경제의 활성화를 위해서는 우선 지역 상권에 대한 홍보와 소셜 미디어 활동으로 유입 인구를 늘리는 것이 우선되어야 한다. 지역 상권과 커뮤니티에 대한 소셜 미디어 활동에는 이웃한 상인들이 다 같이 참여하여 서로 홍보 효과를 낼 수 있도록 한다. 특히 장수마트는 지역의 전통시장과 이웃하고 있으므로 전통시장을 중심으로 외부에 동네 상권을 홍보하는 것도 좋은 방법이다.

지역 상권 내에서는 가게들 간의 교차 판매가 이루어지도록 하는 것이 좋다. 장수마트의 경우 전통시장의 판매 품목과 교차 판매가 일어나도록 하고, 전통시장과 고객 마일리지를 공유해 더 많은 고객을 해당 상권으로 유입시켜야 한다.

지역 상권이 함께 이벤트나 페스티벌을 열어 더 많은 주민을 동네 상권 내에 유지하고 외부 소비자들을 새롭게 유입시키는 방법도 있다. 동네 상권을 주로 이용하는 주민들의 구매량을 늘려도 괜찮지만, 이는 대체로 가격 할인이나 쿠폰 제공 등의 기법에 머물며 출혈 경쟁이 되는 경우가 많다. 외부의 더 많은 고객으로 유입고객 기반을 확장하는 쪽이 더욱 효과적인 방법이다.

우리나라는 2020년 기준, 전국에서 968개의 지역 축제를 개최했다. 서울시에서만 81개의 축제가 시행되었다.[4] 이러한 대형 지역 축제와 연계하는 것은 물론 동네에서 외부 소비자들과 즐기는 다양하고 소박한 동네 축제나 이벤트를 개최해도 좋다. 지속적으로 동네를 알리고, 외부 소비자들에게 노출하고, 그들을 지역 소비자로 유도하기에 유용한 방법이다.

장수마트는 오랫동안 동네 주민들의 친근한 이웃이었다. 그러나 소매 유통 시장은 경쟁 업태가 다양해지고 소비자의 취향과 트렌드도 급변하면서 한층 복잡해지고 적응하기 어려워졌다. 그럼에도 장수마트의 마케팅은 오래전과 다를 바가 없었다. 성실하고 부지런하며 친밀한 것은 분명했지만 이렇다 할 마케팅 활동은 없었다. 이런 장수마트에는 변화한 시장 환경에 적응할 수 있는 새로운 정체성과 기능을 찾길 제안한다.

소매 유통 시장에 새롭게 등장한 경쟁자들은 업태를 달리하며 그들만의 강점으로 소비자를 끌어들였다. 이들과 같이 동네

마케팅 제안이 가져올 마케팅 성과

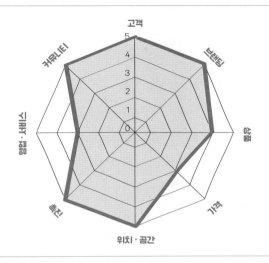

슈퍼마켓 또한 그만의 강점이 분명히 있다. 우선 소비자들은 물리적 접근성과 편의성을 이유로 간단한 식재료와 신선식품을 살 때 동네 슈퍼마켓에서의 구매를 선호한다고 알려져 있다. 여전히 동네 슈퍼가 충족시킬 수 있는 시장 수요가 있다는 의미이다. 장수마트는 지역 주민들의 이러한 변화와 트렌드를 고려해서 자신만의 상품 구색과 쇼핑 편의성을 제공할 수 있을 것이다.

더불어 지역 커뮤니티 활동을 강화함으로써 고객 기반을 확대하고, 소비자에게 지속적으로 슈퍼에 대해 알림으로써 브랜딩 효과를 높일 수 있다. 아울러 소셜 미디어 등을 통해 지역 상권에 대한 홍보를 지속함으로써 외부로부터 더 많은 고객을 유입시킬 수 있다. 지역 커뮤니티 활동은 다양한 촉진 활동을 기반으로 하므로 촉진 활동에 대한 성과도 높일 수 있다.

마케팅
솔루션

소비자가 동네 슈퍼로 회귀하고 있다. 대형 마트에는 없는 동네 슈퍼만의 새로운 정체성을 만들어라.

브랜드 마케팅

장수마트에 새로운 정체성이 필요한 것처럼 오래된 작은 가게들은 때때로 사업의 정체성을 보완하거나 변환해야 하는 기로에 선다. 소비자의 기호가 변하거나 시장이 고도화되거나 경쟁 구조가 바뀌는 등 수많은 변수가 원인이 된다. 사업의 정체성을 재정립하거나 정비하기 위해서는 브랜딩부터 다시 시작해야 한다. 작은 가게의 브랜드 마케팅은 어떻게 실행해야 할까?

브랜딩과 마케팅의 결합

브랜딩 컨설팅 그룹 인터브랜드Interbrand에 따르면 2022년 세계 상위 100대 브랜드의 평균 브랜드 가치는 3조 달러를 넘어섰다. 전년 대비 16% 증가한 수치다.[5] 우리가 흔히 알고 있는 애플, 마이크로소프트, 아마존, 구글, 삼성, 도요타, 코카콜라, 디즈니, 나이키 등이 상위 브랜드들이다. 시장에서 브랜드의 힘은 나날이 막강해지고 있지만 작은 가게들에는 다른 세상의 이야기처럼 요원한 일로 여겨지기도 한다.

브랜딩은 사업의 규모와 상관없이 모두에게 중요하고, 모두가 가지고 있는 것이며, 모두에게 가치가 있고 활용이 가능한 도구이다. 브랜드는 사업과 가게의 정체성이자 성격이고 가치를 의미하기 때문이다. 브랜드는 단지 애플이나 나이키의 로고만을 의미하는 것이 아니다. 브랜드는 고객이 나의 사업과 가게를 인식하게 하는 모든 도구와 자산을 의미하며 고객의 인식 자체를 의미한다. 사업과 가게의 개성, 가치, 평판, 약속 등이 브랜드이다. 브랜드는 다양한 마케팅 활동을 통해 소비자에게 전달된다.

일반적으로 마케팅은 제품과 서비스를 소비자에게 알리고 소비자의 구매를 촉진시키기 위해 소통하는 활동을 의미한다. 브랜드 마케팅은 이러한 다양한 마케팅 기법과 활동을 이용해 브랜드를 알리고 소비자와 장기적인 관계를 구축하는 일이다. 브랜드와 마케팅이 동일한 활동을 의미하는 것처럼 들리지만 사실 브랜딩과 마케팅은 전혀 다른 영역에 있다. 브랜딩은 사업과 가게의 정체성과 가치를 개발하는 과정이고, 마케팅은 제품과 서비스를 알리기 위해 홍보하고 소통하는 과정이다.

마케팅 활동은 소비 트렌드에 따라, 계절에 따라, 판매 동향에 따라 시시각각 변화가 가능하지만 브랜드는 사업의 정체성으로서 더 장기적인 전략의 영역이다. 브랜드 마케팅은 이미 구축된 브랜드가 있을 경우에 수행하는 활동으로 브랜딩은 늘 브랜드 마케팅에 우선된다. 따라서 브랜드 마케팅 또한 일반적인 마케팅 활동과 달리 더 장기적인 활동이 되며 성과를 내는 데 많은 노력과 시간이 투자된다.

브랜드를 명확히 정의하라

일반적으로 브랜드 마케팅은 회사의 비전과 가치의 수립, 목표 고객층 설정, 브랜드 정체성 구축, 고객에게 전달할 메시지의 선정, 일관성 유지, 효과적인 전달 등의 과정을 거치며, 이 과정에서 광고, 모바일 마케팅, 소셜 미디어 마케팅 등의 마케팅 기법이 활용된다.[6] 브랜드를 구축하고 이를 소비자에게 알리기 위해서는 기업의 규모와 무관하게 누구나 이러한 마케팅 과정을 거쳐야 한다.

그러나 작은 가게가 이 모든 과정과 절차를 장기적인 관점에서 충분한 자원을 투자하여 수행하는 것은 자본과 인적 자원이 풍부한 대기업에 비해 어려운 일이다. 그러므로 작은 가게는 브랜드 마케팅 과정을 더 작은 단계들로 쪼개고, 더 자세히 정의하고, 더 구체적이고 이해하기 쉬운 이야기로 만들어서 브랜드를 정의하는 것으로 시작한다.

우선 가게의 개성, 가치, 평판, 약속 등을 잘 담은 브랜드 정체성을 구축하기 위해서는 다음과 같은 다양한 질문들을 던져보아야 한다.[7]

- 내 가게의 핵심 가치와 원칙은 무엇인가?
- 내 가게의 사명은 한마디로 무엇인가?
- 내 가게를 시작하게 된 동기와 계기는 무엇인가?
- 내 상품과 서비스를 고객에게 제공하려는 이유는 무엇인가?
- 내 가게를 세 단어로 표현한다면?
- 내 가게가 다른 가게와 다른 점은 무엇인가?
- 내 가게만의 고객과의 소통 방식은 무엇인가?
- 내 가게가 소비자들에게 무엇으로 알려지기를 원하는가?
- 내 가게 이름을 들었을 때 어떤 것을 떠올리게 하고 싶은가?
- 소비자들이 내 가게에 대해 어떻게 느끼기를 원하는가?
- 소비자들이 내 가게를 어떻게 묘사하기를 원하는가?

목표 고객을 선정하고 정의하기 위해서는 다음 질문들에 대한 답을 찾는다.[8]

- 내 가게의 이상적인 고객은 누구인가?
- 그들은 몇 살인가?
- 그들의 교육 수준과 소득 수준은 어떠한가?
- 그들에게 중요한 것은 무엇인가?
- 그들은 언제 내 가게의 상품과 서비스를 이용하는가?
- 그들은 왜 내 가게의 상품과 서비스를 필요로 하는가?

- 그들은 어떤 소셜 미디어를 주로 이용하는가?
- 그들은 여가시간에 주로 무엇을 하는가?

남과 다른 자기 가게만의 차별화 요소POD,Point Of Differece를 구축하는 것 또한 브랜드 정체성의 중요한 일환이다.⁹ 차별화 요소를 설정하기 위해서는 다음의 질문들을 토대로 전략을 구성해야 한다. 이 과정을 통해 차별화 요소를 최대한 구체적으로 정의하고 설정해야 한다. 그리고 이 차별화 요소가 동종 업계와 목표 소비자에게도 효과가 있는지 확인해야 한다.

- 내 가게를 독특하게 만드는 것은 무엇인가?
- 다른 가게와 다른 재료를 사용하는가?
- 다른 가게와는 다른 고객 서비스를 제공하는가?
- 공정무역 혹은 환경친화적 재료와 공정을 고수하는가?
- 내 가게는 지역 사회에 봉사하고 기여하는가?

이러한 질문에 명확하고 구체적이며 일관된 답을 찾고, 이를 이해하기 쉽고 현실화할 수 있는 형태로 정리한다. 이 과정에서 스토리텔링과 시각화가 필요하다. 일반적으로 기업은 이러한 정의를 토대로 짧고 간결하며 명확하게 사업의 정체성을 이해하고 확인할 수 있는 형태의 미션 스테이트먼트mission statement와 고객 페르소나persona를 만들어낸다. 작은 가게 또한 가게와 고객을 각각 한 명의 가상 인물로 표현해볼 필요가 있다. 이는 브랜드를 다양한 마케팅 활동을 통해 표현하고 설득할 때 일관성을 유지할 수 있게 한다. 또 사업을 정확하게 이해하는 데 도움이 되며, 이를 소비자에게 설득할 수 있게 한다.

9장

이웃과 연대하다

세상의 끝에서 커피 한 잔

한적한 시골 바닷가에 새로 생긴 카페

주인공 요시다는 세상의 끝이라고 불리는 작은 바닷가 마을로 향한다. 그곳에는 오래전에 버려진 아버지의 창고가 있다. 해안가를 달리는 요시다의 차는 고요한 풍경 속으로 들어선다. 그녀가 도착한 곳은 인적이 드문 한적한 바닷가였다. 세상의 끝이 있다면 그런 모습일 것 같은 해안가에 아버지의 버려진 창고가 폐가가 되어 서 있다.

　　작고 마른 체구의 요시다는 늘 부드럽고 너그러운 표정을 지으면서도 강인함을 지닌 사람이다. 또한 그녀는 독특하고 매력적이며 조용하고 대담한 사람이다. 폐가로 버려진 아버지의 낡은 창고에서 묵묵히 밤을 지새울 뿐 아니라 창고를 카페로 개조하는 일에도 한 치의 주저함이 없다. 어느새 그녀는 커다란 커피 로스터기를 주문해 가게에 들이고 금세 커피를 볶으며 본업에 착수한다. 이 모든 과정을 일사불란하게 처리하는 강단을 보이면서도 가게를 넘어다보는 옆집 아이들을 바라보는 눈빛은 한없이 따뜻하다. 영화는 내내 인적이 드문 외진 곳에서 홀로 카페를 운영하는 그녀의 강인함과 부드럽게 어린 이웃들을 바라보는 그녀의 포근한 시선을 비춘다. 마치 우리 주변에 강인하게 살아남아 우리를 따뜻하게 지켜보는 작은 가게들을 대변하듯이 말이다.

마케팅 비결 ①
세상의 끝에도 소비자는 가까이에 있다

요시다의 카페는 한적한 시골 바닷가 끝자락에서 바다와 마주하고 있다. 인적이 드문 바닷가. 거리에는 돌아다니는 사람을 찾아보기 힘들다. 몇 안 되는 이웃들에게는 이런 곳에 카페가 있는 것이 마냥 신기할 뿐이다. 이런 '세상의 끝'에서 번듯한 가게를 운영한다는 것은 사업적 측면에서 상당히 불리한 일임에 분명하다. 그러나 주인공은 망설임 없이, 용감하게 이미 계산이라도 서 있는 듯 아버지의 창고를 즉시 카페로 변모시켰다.

그녀는 세상의 끝이라는 불리한 가게 위치가 무색할 만한 사업 계획을 갖고 있었다. 가게를 열고 그녀는 바로 커피 배송을 시작했다. 원두를 맛있게 볶아 깔끔하게 포장하고 라벨링까지 거쳐 능숙하게 커피를 판매하기 시작했다. 배송을 돕는 택배 직원이 그녀에게 도쿄 손님들을 다 끌고 내려왔냐며 기분 좋은 농담을 건넬 정도이다. 더구나 주문량은 빠르게 늘어나고 있었다. 그녀는 이미 도쿄에서 다년간 커피 사업을 해왔던 터였다.

그녀의 커피 블렌딩을 선호하는 고정 고객도 있었을 테고, 이전에도 원두 판매나 배송 판매 업무를 해보았을 것이다. 요시다는 불리한 가게 입지가 문제가 되지 않을 만큼 좋은 평판과 명성을 보유하고 있었을 것이다. 이는 영화 안에서 그녀가 커피에 대해 보여주는 철학과 태도에서도 어렵지 않게 유추할 수 있다.

때로는 불리한 입지에서 사업을 지속해야 하는 경우도 있다. 그럴 때 작은 가게의 생존은 수년간 충실하게 지켜 온 품질에 대한 명성과 고객의 좋은 평판에 달려 있다. 이를 위해서 카페 '요다카 커피'는 사업의 기초인 커피 품질을 지키기 위해 늘 애를 써 온 것이다.

고정 고객이 있고 상품과 서비스에 대한 평판이 좋다면 손님은 멀리에서도 찾아온다. 우리는 때로 다른 동네로 이전한 단골 식당을 다시 찾곤 한다. 여행지에서 우연히 들렀던 카페를 다시 찾기도 한다. 지리산 산중에 위치한 허름하고 작은 주막에 먼길을 마다않고 찾아든다는 도시의 젊은 손님들 이야기를 들은 바 있다. 세월이 묻어나는 허름한 주막에 적힌 수많은 사람들의 사연, 고즈넉한 분위기에서 나누는 주인장과의 철학적이고 낭만적인 대화에 홀린듯 손님들은 그곳을 찾고 또 찾는다. 세상의 끝에 있든 첩첩산중에 있든 손님은 항상 지척에 있는 셈이다.

여행 삼아 도쿄에서 요시다의 카페를 찾아오는 손님도 있었다. 이들은 요다카 커피를 배경으로 사진을 찍고 그녀의 커피를 마시고 싶어했다. 커피 한 잔의 맛은 멀리에서도 사람을 끌어당기는 법이다. 그러나 세상의 끝이라는 까마득한 거리를 지나 커피 향이 쉽게 가닿기는 어렵다. 그 거대한 간극을 메우고 손님들과 유대를 이어가기 위해 요시다는 아마도 블로그나 SNS를 통해 꾸준히 소식을 전하고 서로 안부를 묻고 커피에 관한 대화도 나누었을 것이다. 그렇게 요시다의 커피 향과 맛을 알게 된 손님들은 그 멀리에서도 요시다의 커피를 구매하고, 그녀가 정성껏 골라서 볶아낸 커피는 손님들을 만족시켰을 것이다.

손님과의 물리적인 거리가 가까운 것은 가게의 성패를 결정짓는 유리한 요소임에 분명하다. 그러나 먼 거리가 불리한 요소라고 보기에는 무리가 있다. 특히 요즘처럼 소통 채널이 다양할 때는 더더욱 그렇다. 손님과 물리적으로 거리가 먼 곳에 터를 잡았다면 온라인 공간에서 마케팅 전략을 수행해야 한다. SNS를 통해 지속적으로 관계를 유지하고 배달이나 배송이 가능한 아이템이 있다면 적극 활용해야 한다. 물리적 거리가 가게의 성패를 좌우하던 시대는 지났다. 심리적 거리가 훨씬 중요해진 요즘이다.

마케팅 비결 ②

관계의 미학은 적당한 거리에 있다

영화 속 인물들은 늘 적당한 거리를 유지한다. 영화 전반에 흐르는 부드럽고 편안한 분위기도 적당히 유지되는 인물들 간의 거리 때문일 것이다. 어느 날 밤, 가게 앞에서 마주친 옆집 이웃인 에리코와도, 카페를 찾은 손님과도 그랬다. 요시다는 늘 그들과 적당한 거리를 유지한 채 이야기를 듣는다. 궁금할 법해도 더 캐묻는 일이 없다. 적절한 수준으로 대화를 친근하게 이어나갈 줄도 안다. 영화 속 인물들은 이처럼 늘 적당한 거리를 유지하고 있다.

손님과 가게 주인의 관계에는 적당한 거리감이 필요하다. 작은 가게에서 이루어지는 관계는 상품과 서비스 판매의 최접점에서 일어나는 탓에 매우 예민하다. 그 최접점에서 상호 작용이 중요하다는 것을 우리는 MOT Moment Of Truth (고객 접점) 마케팅이 회자되던 20여 년 전부터 무수히 들어왔다.

그러나 작은 가게에서 이 결정적 순간은 사실 거의 모든 순간에 해당된다. 매 순간이 고객 접점의 순간이다. 그뿐만 아니라 고객이 브랜드의 이미지를 결정한다는 단 15초의 MOT가 작은 가게에서는 손님이 머무는 시간 내내 이어진다. 알고 보면 작은 가게는 매우 예민한 공간인 것이다. 손님과 주인은 모두 서로에게 매우 낯설고 생소한 사람들이지 않은가. 그럼에도 불구하고 주인은 손님에게 자신의 상품이나 서비스를 선보이고 좋은 평가를 고대하며, 손님은 주인에게 대가를 지불한다. 매우 밀접하고 친밀함이 요구되는 행위가 오감에도 둘 사이는 여전히 낯선 관계이며 동시에 이해관계라는 점이 묘한 긴장감과 친근함을 동시에 자아낸다.

작은 가게에서 타인과의 적당한 거리를 고심해본 적이 있는가? 친밀하면서도 낯설고, 재화를 주고받는 이해관계이면서 동시에 매우 편안하게 다가가야 하는 이 절묘한 관계에 대한 전략적 고민을 해본 적이 있는가? 가게의 문을 열고 손님이 들어서면 어떤 표정을 지어야 하지? 언제 말을 걸어야 할까? 주문을 마치고 나면 어디에 눈길을 둬야 할까? 중간중간 말을 붙여도 될까? 그저 모른 척하고 있어도 되나? 가게를 운영하며 한 번쯤 이런 갖가지 생각에 사로잡힌 적이 있을 것이다.

이제껏 업계와 학계에서는 소비자와의 거리를 그리 좋은 전략으로 생각하지 않았다. 또한 그 거리라는 것이 정서적인 거리인지, 물리적인 거리인지, 물리적인 거리라면 가까운 거리는 어느 정도인지 구체적이고 명확하게 제시된 적이 없다는 점도 문제였다. 서비스의 비중이 큰 가게라면 젊은 소비자들은 판매자와 그리 많이 소통하지 않는 조용한 시간을 원했다. 반면 일반적으로 중년의 소비자들은 서비스 비중이 크거나 가격이 비싼 경우, 판매자와의 소통과 상호 작용을 원했다. 더 가까운 거리, 더 친밀한 분위기를 원하는 것이다. 이처럼 업종, 판매하는 상품, 입지, 주요 고객의 특성 등에 의해 적당한 거리가 달라진다.

모두 다 요시다의 카페처럼, 그리고 요시다처럼 손님과 적절한 거리를 유지할 수는 없다. 다만 내 가게의 손님들이 원하는 거리에 대한 이해와 감각을 키워나갈 필요는 있다. 그 거리가 작은 가게의 이미지와 호감 정도를 결정하기 때문이다. '오늘 하루 내 가게의 손님과 어떤 거리를 유지했는가?' '오늘 하루 어느 작은 가게의 손님이었던 나는 가게 주인과 어느 정도의 거리를 원했는가?' 한 번쯤 가게 주인과 손님 사이의 발자국 수를 세어볼 일이다. 그리고 한 번쯤 가게 주인과 손님이 나눈 대화의 마디 수를 세어보아야 한다. 발자국 수가, 대화의 마디 수가 어느 정도일 때 가게 주인과 손님이 편안했는지 되짚어보아야 한다.

요시다의 카페는 대부분의 잠재 고객으로부터 물리적으로 매우 먼 거리에 위치하고 있다. 주변에 주민이나 유동 인구가 드문 바닷가 끝자락에 자리하고 있기 때문이다. 오랫동안 입지는 오프라인 점포의 가장 중요한 전략적 요소로 알려져 있었다. 물론 입지는 여전히 중요하다. 그러나 충분히 대체 가능해졌음을 기억해야 한다. 영화 속 가게 요다카 커피는 입지의 불리함을 다른 요소로 보완했다. 우선 요시다의 커피는 최고의 맛과 품질을 자랑한다. 먼 도시에서도 주문이 들어와 배송해야 할 커피가 나날이 늘어갔을 정도였다. 이는 상품과 가격 면에서는 충분히 소비자를 만족시키고 있다는 점을 보여준다.

요시다의 카페는 먼 바닷가로 이전하고서도 끊임없이 주문하는 충성 고객을 확보하고 있다. 그간의 브랜딩이 성공적이었다는 의미다. 다만 매출 상승을 위한 신규 고객 유입이 어렵다는 점에서 평가가 후할 수는 없다. 카페를 찾는 고객에게 적절한 서비스를 제공하고 멀리서 주문하는 충성 고객을 관리하는 모습을 보면 영업 및 서비스 활동은 대체로 잘하고 있다. 그러나 별다른 촉진 활동

한적한 바닷가 카페가 이룬 마케팅 성과

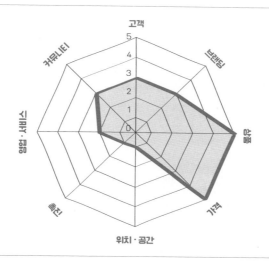

이 없으므로 촉진 활동 계획을 세워본다면 도움이 될 것이다.

　이웃인 민박집과 연계해 서로에게 도움을 주고는 있으나 지역 커뮤니티 활동이 전무한 것도 장기적으로는 한계점으로 작용할 수 있다. 그렇다면 바닷가의 이 새로운 카페를 성공적으로 운영하려면 어떤 전략을 세워야 할까?

마케팅 제안 ①
상품의 범위를 확장하라

가게 주인이나 종업원이 상품에 대해 확신과 자부심을 갖는 것은 분명 사업에 긍정적인 신호다. 그러나 이것이 너무 확고해지면 그 하나의 상품에 과도하게 몰입하고 집착하게 된다. 상품 가치와 사업 가치를 혼동하게 되는 것이다. 결과적으로 더 나은 사업 기회를 잃을 수도 있다. 따라서 매출을 균등하게 유지하고 장기적으로 매출 확대를 가능하게 할 상품이나 서비스의 범위를 새롭게 정의할 필요가 있다. 요다카 커피의 경우 온라인 채널을 통한 원두 판매가 매출의 대부분을 차지한다. SNS를 통한 지속적인 홍보로 내점객의 수를 늘려가겠지만 물리적 거리 때문에 연간 균등한 매출을 기대하기는 힘들다.

　요시다는 커피라는 주력 상품을 보완할 대체 상품을 마련할 필요가 있다. 주력 상품을 중심으로 보완재와 대체재를 준비하고 제공하는 것이다. 가게의 규모와 주력 상품의 종류에 따라 보완재와 대체재의 종류, 규모, 가격대 등을 구체적으로 결정해야 한다.

　요다카 커피의 경우, 세상의 끝이라는 독특한 입지의 특징을 결합해 다른 커피 가게에서는 볼 수 없는 상품 구색을 구성해볼 수 있다. 가게를 방문하는 손님에게 커피 외에도 지역의 특산물을 이용한 차와 디저트를 제공할 수 있다. 또 온라인 및 오프라인 손님을 대상으로 동네와 카페가 그려진 그림엽서, 카페의 모습이나 이름이 새겨진 머그잔이나 티셔츠, 커피 관련 서적 등을 판매할 수 있다. 지역 주민을 위해 커피와 관련된 수업을 진행하는 것도 신규 고객 유입에 좋은 방법이다. 특히 요시다가 커피에 대해 설명하면서 즐거움과 뿌듯함을 느끼는 만큼 커피에 관심 있는 이웃에게 강좌 서비스를 제공할 수도 있을 것이다.

이웃 가게와 연계하여
사업 범위를 넓혀라

길 건너 민박집에 사는 에리코와 그녀의 두 자녀는 요시다에게 유일한 이웃이다. 엄마가 돈을 버느라 자주 집을 비우는 통에 어린 두 아이는 늘 방치되어 있다. 그런 아이들에게 요시다는 곁을 내어준다. 주인공이 영화 속에서 유일하게 간격을 좁히는 인물이 이들 세 명의 가족이다. 요시다는 갈 곳 없이 방치된 아이들이 자신의 가게에 머물 수 있도록 배려하고 마음을 내어준다. 이들은 아름답고 소탈한 이웃의 정을 쌓아 가면서 천천히 관계를 확장하게 된다. 이렇게 요시다의 카페와 에리코의 민박집은 일종의 작은 지역 공동체를 형성해간다. 점차 친밀해지는 그들의 관계는 자연스레 사업의 연계로 이어졌다.

상생을 위한 협력과 연대를 이루는 데는 여러 가지 현실적인 방법이 있다. 그 중 하나가 영화에서처럼 서로 손님을 소개하는 것이다. 마케팅 활동은 매출 증가나 비용 감소와 같은 직접적인 효과와 구전 효과 같은 간접적인 효과를 만들어낸다. 구전 효과는 때때로 직접적 효과를 뛰어넘는 강력한 마케팅 성과를 이루기도 한다. 가족이나 친구에게 작은 가게를 권한다는 것은 그 안에 커다란 신뢰와 만족도가 담겨 있음을 의미하기 때문이다. 특히 가장 가까운 사람들에게 무언가를 권할 때는 더더욱 자신의 긍정적인 경험을 토대로 하게 마련이다. 소비자가 기업의 메시지보다 다른 소비자의 후기를 더 신뢰하는 이유가 여기에 있다.

요시다가 에리코의 민박집과 더 활발하게 연계하는 것도 서로의 사업 기반을 다지는 기회가 될 수 있다. 요시다와 에리코의 사업체는 유동 인구가 적은 외진 동네에 위치하고 있다는 같은 문제를 안고 있다. 이러한 약점을 극복하기 위해서는 서로의 사업을 연계하고 지원하는 것이 효과적이다. 말하자면 작은 파이 조각을 나눠 갖는 데 그치지 않고 파이 자체의 크기를 키워나가는 것이다.

에리코의 민박집을 비롯해 지역의 다른 가게들과도 점차 연계해 사업의 범위를 확장해갈 필요가 있다. 사업 범위를 넓혀 상권으로서 지역 자체의 가치를 제고하는 것이다. 이를 위해 이웃한 다른 가게에서도 사용할 수 있는 쿠폰이나 스탬프 카드를 공동으로 발행할 수도 있다. 요시다의 카페에서 커피를 마신 손님들이 에리코의 민박집을 이용한다면 가격 할인 혜택을 주는 프로모션도 하나의 방법이다. 우리 동네, 더 넓게는 우리 지역의 경제적, 문화적 가치를 높이는 데 기여하면서 동시에 더 많은 소비자를 지역 상권으로 유입시키는 좋은 방법이 될 것이다.

마케팅 제안이 가져올 마케팅 성과

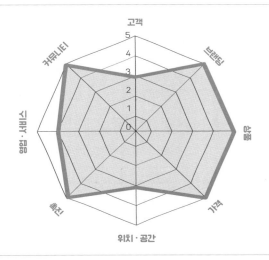

지역 커뮤니티를 통해 지역 주민과 소통하고 교류하는 것은 커뮤니티 구축, 영업 및 서비스, 촉진 전략을 모두 아우른다. 입지의 불리함을 극복하기 위한 다양한 촉진 활동을 펼칠 때에도 지역 주민을 우선하는 것이 좋다. 이것이 지역 내에 가게를 알리고 지역 커뮤니티의 일원이 되는 가장 효과적인 방법이다. 지역 커뮤니티와의 교류를 토대로 고객과 사업의 범위를 확장해간다면 인적이 드문 곳에 새로 생긴 카페도 안정적인 매출을 유지할 수 있다. 요시다는 이미 주문 배송으로 일정한 매출을 유지하고 있지만, 오프라인 매장의 매출과 입점객을 늘려가는 것도 장기적으로 사업의 성과에 중요한 역할을 할 것이다. 다양한 활동을 함께 전개하며 이웃 상인 및 지역 주민과 연대하고 돈독한 관계를 유지할 필요가 있다.

작은 가게는 거대한 사회 속에 있는 '작은 우리'와 같다. 우리는 모두 손님으로, 함께 일하는 동료로, 협력하는 이웃으로 찾아오는 또 다른 작은 우리와 관계를 맺는다. 그 관계가 친근하고 정겹다면 작은 관계들은 매우 강력한 힘을 갖게 된다. 작은 가게는 이웃과 관계의 중심에 있고, 관계의 매개체로서 역할을 수행해야 한다. 그 안에서 작은 우리가 서로를 의지하고 지원하며 함께 살아가게 된다. 요시다의 카페는 그런 이웃 간 관계의 힘을 잘 보여준다.

마케팅
솔루션

고객의 거주지와 가게와의 거리가 중요한 시절은 지났다. 이제 마주앉은 고객과의 심리적 거리에 주목해야 할 때이다.

결정적인 15초, MOT

MOT의 중요성

MOT는 '진실의 순간' 혹은 '중요하고 결정적인 순간'을 말한다. 비즈니스에서는 판매자가 고객과 상호 작용을 시작하는 순간을 의미한다. 주로 서비스 마케팅에서 많이 쓰이는 개념이며 스칸디나비아항공사의 CEO였던 얀 칼슨Jan Carlzon이 1987년에《진실의 순간Moments of Truth》이라는 책을 출간하면서 널리 알려졌다. 스웨덴의 마케팅 학자인 리처드 노만이 개발하여 이미 서비스 품질관리에서는 널리 사용돼 오던 개념이기도 하다. 이들은 모두 고객이 판매자와 접촉하게 되는 짧은 순간의 중요성에 대해 강조했다.

얀 칼슨은 스칸디나비아항공사에서 직원이 고객을 응대하는 데 평균 15초가 걸린다는 사실을 발견했다. 단 15초의 짧은 상호 작용이 기업에 대한 이미지를 결정하는 것이다. 스칸디나비아항공사는 연간 약 5,000만 명의 고객에게 15초 만에 항공사의 긍정적인

세상의 끝에서 커피 한 잔　**201**

이미지를 심어줘야 했다. 이에 얀 칼슨은 예약 문의 전화, 공항 카운터, 탑승, 기내 서비스 등 모든 비즈니스 프로세스에 MOT 마케팅을 적용했고 1년 만에 적자 항공사를 흑자를 내는 최우수 항공사로 바꿔놓았다.[1] 이처럼 고객과 직원이 밀접하게 접촉해 상호 작용을 일으키는 짧고 결정적인 순간이 MOT이다.

개인화되고 개별화된 고객 관계의 질을 결정하는 기초 요소 중 하나가 판매자와 고객 간의 심리적 거리이다. 작은 가게의 경우 이 결정적인 순간이 대기업보다 길어지고 더욱 예민해진다. 가게의 직원과 손님과의 상호 작용이 매우 밀접하고, 손님이 가게 안에 머무는 내내 상호 작용이 일어나는 경향이 있기 때문이다. 대부분의 손님은 가게 안에서 이루어지는 모든 상호 작용에 영향을 받게 된다. 한정된 공간 내에서 직원과 손님 사이에서만 이루어지는 상호 작용이므로 상대의 태도와 행동에 더 민감해지기 때문이다. 이처럼 결정적이면서 동시에 예민하고 까다로운 평가의 순간을 어떻게 효과적으로 활용할 수 있을까?

내 가게만의 MOT

우선 손님과의 모든 상호 작용을 구체화하고 단계를 구분해야 한다. 예를 들어 P&G는 2005년 자신들의 MOT를 발표했는데 이는 고객이 제품을 바라보는 순간(제1의 MOT), 제품을 구매하고 사용하는 순간(제2의 MOT), 고객이 지인에게 피드백을 제공하는 순간(제3의 MOT)으로 나뉜다. 이후 구글이 고객이 제품을 검색하는 순간을 ZMOT Zero Moment Of Truth로 정의하면서 이를 총 네 단계로 구분했다.[2] 이처럼 산업의 형태와 기업의 전략에 따라 MOT의 단계는 각기 다르게 정의된다. 그렇다면 작은 가게는 MOT의 단계를 어떻게 구분해야 할까?

작은 가게라면 손님이 가게 문 밖에 서 있는 순간, 문을 열고 들어오는 순간, 상품과 서비스를 탐색하고, 질문을 하고, 구매를 하고, 자리에 앉고, 시간을 보내고, 가게를 떠나는 순간까지 모든 순간을 구분하고 단계화할 수 있다. 그리고 단계별로 손님이 하는 행동과 태도, 반응 등을 관찰하고 그들이 필요로 하는 상호 작용을 정의하고 수행한다. 단계에 따라 다가가야 할 때와 적당한 거리를 두어야 할 때를 구분해야 하고, 말을 걸어야 할 때와 조용히 시간을 보내도록 배려해야 하는 때를 알아야 한다. 이 미묘한 차이는 손님을 주의 깊게 관찰하고 다양한 손님을 경험한 후에 비로소 깨닫게 될 것이다. 판매하는 상품과 서비스에 따른 차이도 물론 영향을 미칠 것이다.

MOT에 정서적 공감대를 형성하다

무엇보다 중요한 것은 얼마나 정서적 공감대를 형성하느냐이다. 손님과 직원 사이에 일어나는 감정적인 상호 작용은 냉정하고 경계심이 깃든 손님을 충성스러운 단골손님으로 바꾸기도 하고, 단골손님의 마음을 한순간에 떠나게 만들기도 한다. 쇼핑을 할 때, 커피를 마실 때, 서점에서 책을 고를 때 가게 주인이나 직원의 호의와 배려를 느껴본 경험이 있을 것이다. 반면 SNS를 통해 매력을 느껴 방문했다가도 매우 규격화된 상호 작용만이 오가는 무미건조한 서비스를 경험하게 되면 다시는 방문하지 않게 되기도 한다.

자기 가게만의 MOT를 정의해볼 필요가 있다. 가게마다 서로 다른 MOT가 존재할 수 있다. 따라서 자기만의 MOT를 세분화하고 단계별로 정의하는 기회를 가져야 한다. 그리고 단계마다 손님이 필요로 하는 상호 작용에 진정성과 공감을 표현한다. 작은 가게는 제3의 공간으로서의 기능이 특히 강하므로 손님들이 거래를 하고 머무는 내내 대기업과 같은 표준화된 상호 작용과는 다른 접근 방법을 모색해야 한다. 작은 가게에서의 더 길고, 더 민감하고, 더 결정적인 MOT를 어떻게 다루어야 할지 신중하게 분석해보자.

전통과 현대화의
간극을 잇다

미나미 양장점의 비밀

대를 이어 내려오는 동네 양장점

동네의 터줏대감인 미나미 양장점의 하루는 단조롭다. 양장점을 운영하는 이치에가 느즈막이 일어나 햇살이 가득한 창가에 앉아 낡고 손때 묻은 재봉틀에 손을 얹을 즈음이면 동네의 오랜 이웃들이자 단골손님들이 모여든다. 이치에는 사연이 깃든 원단이나 오래 입었던 옷을 가져온 이웃들과 옛 추억을 곱씹으며 사는 이야기를 나눈다. 그리고 재봉틀에 앉아 밤늦게까지 단골손님들이 맡긴 옷을 정성껏 수선하고 새로 맡긴 옷을 짓는다. 손님이 평생 입어도 손색이 없도록 정성껏 옷을 만들고 수선해주는 오래된 동네 옷 가게. 언제라도 찾아가면 이웃들과 평화로이 담소를 나눌 수 있는 동네 사랑방인 가게. 미나미 양장점은 우리가 바라는 동네 단골 가게의 모습 그대로이다.

할머니가 일군 오래된 양장점을 지키며 사는 이치에에게 어느 날 백화점 직원 후지이가 찾아온다. 이치에의 옷에 매료된 후지이는 그녀의 옷을 백화점에 입점시키고 디자이너 브랜드로 성장시키고자 한다. 그러나 이치에는 이를 단호하게 거절한다. 오래된 것에 가치를 두는 이치에와 트렌드와 비즈니스를 생각하는 후지이. 이 둘의 만남이 설레이는 것은 전통과 현대의 만남처럼 정중하지만 날카로운 경계선 위에 있기 때문이 아닐까? 실제로 전통과 정통성을 고수하는 오래된 가게들의 현대화에는 설렘만큼이나 까다로운 난관이 기다리고 있다. 전통과 현대화, 둘 중 무엇이 옳은 방향일지 생각해보게 하는 영화이다.

마케팅 비결 ①
다친 마음을 치유하는 옷을 짓다

미나미 양장점은 단순히 옷을 만들거나 수선하는 가게가 아니다. 그보다는 마치 이웃의 마음을 치유하는 곳처럼 느껴진다. 이치에는 그녀의 할머니가 그랬던 것처럼 양장점을 찾아오는 이웃들의 콤플렉스에 주목하기 때문이다. 그녀는 고객의 신체 콤플렉스와 그로 인해 다친 마음을 치유하기 위한 옷을 만든다.

작은 키가 걱정인 사춘기 소녀부터 배가 나오고 허리가 굽어 볼품 없어진 몸을 부끄러워하는 할아버지까지. 몸의 콤플렉스를 충실히 가려주고 마음의 상처를 차분히 치유하는 것이 할머니와 이치에의 사업 방식이었다. 이치에는 이웃들에게 콤플렉스를 잊고 사람들 앞에서 당당해질 수 있는 옷을 만들어주고 싶었다.

실제로 마음의 상처를 옷으로 치료할 수 있다고 알려져 있는데, 이를 패션 테라피fashion therapy라고 부른다. 1959년에 미국 샌프란시스코 패션 그룹에 의해 처음 실험된 바 있으며 이후 심리적 상처를 치유하고 심신을 안정시키는 데 효과가 있는 매체로서 연구되어 왔다.[1] 옷은 디자인이나 색상 등을 통해 착용한 사람의 기분이나 태도에 영향을 주고 그들의 사회적 관계에도 영향을 미친다. 옷은 사회적 커뮤니케이션의 중요한 일부이기 때문이다. 콤플렉스를 의식하지 않게 되고, 자신을 더 아름답고 세련되다고 느끼는 사람은 이내 다른 사람과의 소통에서 자신감 있는 태도를 취하게 된다. 이러한 심리적 효과를 내는 분야에는 패션 외에도 식품, 예술, 관광, 음악 등 다양한 영역이 있다.

　　이치에가 만든 옷을 입은 사람들이 보여주는 환한 표정과 가벼워진 발걸음은 옷이 사람에게 미치는 치료 효과를 고스란히 드러낸다. 이것이 모두들 옷을 '사는' 시대에 이치에가 여전히 단골손님들의 옷을 '수선하는' 이유이기도 하다. 고객들을 아름답고 자신감 넘치게 만들어주는 옷을 만드는 것. 그것이 이치에가 미나미 양장점의 전통을 잇는 이유이다. 이치에가 수선하는 옷은 한 사람의 영혼이고 추억이다. 이치에는 이처럼 제품과 서비스의 기능보다는 그 안에 스민 가치와 정신을 고객에게 제공한다.

　　소비자가 불편함이나 고충을 느끼는 부분pain point을 해결하는 상품과 서비스를 판매하는 것이 사업의 제1원칙이다. 소비자의 불만족을 찾아 그것을 해결해줄 상품과 서비스를 개발하고 판매하는 것은 사업이 근본적으로 치유therapy의 기능과 역할을 포함하고 있음을 의미한다. 이에 충실한 사업체는 단골 고객을 확보하게 되며 이들의 높은 충성도를 얻는다.

이치에가 구매를 촉진하고 단골 고객을 확보하기 위해 옷을 통한 치유의 길을 선택한 것은 물론 아닐 것이다. 이치에는 그저 이웃이자 친구인 손님들의 마음을 이해하고 공감했던 것이리라. 그들의 곁을 지키고 싶은 따뜻한 정이 자연스럽게 이웃들의 다친 마음을 치유하는 옷을 만들게 했을 것이다.

그러나 쇼핑에 치유 효과가 있다는 사실을 알게 된다면 사업의 가치를 정립하고 마케팅 활동을 계획하는 일련의 과정을 새로운 관점에서 수행할 수 있을 것이다. 또한 고객의 일상에 심적인 안정을 선사하는 선물 같은 일이 될 수 있다. 고객의 일상에 기여한다는 기본적인 사업의 기능을 충족한 것이 미나미 양장점의 가장 큰 성과이다.

마케팅 비결 ②
고객에게 이벤트를 선물하다

이웃들은 이치에의 할머니인 시노를 한마디로 이렇게 정의했다. "동네 사람들의 사랑을 받았다." 이웃들이 시노를 사랑한 것은 단지 그녀의 옷 때문이었을까? 동네 사람들은 왜 그토록 그녀를 아끼고 그녀의 죽음을 깊이 애도했을까? 옷을 매개로 한 그들의 견고한 관계는 오직 옷의 품질 때문만은 아니었을 것이다.

시노는 옷으로 그들의 인생에 선한 영향을 미치고 싶어했다. 그녀는 옷을 통해 그들의 삶을 아름답게 만들고 싶었던 것이다. 시노는 이를 위해 '한밤의 연회'라는 축제를 기획했다. 한밤의 연회는 1년에 한 번, 그 동네에 사는 30세 이상의 어른들만 참여할 수 있는 작은 축제였다. 이 특별한 밤에, 이 작은 동네의 소시민들은 꿈에 그리던 드레스나 턱시도를 입고 한밤의 연회에 참석한다. 이 옷들은 모두 시노가 참가자의 의도에 따라 디자인하고 만들었다. 이치에는 이 축제를 지속하며 할머니가 남긴 전통과 가치를 이어갔다.

'한밤의 연회'는 전형적인 이벤트 사례라 할 수 있다. 이벤트는 소비자의 시선을 사로잡고 그들을 고객으로 끌어들이기 위한 촉진 전략 중 하나다. 일반적으로 제품과 서비스의 홍보를 위해 활용된다. 다른 촉진 전략과의 차이점이 있다면 이벤트를 통해 소비자와 더 면밀한 관계를 맺을 수 있다는 점이다. 대면 이벤트는 더욱 그렇다. 또 이벤트는 고객의 점포 내 체류 시간을 늘리는 효과가 있다. 이벤트에 참여하기 위해 가게를 찾은 고객이 친밀한 소통을 하고 만족스러운 경험을 한다면 가게와 고객의 관계는 장기화되고 강력해진다.

'한밤의 연회'는 작은 가게가 할 수 있는 이상적인 이벤트의 조건을 모두 갖추었다. 고객들은 가장 꿈꾸던 옷을 입고 연회에 참석한다. 성실한 소시민인 그들이 1년에 한 번 화려한 모습으로 변신할 수 있으니 시노는 그들의 니즈를 잘 포착한 것이다. 아마도 매년 참여하지 않을 수 없을 것이다. '한밤의 연회'는 미나미 양장점의 정체성인 옷과 직결되는 이벤트일 뿐 아니라 난이도 높은 드레스와 정장으로 이루어져 있어 양장점의 품질과 완성도를 완벽하게 드러낸다.

게다가 연회는 매년 열린다. 정교하게 만들어진 옷이므로 해마다 조금씩 바뀌는 체형에 맞춰 꼭 수선을 해야 한다. 고객과의 교류와 수선을 위한 매출이 매년 보장되는 셈이다. 수선을 하는 과정에서 이치에를 만나 사는 이야기를 나누고 바뀐 체형을 고민하면서 친밀한 관계가 지속되는 것은 물론이다. 가장 중요한 것은 이웃을 향한 애정과 진정성이 고스란히 전해지는 이벤트라는 점이다. 한밤의 연회의 의도와 가치를 이해하는 고객들은 미나미 양장점과의 관계 안에 오래도록 머물 것이다.

미나미 양장점이 최선을 다해 만든 드레스와 턱시도는 이웃들에게 그저 옷이 아닌 자신의 이상이자 이루지 못한 꿈이다. 척박한 현실 속에서 단 하루, 자신의 인생을 빛나게 하고 더욱 사랑하게 하며 다시 1년을 살아갈 힘이 되어주고 싶었던 시노의 선물이었다.

우리의 이웃들에게 그런 작은 가게가 필요한 것은 아닐까? 누군가 우리와 함께 해주고, 우리를 기억해주고, 작은 힘을 보태주는 일 말이다. 이것이 미나미 양장점이 이웃에게 건네는 선물이자 위로이다.

미나미 양장점은 삼대를 이어 내려오며 동네 이웃들과 돈독한 관계를 맺고 있었다. 이웃들은 오랜 우정을 나누며 미나미 양장점의 단골 고객이 되었고 고객으로서 충성도가 높았다. 또한 미나미 양장점은 동네의 자랑거리로서 탄탄한 브랜드 이미지도 구축해왔다. 이치에의 뛰어난 실력은 유명 백화점에게 구애를 받을 정도이다. 평범하고 소박한 동네 이웃들의 발길이 끊이지 않은 것을 보면 가격대 또한 적합한 수준이었을 것이다. 가게 위치도 이웃들이 찾아오기에 쉽고 편리하며, 이상적인 동네 가게답게 이웃을 위한 공간의 역할도 톡톡히 해냈다. 늘 양장점 한편에서 이웃들은 삼삼오오 모여 앉아 사는 이야기를 나누었다. 이에 더해 이웃에 대한 애정을 담은 '한밤의 연회'를 열어 동네의 오래된 양장점으로서 가장 이상적인 촉진 전략을 수행하기도 한다. 연회를 통해 이웃의 삶과 일상을 위로하고 공동체로서의 가치를 공유하고 있어 커뮤니티 구축 및 강화의 역할도 톡톡히 한다.

이처럼 미나미 양장점은 동네 가게로서 더할 나위 없는 마케팅 요소를 갖추고 있다. 다만 모든 전략과 강점이 기존의 고정 고객만을 대상으로 한다는 점이 향후 가장 중대한 약점이 될 것이다. 할머니 시노 때부터 이어온 관계를 토대로 하고 있어 고정 고객의 연령대가 높고 신규 고객 유입은 전무하기 때문이다. 특히 젊은 고객의 유입이 전혀 없으며 이치에의 옷에 대한 젊은 세대의 공감대나 이해도 얻지 못하고 있다. 이는 오래 지나지 않아 연령대가

삼대를 이어온 동네 양장점이 이룬 마케팅 성과

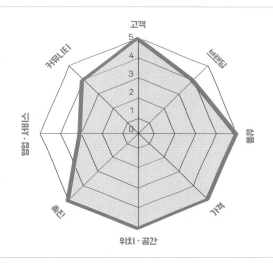

높은 고정 고객과 함께 그대로 소멸해버릴 운명을 예고하는 것이나 다름없다. 미나미 양장점에는 이러한 한계점을 극복하기 위한 새로운 전략이 필요한 시점이다.

마케팅 제안 ①
전통과 현대화의 균형을 이루다

유명 백화점의 직원 후지이는 날마다 미나미 양장점을 찾아와 종일 이치에를 설득한다. 이치에는 자신의 옷을 상업화해서 돈을 버는 일에는 애초에 관심이 없다. 그럼에도 후지이는 꾸준히 이치에의 디자인을 백화점에 입점시켜 더 많은 대중에게도 선보이고자 했다. 후지이의 제안은 합리적이었다. 백화점이 상품화와 홍보를 도울 것이고 원자재와 인적 자원도 갖추어줄 것이다. 이치에의 디자인이 더 많은 사람에게 알려지고 사랑받을 기회도 없이 작은 동네에서 조용히 사라져버리는 것은 객관적으로 안타까운 일이다.

그러나 동네 사람들의 인생과 사연을 옷에 담던 할머니와, 그런 할머니를 사랑하는 이웃들의 품에서 자라난 이치에였다. 그녀는 그 오랜 관계 안에 머물며 이웃에게 변치 않을 옷 한 벌의 가치를 선사하던 할머니의 가치관을 이어가고 싶어했다. 대를 이어 가업을 유지하는 사업체에서 느껴지는 고뇌와 혼란이 영화 속 이치에를 통해 고스란히 드러났다.

대를 이어 가업을 잇는 이들은 제작 기법의 정통성을 중시한다. 그들은 이를 통해 오래 지속될 완벽한 품질을 추구한다. 대량 생산으로 상품의 품질이 철저히 규격화된 지금의 시장에 온전히 담아내기 어려운 사업 철학인 것은 사실이다. 그러나 전통을 고수하는 방식이 현실적으로 사업을 위한 단 하나의 해결책이 될 수는 없다. 이치에는 할머니의 전통을 지켜나가는 일과 자신의 현대적 감각과 재능을 드러내는 일 사이의 균형을 모색해야 한다. 전통적인 것과 현대적인 것은 전혀 다른 세계이며 장인 정신과 현대적 상업화는 절대 어우러질 수 없는 상극이라는 해석은 많은 성장 가능성을 제한할 뿐이다.

소비자는 늘 변한다. 그들은 새로운 것을 기대하고 더 나은 구매 경험을 원한다. 그들은 품질과 새로움을 모두 원한다. 전통이 늘 같은 맛을 내고, 같은 모습을 만들어낼 필요는 없다. 현대적인 감각과 전통적인 가치를 모두 추구해야 한다. 그 가치를 현대적인 마케팅과 브랜딩을 통해 소비자가 이해하고 공감할 수 있는 언어로 이야기해야 한다.

장인 기업이 많기로 유명한 이탈리아에는 130만 개에 달하는 장인 기업이 국내총생산의 10~15%를 차지하며 국가 경제에 중요한 역할을 한다.[2] 이탈리아의 다양한 기관과 기업은 이들의 지속가능한 성장을 위해 현대적인 마케팅과 브랜딩을 지원하고 있다. 이탈리아의 장인 기업은 대기업이 개발하는 생산 설비와 기술을 적극 활용하면서 기술 혁신과 프로세스 혁신을 도모한다. 소규모의 장인 기업이 고품질 제품을 효율적으로 생산하게 되면서 대기업과 경쟁이 가능해진 것이다. 그들은 장인의 기술과 현대화된 생산 설비, 정부 기관과의 협력 등 가능한 모든 자원을 활용한다. 2010년대에 이르러서는 50%에 육박하는 장인 기업이 제품, 제조 설비, 기업 조직, 마케팅 등의 사업 전 분야에 걸쳐 혁신적인 기술을 도입하고 전문 컨설팅 업체의 도움을 받았다. 이들은 선대로부터 전수받은 전통적인 제조 방식과 기술력에 안주하지 않고 시장과 시대의 변화에 부합하는 경쟁력을 유지한 것이다. 이 장인 기업들은 오랜 세월 지켜온 정통성과 세상의 흐름에 따르는 유연함을 동시에 추구하고 있다.

많은 명인과 장인이 사업 부진으로 명맥을 잇지 못하고 결국 사라지고 마는 안타까운 모습을 자주 접한다. 우리의 전통 규방 공예, 한지, 전통주, 한옥, 주물 등의 전통 문화와 전통 기술은 현대화된 시장에 적응하지 못하고 시장성과 수익성을 잃고 후진을 양성하지도 못한 채 사라져가고 있다. 최근 정부기관 등이 나서 각 지역의 장인 상품의 판로 개척을 돕거나 전시회를 열어 명맥 유지에 힘쓰고 있기는 하나 효과는 미미하다. 또한 헤리터Heriter 등 현대적 마케팅 기법을 적용해 특정한 장인 제작 상품을 유통하는 업체도 있다. 그러나 그 많은 장인 사업체를 보전하고 유지하기에는 역부족이다.

전통을 현대화하는 것은 변화하는 소비자와의 연결을 의미한다. 현대화의 첫걸음은 젊은 세대를 소비자로 맞이하는 것이다. 정성 들여 제작한 상품의 가치를 이해시키기 위해 젊은 세대와 적극적으로 소통해야 한다. 장인 기업에는 급변하는 소비자의 취향에 맞추지 못한 제품이 한계가 되기도 한다. 그리고 젊은 세대에게는 전통 방식으로 만든 정교한 품질을 경험한 적이 없었던 것이 한계가 될 수 있다.

세대 간 간극을 메우기 위해 장인의 경험과 가치를 보여주는 스토리텔링을 통해 브랜드 콘셉트를 새롭게 만들어가거나 SNS

나 온라인 매체를 이용한 소통 채널을 늘려나갈 필요가 있다. 장인 기업들이 함께 모여 전시회를 열어 현대 소비자의 관심을 끌 수도 있다. 디즈니 재팬과 일본의 장인들이 의기투합해 디즈니 재팬 클래식을 선보인 것처럼 유명 브랜드와의 협업도 소비자에게 큰 반향을 일으킬 수 있다.

영화 속 백화점 직원 후지이는 이치에가 전통과 현대화의 가교 역할을 할 수 있다고 믿는다. 전통적인 방식을 고수하는 장인 기업이나 가게는 고객의 세대 교체를 지혜롭게 겪어나가야 한다. 소비자는 전통 문화와 기술이 영원히 명맥을 이으며 우리 곁에 존재하기를 바라고 있다는 것을 간과해서는 안된다.

마케팅 제안 ②
후진을 양성하라

어느 날 후지이는 이렇게 묻는다. '기술 전수를 하지 않는 것이 아깝지 않은가?' 후지이는 기술력이 장인의 경지에 이른 작은 양장점에 애착을 갖고 있다. 그는 오랜 세월 동안 단 한 번도 쉬지 않은 양장점의 낡은 재봉틀이 돌아가는 소리를 사랑했다. 긴 세월을 성실하게 연마해온 기술이 그저 한 세대에 소비되고 마는 것을 안타까워했다.

장인 기업이 소멸되지 않으려면 어떻게 해야 할까? 사업 환경을 현대화하는 것에 이어 장인 기업을 유지하고 발전시키는 다른 방법은 꾸준히 장인을 탄생시키는 것이다. 지속적으로 장인을 만들어내는 것이 장인 기업 생존의 최종 단계다. 소비자의 세대가 교체되었다면 제작자의 세대도 교체되는 것이 마땅하다.

그러나 감각은 '전수'되는 것이 아니라 '교체'되어야 한다. 대부분의 후대 장인은 전수자가 일궈온 것에 안주하게 된다. 기술 전수에 몰입하다 보면 자신의 감각이나 현대화된 환경에 대한 적응 의지는 흐릿해진다. 그러나 기술이 전수될 때 가장 우선적으로 전제되어야 하는 것은 젊은 세대가 가져올 감각이다. 기술을 새롭게 표현할 수 있는 후진을 양성하는 것. 이것이 에르메스가 160년이 넘도록 여전히 성공적인 브랜드로 계속되는 이유이며, 1,000년이 넘도록 이어온 전통 기술로 디즈니의 상품을 만들어내는 일본의 젊은 장인들이 존재하는 이유이다.

후진에게 전통 기술을 전수하는 과정이 대중에게는 흥미롭고 감동적인 이야기가 된다는 점도 놓쳐서는 안된다. 이치에가 직원들에게 미나미 양장점에 전해 내려오는 오랜 기술을 전수하는 과정을 소셜 미디어 등을 통해 소비자에게 전한다면 이는 성공적인 브랜드 스토리텔링이 될 것이다. 사람들은 어딘가에서 누군가가 전통을 지키고 묵묵히 숙련된 기술을 뿌리내리고 있음에 안도한다. 또한 젊은이들이 전통을 이어가기 위해 고된 수련 과정을 거치는 것을 보며 든든해한다. 숙련된 장인이 가르치고 이를 누군가가 성실하게 배우는 모습이 드라마나 영화, 예능 프로그램과 각종 소셜 미디어의 콘텐츠로 제작되고 인기를 끄는 이유가 여기에 있다. 대량 생산의 거대한 흐름을 거스를 수는 없지만 우리는 누군가가 전통을 지켜나가며 이 거대한 흐름에 가치를 더해줄 것이라 믿는다. 장인의 기술이 아름답게 보이는 이유가 그것이다.

후지이는 이치에에게 처음이자 마지막으로 한탄 가득한 원망을 쏟아낸다. 지켜야만 하는 장인들을 속절없이 잃어가는 시장의 논리가, 어딘가에서 속절없이 사라져버리는 장인들의 기술력과 품질이 그를 무력하게 만들고 의지를 꺾어버린 것이다. 후진을 양성하는 것은 평생토록 연마해온 기술이 가치 없이 사라지는 일을 막기 위해서이다. 이는 장인 개인만의 문제가 아니다. 장인 기술이 끊임없이 사회 속에 뿌리 내리고 시장과 융화하며 가치를 더해가는 것. 이것이 산업화와 무한 경쟁의 시장 논리 속에서도 우리가 잃지 말아야 하는 것들이다.

시장과 시대의 변화를 마주할 때 대부분의 성공적인 장인 기업들은 대담하고 혁신적인 변화를 추구했다. 우리가 알고 있는 에르메스는 마구 용품으로 유명한 장인 기업이었다. 그들이 지금의 대표 패션 브랜드가 된 것은 자동차의 등장으로 더 이상 마구 용품이 필요 없게 된 시장 환경 때문이었다. 그들은 그간 쌓아온 기술력으로 가방을 만들며 패션 기업으로의 전환을 시도했다. 우리가 지금의 버킨백이나 켈리백을 만날 수 있게 된 계기는 기존 시장이 소멸했기 때문이다. 그들은 여전히 장인들의 기술력으로 최

마케팅 제안이 가져올 마케팅 성과

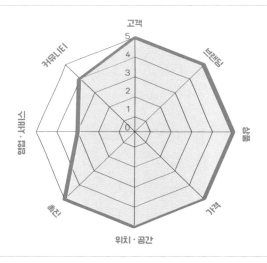

고급 브랜드 이미지를 이어가고 있다. 전통성의 현대화를 완벽하게 이뤄낸 것이다. 이치에의 시장은 사라질 것이다. 변화하지 않는다면 말이다.

이치에의 미나미 양장점은 잘해가고 있다. 기존의 동네에서, 기존의 고객과, 기존의 상품으로, 기존의 공간에서, 기존의 마케팅 전략으로. 그러나 어떤 변화도 받아들이지 않는 것은 머잖아 가게의 존폐를 결정짓게 될 것이라는 약점을 시한폭탄처럼 안고 있다. 동네는 변하고, 단골 고객들은 나이가 들어가고, 할머니 시노의 디자인이 더는 매혹적이지 않은 날이 올 것이며, 어른을 위한 축제인 한밤의 연회에 참석하는 이들도 줄어들 것이다. 결국 현재 미나미 양장점의 모든 강점은 곧 약점이 될 것이다. 후지이는 이런 결과를 이미 예견했다. 후지이는 이치에만의 디자인으로 새로운 사업 환경에서 새로운 소비자에게 적용하는 것이 미나미 양장점을 지키는 길이라 생각했다. 이는 매우 정확한 진단이고 예측이다. 기존의 사업 성과가 어떤 것이든 그것이 앞으로의 사업 성과로 이어지기 위해서는 변화에 대한 적응과 유연한 대처가 필요하다.

마케팅
솔루션

당신이 판매하는 상품의 가치를 재점검하라. 미래를 대비하라.

리테일 테라피

쇼핑이 사람을 치료한다

미나미 양장점에서 옷을 사고 수선하는 손님들은 늘 편안하고 뿌듯한 미소를 짓는다. 그들에게는 불안이나 초조함이 느껴지지 않는다. 가게 안에서 손님들은 늘 여유롭고 평화롭다. 미나미 양장점이 손님들에게 팔고 있는 것은 어쩌면 심적 안정인지도 모른다. 아름답고 잘 맞는 옷을 사 입고, 친근한 이웃들과 대화를 나누며 손님들은 팍팍한 일상 속에서 쌓여 온 상처와 슬픔을 극복하고 있는 것이다. 이처럼 미나미 양장점은 가게가 심리적 치료를 가능하게 한다는 것을 여실히 보여준다.

쇼핑은 실제로 사람을 더 행복하게 만든다. 실제로 사람들은 스트레스를 받거나 우울감을 느낄 때 쇼핑을 하며 기분을 풀기도 한다. 임상 심리학자 스콧 비Scott Bea 박사는 실제로 쇼핑은 심리 치료의 효과를 갖는다고 밝혔다.[3] 2011년에 발표된 아탈레이Atalay와 멜

로이Meloy의 논문은 계획에 없던 쇼핑이 기분을 좋게 하고, 그렇게 좋아진 기분은 구매 후에도 오랫동안 지속된다고 주장했다.[4] 407명의 성인을 대상으로 한 이들의 연구를 통해 쇼핑객의 62%가 기분 전환을 위해 무언가를 구매한다는 사실이 알려졌다. 2013년에도 이들은 리테일 테라피가 우울한 기분을 개선하는 데 효과적이라는 것을 밝혀낸 바 있다.

쇼핑을 하면 기분이 좋아지는 이유는 무엇일까? 우선 구매를 결정하는 과정에서 사람들은 자신이 상황을 통제한다는 느낌을 받게 되며 이는 개인의 오랜 슬픔을 완화한다.[5] 사람들은 환경과 상황에 의해 통제되는 것이 아닌 자신이 자율적으로 상황을 통제한다는 느낌에서 위안을 받는 것이다. 가게의 조명과 인테리어, 음악과 냄새 등의 감각적 자극도 쇼핑을 하는 동안 소비자의 불안을 가라앉힌다. 쇼핑을 할 때 뇌에서 분비되어 기분을 좋게 만드는 신경전달물질인 도파민도 기분 전환에 중요한 역할을 한다.

쇼핑의 치료 효과가 중요한 이유

가게가 리테일 테라피, 즉 쇼핑 치료 효과를 갖는다는 것은 왜 중요한가? 이는 가게가 최고의 고객 경험을 선사한다는 것과 같은 의미이기 때문이다. 고객에게 좋은 경험과 차별화된 쇼핑 경험을 제공하는 것은 그들과의 관계를 강화하고 충성도를 높이기 위해 반드시 필요하다. 고객 경험, 일명 CX Customer Experience 관리와 기획이 점차 주목받는 이유가 여기에 있다. 고객이 쇼핑을 하고 상품을 구매하며 경험하는 모든 것은 기업이나 가게에 대한 이미지, 가치, 충성도 등을 결정한다.

고객 경험은 크게 물리적 경험과 감정적 경험으로 나뉜다. 리테일 테라피는 감정적 경험에 포함되며 고객에게 가장 긍정적이고 강력한 수준의 감정적 경험이라 할 수 있다. 즉 가게는 상품의 품질, 구매 과정의 편의성, 고객 문의나 요청에 대한 직원의 적절한 대응 등의 물리적 고객 경험 외에도 고객에게 감동을 주는 상호 작용과 소통을 통해 감정적 경험을 제공할 수 있어야 한다. 그런 면에서 고객에게 감동을 주고 고객의 우울하고 슬픈 감정을 덜어주는 리테일 테라피는 가게가 고객에게 제공할 수 있는 최고의 고객 경험이라 할 수 있다.

이는 결과적으로 고객이 가게에 오래 머물게 하며, 가게에 애정을 느끼게 한다. 또한 고객 이탈율을 낮추고 고객 충성도를 높여주며 재방문과 재구매율을 높여준다. 다시 말해 오랜 단골 고객을 만들어내는 것이다. 단골 고객을 만드는 것만큼 중요한 일은 없으며, 감정적 고객 경험인 리테일 테라피는 이를 가능하게 한다. 이것이 가게에서의 심리적, 정서적 상호 작용이 무엇보다 중요한 이유이다. 그리고 가게가 심리적 치료 효과를 나타낸다는 것은 그들이 자신의 고객에게 애정과 깊은 관심을 갖고 있다는 것을 보여준다.

가게는 무엇을 해야 하는가

그렇다면 고객에게 깊은 감동을 주고 정서적 안정을 선사하기 위해서 가게는 무엇을 해야 하는가? 가게는 우선 고객에 대해 잘 알고 있어야 한다. 그들이 어떤 사람들인지, 무엇을 원하는지, 어떤 부담과 슬픔을 안고 있는지 깊이 이해해야 한다. 동네에서 대를 이어 장사를 해온 미나미 양장점은 고객의 이웃이었기에 그들을 잘 알고 있었다. 이것이 미나미 양장점의 리테일 테라피 효과를 가능하게 했을 것이다.

미나미 양장점의 고객들은 전형적인 소시민이자 성실하게 일하고 가정을 지키며 소소한 즐거움에 만족하는 사람들이었다. 미나미 양장점은 일상에 지친 자신의 고객에게 어떤 위안이 필요한지 잘 알고 있었다. 이에 따라 옷을 통해 고객들의 자신감을 회복시키고 삶의 소소한 즐거움을 다시 돌아볼 계기를 마련해주었다. 옷을 통해 줄 수 있는 최고의 심리적 치료이자 감동인 것이다.

리테일 테라피는 여기에서 그치지 않는다. 심리적 효과는 물론 매우 차별화된 그들만의 서비스를 제공해야 한다. 미나미 양장점은 매년 한밤의 연회를 열어 일상에 지친 이웃들에게 동화 같은 경험을 제공한다. 이는 다른 가게에서 쉽게 흉내내기 어려운 차별화된 경험이다. 미나미 양장점은 각각의 고객이 오랜 세월 입어온 드레스와 정장에 대해서 잘 알고 있을 뿐 아니라 그 옷들을 직접 수선하기 때문이다. 고객에 대한 깊이 있고 섬세한 관찰과 분석이 없다면 흉내 내기 어려운 이벤트인 것이다.

　　쇼핑 테라피와 리테일 테라피는 쇼핑 중독으로 진행되는 강박적 쇼핑 장애나 구매 쇼핑 장애로 분류되기도 한다.[6] 쇼핑이 기분을 개선한다는 것이 확인되면 소비자는 불필요한 물건을 과도하게 구매하고, 쇼핑에 과도하게 지출하는 등, 통제력을 잃게 될 위험이 있다. 충동적이고 과도한 지출이 계속되면 소비자는 다시금 죄책감이나 불안 등의 부정적이고 슬픈 기분을 느끼게 된다. 이런 이유로 리테일 테라피를 통한 고객 경험 강화는 고객에 대한 애정에서 출발해야 한다. 그들이 충동적이고 강박적인 쇼핑으로 들어서지 않고 가게에서 위안을 얻는 쇼핑을 할 수 있도록 고객 경험은 섬세하게 기획되어야 하며 고객과의 친밀한 관계에 기반을 두어야 한다.

마니아를 위한 가게

사랑도 리콜이 되나요

마니아를 위한 음반 가게

한껏 볼륨을 키운 팝 음악 속에서 주인공 롭이 긴 넋두리를 늘어놓으며 영화는 시작된다. 이 영화 속에는 음악이 있고, 음악을 사랑하는 사람들이 있고, 음악이 흐르는 가게가 있다. 시카고 변두리의 한적한 골목에 자리한 '챔피언십 비닐'이라는 허름한 레코드 가게가 영화의 배경이 되는 장소다. 롭은 동료들과 함께 그리 대중적이지 않은 음악 성향을 가진 음반 가게를 운영하며 그럭저럭 소박하게 살고 있다.

늦은 아침, 레코드 가게에 들어선 롭과 동료들은 음악 이야기로 하루를 시작한다. 이내 제법 널찍한 가게 안에는 직원이 고른 팝 음악이 두루 퍼진다. 그들의 일상은 도시 변두리의 거리에서, 마니아적인 취향의 음반 가게에서, 팝 음악 안에서 펼쳐진다. 그러나 어찌된 일인지 팝 음악에만 빠져 있는 주인과 직원들이 운영하는 이 작고 대중적이지 않은 가게에는 늘 단골손님이 북적인다.

마케팅 전략이라고는 전혀 찾아볼 수 없는 이 가게에는 어떤 비밀이 숨어 있을까? 단골들과 오래도록 관계를 유지하는 힘은 무엇일까? 주인공 롭의 오랜 동반자인 이 가게의 이야기가 궁금하다.

아주 작은 시장, 마니아를 타깃 삼다

낙후되고 한적한 거리를 걸어 가게에 다다른 주인공 롭은 투박하게 생긴 철제 안전문부터 연다. 오가는 길에 가게를 들여다보며 구경할 사람도, 일부러 쇼핑을 올 사람도 없는 동네이다. 이처럼 인적이 드문 동네에서 레코드점을 운영하는 롭은 어떤 사람일까?

사실 인적이 드물고 황량하기까지 한 거리에는 레코드 가게가 제격이기는 하다. 레코드는 충동구매가 적은 품목으로, 음악을 즐기는 사람이라면 취향에 맞는 음반 가게를 일부러 찾아가기도 하기 때문이다. 물론 그는 여의치 않은 상황 탓에 임대료가 저렴한 곳에 가게를 얻을 수밖에 없었을 것이다. 하지만 그 덕분에 넉넉한 공간에 팝 음악 마니아들이 좋아할 만한 음반을 두루 갖출 수 있었다. 일부러 롭의 가게까지 찾아오는 충성 고객들을 만들기에는 충분했다.

특히 그는 음악에 빠진 젊은 마니아들이 특정 가수의 미발매 음반이나 오리지널 앨범을 찾아다닌다는 점을 잘 알고 있었다. 늘 색다르고 독특한 가수의 음반을 찾는 그들에게는 부르는 게 값이 되는 음반도 허다하다. 그런 음반들을 구비할 수 있다면 한적한 거리에 가게를 내도 젊은 팝 마니아들이 반드시 찾아올 것을 롭은 알고 있었다. 실제로 마니아들은 이 후미진 곳까지 기꺼이 찾아들었고 이는 가게를 유지하기에 충분한 정도였다. 그는 가게를 찾을 소비자들의 특징을 정확하게 꿰뚫고 있었다.

마니아는 소비 시장을 문화적인 측면에서 세분화할 때 발견할 수 있는 소비 집단이다. 마니아 시장은 전형적인 틈새시장으로 그 범위와 특성이 명확하고 그 안에 속한 소비자들의 니즈를 파악하기가 쉽다. 틈새시장을 공략한다는 것은 자원이 한정된 작은 가게에는 매력적인 일이 아닐 수 없다. 틈새시장을 공략하는 틈새 마케팅은 경쟁 업체가 적고 고객의 충성도는 더 높으며 마케팅 비용도 줄일 수 있다는 강점이 있다.

작은 가게가 자기만의 전문성을 갖추고 있다면 특히 마니아 시장은 혹독한 시장 경쟁을 피해가는 최상의 선택이 될 수 있다. 일반적으로 시장 규모가 크지 않아 대기업이 관심을 보이지 않을 뿐 아니라 경쟁 업체의 수가 극히 적은 편이기 때문이다. 마니아의 전폭적인 지지를 얻을 수 있는 전문성을 갖추고 있다면 타 업체가 벤치마킹하거나 전략을 흉내 내기가 어렵다는 강점이 생긴다. 또한 전문성을 토대로 마니아 소비자들과 지속적인 관계 구축에 노력한다면 높은 수준의 고객 충성도를 기대할 수도 있다. 이는 지속적인 매출과 수익 유지에 기여한다.

영화를 보는 내내 롭은 우울하고 보잘것없는 자신의 청춘에 대한 청승맞은 독백을 이어간다. 그의 청춘은 여느 청년들처럼 실패와 실연으로 가득한다. 그리고 그 모든 추억은 음악으로 완성되었다. 그의 인생은 음악으로 가득했고, 그 자체로 음악이었다. 이는 롭의 음반 가게가 그 시절의 청춘들과 아픔을 공감하며 깊은 유대감을 형성할 수 있었던 이유를 충분히 설명한다.

챔피언십 비닐에서만 나눌 수 있는 팝 음악 마니아들의 트렌드, 취향에 관한 공감대, 마니아 수준의 음악 정보와 이야기는 모두 동시대를 함께 겪어온 롭이기에 가능하다. 그의 끊임없는 독백은 평범한 1970~1980년대를 살아온 모든 청춘의 일상이었으리라. 주인공의 가게는 이처럼 그 시절의 음악과 청춘을 깊이 이해하는 그의 의도치 않은 전문성을 토대로 마니아들과 교류하며 살아남았다. 마니아에 의한, 마니아를 위한 가게로 자리 잡은 챔피언십 비닐은 틈새 마케팅의 대표적인 사례가 된 것이다.

마케팅 비결 ②
마니아 직원들과 일하다

롭이 팝 음악에 대한 애착을 담아 만든 음반 가게는 불안하고 청승맞은 청춘을 보내고 있는 마니아들의 취향과 니즈에 적중한다. 롭은 우연히 틈새시장을 온전히 공략했지만 실제로 틈새시장을 창출하고 공략하는 일은 쉽지 않다. 특히 마니아 시장은 마니아의 전문성에 의해서만 영위가 가능하다는 것을 영화를 통해서도 확인할 수 있다. 마니아 시장은 마니아 소비자들과 같은 경험을 하지 않고서는 결코 성공할 수 없다. 베끼려고 해도 베껴낼 수 없는 공통의 경험, 똑같은 감성과 지식을 전제로 하기에 혹독한 경쟁을 피해갈 수 있는 것이다.

이처럼 독특한 틈새시장을 공략하는 작은 가게는 우선 운영하는 이들이 마니아여야 한다. 즉 해당 분야에 특화된 전문성을 보여주어야 한다. 내 가게에서만 갖출 수 있는 상품 구색의 깊이, 내 가게에서만 구매할 수 있는 매우 독특하고 차별화된 상품들, 이미 전문가에 가까운 고객들과의 지속적인 교류를 가능하게 하는 전문적인 서비스, 그들이 흥미를 잃지 않고 충성도를 유지하도록 제공하는 전문적인 프로모션과 이벤트 등을 말이다. 또 마니아를 대상으로 한다면 그에 걸맞은 상품과 서비스뿐 아니라 운영자의 태도와 교류가 전제되어야 한다. 이것이 마니아를 대상으로 하는 사업에서 사업주나 직원이 마니아여야 하는 이유이다.

챔피언십 비닐의 주인인 롭과 가게 동료들은 모두 팝 음악에 조예가 깊다. 그들은 모두 팝 음악 백과사전에 가깝다. 시대를 불문한 가수들의 각종 음반, 노래의 제목과 이에 얽힌 사연은 물론 곡 순서, 각 앨범의 표지까지 정확하게 기억하는 사람들이다. 롭의 레코드 가게는 음반이라는 제품을 파는 가게라기보다는 음악을 이야기하며 서로 공감하고 손님이 좋아할 만한 음반을 권하는 일종의 서비스업이다. 단골손님들에게는 그들 자체가 상품인 셈이다.

롭과 직원들만으로 이미 챔피언십 비닐은 팝 마니아들의 아지트가 되었다. 손님들과 챔피언십 비닐의 직원들은 서로 좋아하는 음악을 함께 듣고 음악 이야기를 나누며 점점 더 팝 음악에 매료되어 간다. 창고형 가게의 넉넉한 공간, 마니아가 고른 마니아를 위한 팝 음악, 직원과 손님들 간의 이야기. 이 모든 것이 어우러진 챔피언십 비닐은 잘 맞는 친구들과 즐기는 파티나 소박한 클럽의 모습과 다름없다.

　　마니아 시장을 공략하는 작은 가게에게는 이처럼 같은 마니아로서의 전문성을 갖춘 인적 자원이 중요한 전략적 자원이 된다. 이들을 채용하고, 이들이 오래도록 머물며 함께 사업을 성장시키기 위한 환경을 구축하는 것이 중요한 이유이다. 롭과 동료들은 직원과 사장의 수직적 관계도, 사업적 파트너의 관계도 아니다. 그들은 팝 음악 마니아로서 동지애가 깊은 친구들이다. 이들에게 챔피언십 비닐은 그저 일하는 가게가 아니다. 그들의 또 다른 집이며 같은 취미를 가진 이들의 교류의 장이다. 이처럼 가게의 환경과 직원들 간의 관계가 직원들의 지식과 소양을 끌어내는 데 중요한 역할을 한다. 가게에 대한 사장과 직원들의 이러한 애착과 공감은 마니아적인 가게의 생존에 중요한 역할을 한다. 이런 환경이기에 그들은 모두 가감 없이 자신의 음악적 지식을 드러내고 풍부한 음악적 감성으로 고객과 소통할 수 있었다. 그것이 작은 음반 가게의 가장 큰 전문성이고 자원이 된다. 챔피언십 비닐에는 마니아도 눈빛을 반짝일 음악적 소양과 깊은 조예가 늘 함께했음을 기억할 필요가 있다.

마니아를 위한 음반 가게가 이룬 마케팅 성과

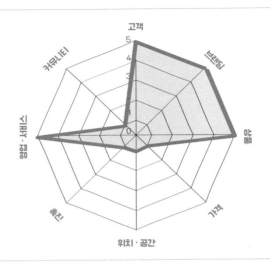

마니아를 위한 음반 가게인 챔피언십 비닐에는 그럴듯한 마케팅 전략이 눈에 띄지 않는다. 사실 챔피언십 비닐에 별다른 마케팅 전략은 따로 필요하지 않아 보인다. 이것이 마니아를 대상으로 하는 사업의 묘미일 것이다. 롭과 동료들은 팝 음악에 대한 소양을 바탕으로 마니아 고객들과 소통하고 교류하며 팝 마니아를 위한 레코드 가게라는 브랜드를 구축해갔다. 다양한 팝 음반을 갖췄을 뿐 아니라 희귀 음반을 찾아내 마니아들의 욕구를 만족시켰다. 그들은 팝 마니아로서 팝 마니아인 고객들에 대한 정확한 이해를 토대로 그들과 소통하고 교류하는 완벽한 영업과 서비스를 제공한다.

　그러나 할인이나 로열티 프로그램은커녕 기분에 따라 값
을 더 붙여서 받기도 하는 등 가격이나 촉진 면에서는 취약하기 그
지없다. 또한 고객이 발품을 팔아 찾아가야 하는 취약한 입지도 단
점이다. 특별히 지역 사회나 이웃 상인, 고객과 연계하는 커뮤니티
활동도 없다. 이처럼 여러 가지 한계가 있지만 롭과 동료들은 전혀
신경 쓰지 않는다. 마니아에 최적화된 가게라면 누구라도 이런 한
계에 주의를 기울이지 않을 것이기 때문이다. 그들은 이미 마니아
라는 특수한 소비자들에게 가장 적합한 공간과 관계, 상품과 서비
스를 제공하고 있었다. 영화 속 챔피언십 비닐은 표적 고객 집단에
따라 특정한 전략에 집중함으로써 자원을 불필요하게 분산시킬
필요가 없는 경우도 있음을 보여준다.

마케팅 제안 ①
더욱 전문화된 서비스를 제공하라

　마니아를 위한 최선의 환경을 갖추었지만 그럼에도 롭은
고객에게 더 나은 서비스를 제공하고 고객 기반을 확대할 필요가
있다. 그들의 현재 고객 집단은 나이가 들고 음악적 취향이 달라지
는 등의 변화를 거칠 것이다. 이처럼 한정된 고객 기반은 시간이
지나면서 힘을 잃을 수 있다. 따라서 팝 마니아라는 제한된 소비
집단을 대상으로 할 경우, 더 많은 마니아에게 가게를 알리는 소통

이 필요하다.

브랜드가 첫 성공을 거두고 나면 표적 시장이 포화 상태가 되고 성장이 둔화되는 시점에 대한 고민을 시작해야 한다. 새로운 기회를 쉬지 않고 모색해야 하는 것이다. 동시에 사업의 핵심 가치와 브랜드 이미지가 희석되지 않도록 유의해야 한다. 즉 고객 기반을 넓히고 사업의 확대와 성장을 모색하는 동시에 모든 고객과 사업 부문, 새롭게 진출한 지역에서 늘 일관된 브랜드 이미지와 가치를 유지해야 한다.

그렇다면 챔피언십 비닐은 어떤 사업을 수행하고 어떤 마케팅 전략을 세워야 할까? 더 많은 고객을 끌어들이는 동시에 팝 마니아를 위한 사업의 정체성을 잃지 않는 마케팅 활동에는 무엇이 있을까? 열쇠는 여전히 전문성에 있다. 그들은 다양한 팝 마니아들과 교류하고 이들에게 팝 마니아만 제공 가능한 음악적 서비스와 이벤트를 제공해야 한다.

우선 음악 애호가들 사이에는 다양한 커뮤니티가 존재한다는 것이 챔피언십 비닐에 큰 기회가 될 것이다. 다양한 팝 커뮤니티를 조사하고 이들과 소통하고 교류하며 고객 기반을 넓힐 수 있다. 이들은 서로 다른 팝 장르, 가수, 공연, 음반 등을 지향할 것이다. 롭은 이들과의 소통과 교류로 챔피언십 비닐을 알리는 것은 물론 각 커뮤니티가 선호하는 분야에서 전문적인 이벤트 등을 열어 충성도 높은 고객을 늘려갈 수 있다.

팝 음악에 대한 전문성을 토대로 마니아들과 교류할 수 있는 이벤트와 촉진 활동의 종류는 다양하다. 롭과 직원들만이 제공하고 교류할 수 있는 팝 마니아를 위한 활동을 기획할 수 있다. 그중에서도 음악 산업이라면 단연 공연 문화를 빼놓을 수 없다. 팝 마니아인 단골손님들과 함께하는 공연 이벤트에서 출발해 그들의 의견과 피드백을 들어보는 것이 첫걸음이 될 수 있다.

　　이는 새로운 인디 뮤지션과 음악을 발굴하기에도 최적의 방법이다. 단골손님들의 취향에 맞는 인디 뮤지션을 초대해 비교적 규모가 작은 공연을 여는 것부터 출발하는 것이다. 점차 공연의 규모가 커지면 그에 따라 고객 기반을 확대하고 수익 구조를 강화할 수 있다. 동시에 공연 활동을 통해 팝 마니아를 위한 음반 가게이자 인디 뮤지션의 메카로서 가게의 정체성을 유지하고 브랜드 이미지를 제고할 수 있다.

　　지속적으로 인디 뮤지션들과 교류하며 그들의 조력자 역할을 수행하는 것도 롭과 챔피언십 비닐의 정체성에 잘 어울리는 활동이다. 이는 자연스럽게 해당 인디 뮤지션들의 팬덤을 끌어들여 고객 기반을 확대하는 계기가 될 것이다. 이러한 활동을 팝 마니아와 인디 음악 마니아들의 커뮤니티를 구축하는 활동으로 자연스럽게 이어갈 수 있다. 챔피언십 비닐을 아지트 삼아 고객들이 다양한 커뮤니티를 구성한다면 브랜드는 더욱 강화되며 사업을 확장할 수 있다. 챔피언십 비닐은 음반을 파는 가게에서 팝 문화와 팝 음악을 교류하는 가게로 성장할 수 있을 것이다.

사업의 확장은 곧 사업의 성장이다

주인공 롭은 음악을 사랑했지만, 음반 파는 일을 사랑하지는 못한 채 세월을 보냈다. 큰돈을 벌지는 못했지만 그는 챔피언십 비닐에서 생활에 필요한 돈을 벌고 일상을 영위했다. 미래에 대한 계획도 없이 롭은 하루하루를 그저 10년 전과 똑같이 살아가고 있다. 삶과 사업에 대한 비전이나 계획도 없다. 롭은 삶에도, 사업에도 변화를 바라지 않는다.

사업체를 운영하면서 한 번쯤 매너리즘에 빠지는 순간이 있다. 그러나 현재에 안주하기로 결정하는 순간, 사업은 경쟁에서 뒤처지고 난항을 겪게 될 수 있다. 경쟁은 지속되고 시장과 소비자의 변화는 늘 예상보다 급속히 일어나기 때문이다. 안주하지 않고 사업을 꾸준히 성장시키는 방법은 확장이 될 수도, 다각화가 될 수도, 혹은 신규 고객의 유입이 될 수도 있다. 방법은 다양하며 이는 사업 분야, 사업의 지속 연한, 타깃 소비자의 특성, 상권의 특성, 앞으로의 사업 목표 등에 따라 효과가 달라질 것이다.

영화 속 챔피언십 비닐은 사업의 다각화와 확장이 불가피한 상황이다. 이 작은 음반 가게는 같은 장소에서 같은 규모로 오랫동안 사업을 지속해왔다. 시간이 지나면서 단골 고객은 늘어났지만 매출이 급상승하는 일은 없다. 남거나 모자란 것 없이 사업을 유지해왔으니 수익성이 높은 편은 아닌 셈이다. 게다가 음반 시장은 레코드에서 CD로, mp3 파일 형태로, 스트리밍 플랫폼으로 저장 매체나 전달 매체가 급박하게 변화해왔다. 따라서 다각화나 변화는 필수적이었다.

챔피언십 비닐의 인적 자원과 롭이 가진 네트워크를 이용하면 시장의 변화에 맞춰 다양한 음악 사업으로 확장이 가능하다. 음반을 유통하는 소매업에서 음반을 제작하는 제조업과 이를 직접 유통하는 도소매업을 병행하면서 사업을 확장해가는 것은 익히 알려진 방식이다. 또한 인맥을 활용해 새로운 가수를 발굴하고 지원하는 엔터테인먼트 사업이나 공연 위주의 사업으로도 확장이 가능하다. 롭은 음악 산업 내의 다양한 사업 형태를 조사하고 분석해 자신의 사업적 성향과 원하는 사업 규모에 맞는 확장 방식을 결정할 수 있다.

사실 롭은 의도치 않게 이미 조금씩 일을 키워가고 있다. 그는 우연히 알게 된 십대 청소년들의 데모 테이프를 듣고 그들의 음악적 재능을 알아챘다. 그리고 무작정 음반을 제작하기로 하고는 지인들과 함께 포스터를 만들어 붙이고 단골손님들을 초대하는 식으로 프로모션을 진행했다. 비평가를 초대해 평가를 요청하기도 하며 새로운 음반 출시 기념 파티를 성공적으로 끝마쳤다. 이렇게 챔피언십 비닐은 팝 마니아들의 아지트이자 인디 뮤지션들의 메

마케팅 제안이 가져올 마케팅 성과

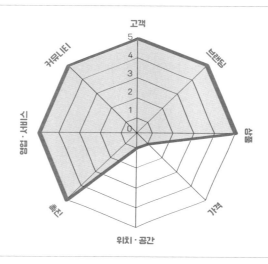

카로 조금씩 성장해갔다.

영화 속 롭은 이렇게 다시 생기를 띠고, 성장의 원동력을 찾아 발판을 마련하고 성장해갈 것이다. 이것이 작은 가게의 진정한 해피엔딩이 아닐까.

마케팅 면에서 챔피언십 비닐에는 몇 가지 취약한 부분이 있다. 마니아를 대상으로 하는 가게답게 사업을 유지하기에 부족함이 없어 보이지만, 표적 시장 자체가 노후되고 매출 기반이 급격히 약화될 수 있다는 위험성은 항상 내포하고 있다.

챔피언십 비닐이 새로운 시장 기회를 모색하려면 브랜드의 정체성을 유지하는 다양한 인디 뮤지션의 공연 활동을 기획하며 사업을 확장하거나, 마니아 고객들의 커뮤니티와 교류하는 등의 더 다양한 마케팅 활동이 필요하다. 이러한 활동은 자연스럽게 고객 기반을 확대하고 새로운 소비자를 끌어들이는 촉진 활동으로 이어진다. 이런 방식으로 챔피언십 비닐의 부족한 마케팅 전략 요소를 채우고 장기적인 사업 발전을 모색할 수 있다. 주인공이 과거의 상처를 치유하며 무기력한 인생을 생기 있게 변모시켰듯 챔피언십 비닐에도 생기 넘치는 변화를 가져오게 될 것이다.

마케팅
솔루션

마니아에게는 '희소성'을 팔아라. 상품에 대한 애착과 공감, 지적 소양을 더해 희소성을 강조하라.

니치 마케팅

틈새시장의 의미

영화 속 챔피언십 비닐은 독특하고 희귀한 음반을 선호하는 팝 음악 마니아들을 대상으로 한다. 이처럼 소수의 고객층, 그러나 수익성이 있는 작은 규모의 틈새시장을 대상으로 하는 마케팅을 니치 마케팅niche marketing이라고 한다.

시장에는 수많은 소비 집단이 있다. 즉 목표로 삼을 수 있는 틈새시장이 어느 산업에나 있는 것이다. 그러나 시장성과 수익성이 높은 틈새시장을 발견하는 일은 현실적으로 쉽지 않다. 그 숨어 있는 틈새시장을 찾아내려면 시장을 세분화하는 기준에 우선 주목할 필요가 있다.

일반적으로 시장을 세분화할 때는 지리적, 심리적, 인구통계적, 소비행동적 변수를 적용한다. 틈새시장을 찾아내기 위해서는 더욱 세밀한 세분화가 필요하다. 이 과정에서 상품의 품질 수준과 가격 등의 변수도 적용해야 하며, 나아가 시대의 트렌드와 고객의 진화하는 욕구 등을 고려하여 사업의 성공 가능성을 높여야 한다.

지역에서 틈새시장 찾기

우선 지역에서 틈새시장을 찾을 수 있다. 이는 지리적 틈새를 찾아내는 것으로 지역 상권의 특성에 따라 시장을 세분화하고, 세분화된 소비집단에 특화된 상품을 판매하는 것이다. 이와 관련하여 잘 알려진 마케팅 용어가 '하이퍼로컬hyperlocal'이다.[1] 즉 한정된 지역 내에서 지리적 경계로 식별되는 소비자를 말한다.

미국 대학가에는 해당 대학의 기념품, 스포츠 용품 등을 주로 판매하는 가게들이 있다. 우리나라에서도 주택가나 아파트 밀집 지역의 상권이 다르고, 회사원의 왕래가 잦은 사무용 건물이 밀집한 지역의 특성이 다르다. 지역과 소비자의 특성에 따라 상권이 판이하게 조성될 뿐 아니라 가게의 유형과 상품의 종류, 가격대 또한 모두 다르게 형성된다. 우리나라의 경우 유행의 최전선에 있다고 볼 수 있는 홍대 등의 지역에는 젊고 힙한 소비자들이 즐길 수 있도록 소비자 경험이 우선되는 가게와 마케팅 활동을 찾아볼 수 있다. 이러한 예가 모두 지리적 특성을 기준으로 소비자를 식별하는 과정을 설명한다.

소비자 중에서 틈새시장 찾기

소비자 중에서 틈새시장을 찾아내는 것이 가장 많이 사용되는 방법이다. 소비자의 인구통계적, 심리적, 소비행동적 특성에 따라 다양한 틈새시장을 발굴할 수 있다. 예로 다양한 소비 심리를 기반으로 아래와 같은 틈새시장을 찾아낼 수 있다.

- 환경친화적 상품
- 유기농 및 비건 식료품과 제품
- 핸드메이드 제품
- 반려동물을 위한 용품
- 건강 용품과 피트니스 용품
- 중고 상품
- 바쁜 현대인을 위한 일상적인 심부름 서비스

우리나라에서 다양한 소비 심리와 욕구에서 틈새시장을 찾아내어 공략한 국내 사례로는 중고상품 거래를 위한 당근마켓, 바쁜 현대인의 장보기를 돕는 식료품 배달 서비스 마켓컬리, 편리한 금융 업무를 위한 뱅크샐러드와 카카오뱅크 등을 들 수 있다. 미국의 경우, 교육 및 소득 수준이 높고 건강과 웰빙을 중시하는 소비자를 위한 홀푸드Whole Foods Market, 큐레이팅이 잘 되어 있고 많은 중고책을 다루고 있으며 의식 수준이 높은 독자를 위한 독립서점 파월 서점 Powell's Books, 보스턴 지역의 바쁜 주부들을 위해 일상적인 심부름 등의 서비스를 제공하는 것으로 사업을 시작한 테스크래빗 Taskrabbit 등을 사례로 들 수 있다.[2]

이외에도 소비자의 인구통계적 특성에서 틈새시장을 찾아낼 수 있다. 플러스 사이즈 의류 판매점이나 레프티 샌프란시스코 Lefty's San Francisco와 같은 왼손잡이용 제품 전용 매장, 급증하는 노인 인구를 위한 사업 등 다양한 사례를 들 수 있다. 코로나 팬데믹 이후로 최근에는 재택근무를 일반화하는 업종이나 기업이 늘어남에 따라 이에 따른 틈새시장도 생겨나고 있다. 이처럼 사회적 변화에서도 틈새시장을 찾아볼 수 있다.

신중하게 조사하고 분석하고 검토하라

그러나 틈새시장은 사업 운영 면에서 여러 가지 약점을 품고 있다. 가장 어려운 부분은 작은 시장 규모로 인해 수익성에 한계가 있다는 점이다. 또한 대중적 수요가 적은 분야를 공략하는 경우가 대부분으로 이후 사업의 확장을 시도하기에도 어려움이 있다. 또 경기 침체 등의 영향을 가장 직접적으로 받기도 쉽다.

따라서 적절한 틈새시장을 찾아내고 목표로 하기 위해서는 치밀한 시장 분석이 우선되어야 한다. 사업의 수익성을 위해서는 해당 시장에 명확한 소비 욕구를 가진 충분한 소비자가 있어야 한다. 사업을 시작한 이후에도 해당 시장 소비자들의 변화에 민감하게 반응하고 대응해야 한다. 더불어 시장이 소멸하거나 다른 대규모 시장에 잠식될 위험에도 항상 대비해야 한다.

지극히 이국적인 현지화

카모메 식당

낯선 외국 도시에 식당을 내다

핀란드의 헬싱키 한복판에 낯선 외국인 사치에가 식당을 열었다. 헬싱키로 건너와 이제 막 식당을 연 주인공은 낯선 도시에 머물며 고향과 부모님을, 그리고 키우던 고양이를 추억한다. 그녀의 추억은 핀란드라는 영화적 배경을 더욱 이국적으로 느껴지게 한다. 단정하고 야무진 매무새로 영업을 준비하는 사치에의 식당에는 개업한 지 한 달이 지나도록 손님이 모이지 않는다. 삼삼오오 가게 앞을 지나는 현지인들은 가게보다 일본인인 가게 주인에게 더 관심이 많아 보인다.

일본어를 하는 첫 손님인 핀란드 청년이 가게에 들어서면서부터 다양한 사람이 카모메 식당과 인연을 맺게 되고 사치에의 식당도 점차 활기를 띤다. 사람의 힘이란 매우 신비롭다. 사람이 모이고 인연을 맺고 서로 작은 관심과 힘을 모으고 보태서 카모메 식당이라는 작고 의미 깊은 공간이 생겨났다. 그렇게 사치에의 카모메 식당은 핀란드의 낯선 도시에 성공적으로 안착한다.

영화는 내내 서로에게서 위안을 얻는 사람들과 이들을 아늑하게 품는 가게를 보여준다. 낯선 외국인의 식당에는 곧 헬싱키 손님

들이 넘쳐나게 됐다. 늘 북적거리고 다정하게 인사를 나누며 이웃의
정을 느낄 수 있는 작은 공간이 생겨난 것이다.

마케팅 비결①
이국적으로 현지화하다

사치에는 가게 근방의 시장에서 요리에 쓰일 재료를 구매
한다. 그녀는 핀란드어로 간단한 의사소통을 하며 능숙하게 재료
를 산다. 식당에 새로 합류한 그녀의 동료 미도리도 처음에 사치에
가 그랬듯 동네 여기저기를 돌아다니며 구경하는 일로 낯선 도시
에서의 일상을 시작했다. 장사를 할 지역에 익숙해지는 것은 매우
중요하다. 그곳 사람들의 문화를 이해하고 그들이 원하는 것을 알
아가야 하기 때문이다.

현지인의 입맛에 맞추기 위해 사치에와 미도리는 현지 시장
을 돌아 다니고 현지인의 이야기를 듣는다. 그들은 현지 시장에서
사온 현지의 재료로 주먹밥을 만들었다. 현지인의 취향은 현지인
이 모이는 곳으로 가야 알 수 있는 법이다. 작은 식당들이 '농장에
서 식탁까지'라는 구매 모델을 사용하는 것이 이와 같은 맥락이다.

'농장에서 식탁까지' 모델에 의하면 식당은 현지에서 모든
식재료를 구매한다. 식재료 구매처를 현지 시장에 한정하는 것은
대량으로 재료를 구매하는 대규모 식당이나 체인형 식당에는 효
율성 면에서 적합하지 않다. 반면 작은 식당에는 지역 사회 기여의

측면은 물론 현지인의 취향과 식습관, 유행 등을 파악하기에 적합한 전략이다.

사치에는 처음부터 핀란드에 깊이 동화되고 싶어했다. 헬싱키를 여행하는 일본인을 위해 헬싱키 안내서에 일식집으로 광고를 내자는 제안을 받기도 하지만 그녀는 일본 음식이라면 초밥과 정종밖에 모르는 사람들이나 일본인 관광객은 카모메 식당에 어울리지 않는다고 선을 그었다. 이 명확한 선이 카모메 식당의 미래를 안전하게 만든 셈이다. 그녀는 헬싱키의 작은 동네 사람들을 위한 일본식 식당을 운영하고 싶어했다.

낯선 나라, 도시, 동네에서 장사할 때 쉽게 간과하는 것이 현지화다. 현지화란 목표로 하는 지역의 문화나 언어, 주민들의 사고방식, 관습, 자연 환경 등에 부합하는 제품과 서비스를 판매하는 전략적 접근을 의미한다. 제품을 생산하고 마케팅하고, 주민들이 만족할 수 있는 영업 및 서비스를 제공하는 등 전반적인 비즈니스 활동을 모두 현지의 특성에 맞추어 수행하는 것이다. 낯선 도시에서 그들의 언어를 쓰고, 그들에게서 재료를 사고, 그들을 손님으로 맞겠다는 사치에의 결심은 성공적인 현지화를 위한 가장 중요한 열쇠였다.

사치에는 전형적인 일본식 주먹밥을 주메뉴로 가게를 열었다. 그녀는 소박한 음식이라도 그 가치를 알아봐 주는 곳으로 핀란드를 선택했다. 그리고 자신이 어려서부터 좋아하던 소박한 음식을 핀란드의 주민들과 나누고 진심으로 교류하며 그들의 일부가 되고자 했던 것이다. 사치에는 자기만의 제품으로, 가장 자기다운 방식으로 현지인과 교류하면서 지역의 일부가 되어가고자 했다. 상품 가치와 브랜드 이미지를 유지하면서 현지인의 문화와 성향에 맞추는 것이야말로 이상적인 현지화 전략이 아닐 수 없다.

어느 날 미도리는 혼자 시장을 돌며 가재, 청어, 순록 고기를 사 들고 가게로 돌아왔다. 그녀는 핀란드 사람들이 좋아할만한 재료로 주먹밥을 만들어보자고 제안했고 사치에와 미도리는 그날 새로운 재료를 넣어 주먹밥을 만들었다. 새로운 주먹밥 개발은 거듭되는 실패를 안겼지만 미도리의 판단은 매우 현명했다. 그날의 시도가 더 많은 아이디어를 불러왔기 때문이다.

사치에와 미도리는 포기하지 않았다. 한번 시작된 메뉴 개발은 그칠 줄 모르고 이어졌다. 새로운 주먹밥 개발에 실패한 그들은 이제 시나몬 롤을 만들어보기로 했다. 주먹밥집과 시나몬 롤. 언뜻 보기에 어울리지 않는 조합이지만 핀란드 사람들은 그리 특이하게 여기지 않았다. 물론 결과는 대성공이었다. 한 달째 식당을 들여다보기만 하던 호기심 많은 핀란드 할머니들은 막 구운 시나몬 롤 냄새에 마침내 가게 안으로 들어왔다. 맛있는 시나몬 롤에 행복해하는 할머니들의 모습은 신메뉴가 가져다준 첫 성과였다.

할머니 손님들과 첫 손님이었던 핀란드 청년까지 단골이 되면서 가게는 이제 제법 식당다워 보였다. 가게 안에 손님들이 보이자 지나가던 사람들도 가게에 관심을 보이기 시작했다. 그렇게 새로운 손님들도 가게를 찾기 시작하고, 사치에와 미도리의 새로운 메뉴도 점차 늘어났다. 새로운 메뉴가 개발되고, 단골이 늘고, 손님이 많아지면서 피드백도 늘었고 이는 다시 가게의 운영과 메뉴를 개선하는 데 도움이 되었다.

메뉴를 현지화할수록 식당에는 점점 더 많은 손님이 찾아들었다. 놀랍게도 일본식 주먹밥을 즐기는 손님도 생겨났다. 현지화된 메뉴에 이끌려 식당을 찾았던 사람들은 점차 사치에의 주먹밥에도 관심을 갖기 시작했다. 사치에와 동료들은 이처럼 까다롭지만 동시에 이상적인 현지화를 성취해나갔다. 이국땅에서 낯선 외국인들과 둘러앉아 사치에의 추억 속 주먹밥을 만들어 먹는 장면은 그녀만의 현지화 전략의 성공을 의미했다. 충분히 이국적이면서도 충분히 현지화된 식당을 운영하게 된 것이다. 그녀는 자신이 꿈꾸던 대로, 그곳이 어디든, 소박한 이웃들에게 마음껏 식사를 대접할 수 있게 되었다.

마케팅 비결 ②
첫 손님에게는 평생 커피가 무료!

사치에는 아주 관대하고 유연한 사람이다. 서점에서 우연히 만난 미도리에게 가게와 집의 일부를 내어주고 그녀가 제안하는 메뉴나 운영에 대한 조언도 기꺼이 받아들인다. 또한 항상 가게 앞에 서서 가게 안을 들여다보기만 하는 세 명의 핀란드 할머니들에게는 늘 부드럽게 눈인사를 건넨다. 불쑥 가게에 들어와 커피를 맛있게 만드는 법을 알려주겠다는 손님을 마주해도 그녀는 놀라는 기색이 없다. 유연하고 다정다감한 사치에는 이렇게 자신과 닮은 사람들을 포용하고 그들과 함께 자신을 닮은 가게를 만들어갔다.

그녀는 자신을 닮은 손님들과 자신의 가게에 어울리는 손님들을 선택했다. 단골손님을 만드는 것은 늘 가게 주인의 몫이다. 사치에가 선택한 단골손님은 어느 날 문득 가게에 들어와 일본어로 인사를 건넨 핀란드 청년 토미였다. 사치에는 토미의 호기심을 관대하고 친절하게 받아들였다. 그뿐만 아니라 개업 한 달 만에 가게 안으로 처음 들어와 준 첫 손님에 대한 감사로 토미에게 커피는 늘 공짜였다. 남에게 음식을 대접하는 것에 행복을 느끼는 그녀는 토미에게 새로 개발한 요리를 선보인다. 베스트셀러가 된 시나몬 롤도 토미에게는 공짜였다.

함께 일하는 미도리도 이해할 수 없었던 사치에의 공짜 커피 혜택은 사실 새로운 가게가 안착하는 데 효과적인 판매 촉진 전략이다. 소비자를 대상으로 하는 판매 촉진 도구는 무료 샘플, 쿠폰, 가격 할인, 판촉물, 콘테스트 등으로 매우 다양하다. 그중 단골 고객에 대한 보상 프로그램은 작은 가게에는 더욱 효과적인 판매 촉진 도구이다. 신규 고객의 유입도 물론 사업의 성패에 중요하지만, 작은 가게에는 단골을 확보하고 유지하는 일이 장기적으로 더욱 효과적이기 때문이다. 대개 마일리지 포인트를 제공하고 단골에게 할인 혜택을 주거나 특정 기간 동안 특정 금액 이상을 구매한 고객에게 기프트 카드나 쿠폰을 보내주기도 한다. 사치에는 첫 손님에게 커피를 무료로 대접함으로써 단골손님을 확보, 유지하고 그를 가게의 일부로 선택한 것이다.

토미는 거의 매일 사치에의 식당 창가에 앉아 커피 한 잔을 즐긴다. 따뜻한 환대를 받으며 가게에 들어서서 자연스럽게 창가에 앉아 커피를 마시면서 대화를 나눈다. 식당은 비어 있는 것보다는 손님이 앉아 있는 모습이 더 자연스럽다. 창가에 앉아 커피를 마시며 오가는 사람들을 바라보기도 하고 주인과 다정한 담소를 나누는 모습은 새로 생긴 식당의 문턱을 단번에 낮춰주었다. 이내 다른 손님들이 가게에 들어섰고, 사치에는 한번 들어선 손님을 놓치는 법이 없었다.

무료로 커피 한 잔을 제공하는 것은 단골손님을 확보할 수 있는 효과적인 방법인 동시에 비용 효율적인 전략이다. 카모메 식당처럼 작은 식당에서 지속적으로 제공할 수 있는 판매 촉진 방법이기도 하다. 단골손님들에게 가끔 새로 개발한 메뉴를 선보이며 피드백을 받는 방식도 좋다. 이따금 날을 정해서 식당에 자주 들르는 인근 회사나 학교의 손님들에게 그날 하루 무료 커피를 제공하는 것도 자주 이용되는 방법이다.

카모메 식당의 단골손님 토미는 종종 친구들과 카모메 식당

핀란드에 생긴 일본식 식당이 이룬 마케팅 성과

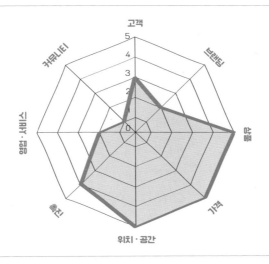

에 들러 식사를 하게 될 것이다. 그러고는 카모메 식당에서 보내는 시간을 SNS를 통해 지인들과 공유할 것이다. 관대하면서 비용 효율적인 판매 촉진은 예상보다 큰 성과로 이어질 수 있다.

사치에가 낯선 이국땅에 일본식 주먹밥집을 열었을 때 현지인들은 외국인이 오픈한 새로 생긴 식당에 경계 어린 호기심을 보이거나 아예 무관심했다. 그녀는 낯선 도시에 처음 가게를 열면 겪어야 할 경계심과 무관심을 차근히 극복해갔다. 첫 번째 극복 방법은 이국적인 현지화였다. 그녀는 철저히 그 도시의 평범한 동네 식당이 되고자 했다. 동시에 현지인에게 이국적이고 생소할 일본식 주먹밥을 주메뉴로 선택해 독특한 가게의 정체성과 새로움을 유지했다. 이러한 노력은 장기적으로 독특하고 개성 있는 브랜드 이미지를 구축하는 데 도움이 될 것이다.

또 그녀는 지속적으로 메뉴를 개발했다. 주메뉴를 유지하면서도 단골손님이나 동료의 조언을 받아들여 현지인이 즐길 수 있는 메뉴를 추가했다. 생소한 주력 상품에 대한 관심을 끌기 위해 현지인에게 익숙한 상품으로 구색을 갖추는 상품 전략도 성공적이었다.

이에 더해 카모메 식당은 사람들이 오가는 거리에 위치해 비교적 좋은 입지 조건을 구비했다. 그래서 사치에는 첫 손님 토미에게 커피를 항상 무료로 제공한 것이다. 적절한 판매 촉진 방법으로 단골손님을 만든 사치에의 전략이 더 많은 손님을 가게로 끌어들였다.

이제 그녀는 장기적으로 식당을 성공시키기 위한 전략과 마케팅 활동을 계획해야 한다. 사치에는 장기적으로 어떤 마케팅 활동을 해야 할까?

마케팅 제안 ①

손님이 주인공인 이야깃거리를 만들어라

새로운 지역에 안착하고 단골손님들이 생겨나기 시작했다

면, 계속해서 그들과 꾸준히 소통하고 관계를 이어가야 한다. 사실 단골손님에게는 더 많은 노력이 필요하다. 기존 고객을 유지하는 것이 신규 고객을 유입하는 것보다 비용 효율적이며 매출 기여도가 높다는 점은 이미 잘 알려진 사실이다. 이것이 자원이 충분한 기업들이 고객관계관리CRM와 충성도 프로그램loyalty program에 투자를 아끼지 않는 이유이기도 하다. 그들은 기존 고객과의 관계를 돈독하게 하는 것이 기업의 안정적인 수익에 얼마나 중요한 역할을 하는지 잘 이해하고 있다. 이는 작은 가게에도 마찬가지다.

작은 가게가 고객들과 지속적으로 소통하고 돈독한 관계를 유지하려면 끊임없이 이야깃거리를 만들어야 한다. 절친한 친구 사이에 이야기가 끊이지 않는 것과 마찬가지다. 늘 새로운 이야깃거리를 만들어내어 그것을 공유하고 대화를 나눌 수 있어야 한다. 새로운 메뉴 이야기여도 좋고 동네 시장에 새로 들어온 신선한 재료 이야기여도 좋다. 어버이날 이벤트를 알리는 것도 좋고 어린이날을 맞아 가족 식사 할인 행사를 알려도 좋다. 매일 아침에는 갓 구운 시나몬 롤을 단골손님들에게 할인된 가격에 제공하고 인증 샷을 공유하는 것도 좋은 방법이다.

이런 이야기의 주인공이 단골손님이거나 이웃이면 더할 나위 없이 좋다. 가게가 펼쳐 놓은 소통의 장에 손님들이 직접 참여하도록 해야 한다. 그들에게 작고 이국적인 카모메 식당은 무대가 될 수도 있고, 애착 어린 공간이 될 수도 있다. 이를테면 가게에 요리를 잘하는 이웃을 초대해 함께 요리를 배우거나 가게의 새로운 메뉴를 개발할 수도 있다. 이국적인 요리 페스티벌을 열어 이웃에 거주하는 외국인이 함께 모여 각국 고유의 음식을 다 함께 나눌 수도 있다. 혹은 동네 자선 단체와 더불어 자선 행사를 열어 이웃들과 뜻 깊은 추억을 쌓는 것도 좋은 방법이다. 처음부터 고객들에게 의견을 묻고 그들이 참여하고 싶은 이벤트를 기획할 수도 있다. 손님들이 함께 요리를 배우며 새로운 메뉴를 제안하고, 행사를 제안하거나 주최하는 것은 모두 손님이 주인공인 이야깃거리다.

이처럼 소비자를 비즈니스와 마케팅에 적극적으로 참여시키고 그들의 아이디어가 실제로 사업에 구현되도록 하는 방식이 최근 주목을 끌고 있는 참여 마케팅이나 크라우드소싱crowdsourcing이다. 소비자가 주연이 되고 가게는 무대가 되는 마케팅이 소비자 중심 마케팅의 큰 흐름이기도 하다. 그들의 진정한 일부가 되기 위해서는 그들을 사업에 적극적으로 참여시키는 방법이 최선이라는 것은 이제 잘 알려진 사실이다. 이는 자연스럽게 브랜딩 효과, 고객 관계 강화, 커뮤니티 구축 등의 성과로 이어진다. 우정을 나누고 함께 참여하는 것, 이것이 고객과 진정성 있는 관계를 맺고, 관계를 장기화하고 굳건하게 하는 유일한 방법일 수 있다.

이런 이야기들로 지속적인 소통을 하기 위해서는 소셜 미디어 활동이 필요하다. 소비자는 물리적 소통뿐 아니라 편의성이 높은 온라인 소통을 통해 친밀감과 소속감을 더 강하게 느낀다. 소셜 미디어는 기존 고객을 비롯해 수많은 잠재적 소비자에게 더 빠르고 쉽게 다가가는 힘을 가지고 있다. 가게의 SNS 외에도 단골손님의 SNS와 각종 후기를 통해서 무수한 소비자와 소통이 가능하다. 이런 이유로 대부분의 작은 가게와 기업은 페이스북, 인스타그램, 트위터 등 여러 SNS 계정을 동시에 운영한다. 늘 손님들과 함께 이야기를 나누고 추억거리를 만드는 것만으로도 가게는 자연스럽게 단골 고객을 중심으로 사람이 모여드는 커뮤니티이자 공간이 되어 갈 것이다.

사치에는 낯선 이국땅에서도 특유의 친근한 성격으로 가게를 잘 안착시켰다. 마케팅 면에서도 여러 가지 강점을 보여주고 있지만, 사업 초기의 성과를 유지하고 고객 관계를 장기화하는 것은 누구에게나 쉽지 않은 일이다. 장기적인 사업 성과를 위해서는 고객들과 지속적으로 소통하고 그들에게 계속 회자되며 물리적으로든 온라인을 통해서든 그들 속에 머물러야 한다. 이런 노력은 자연스레 고객 기반의 확대와 강화로 이어진다. 이에 더해 손님과 이웃들에게 가게의 운영이나 메뉴 개발 등에 참여할 기회를 제공한다면 고객 관계 강화, 브랜딩 효과, 영업 및 촉진 활동의 성과로 이어질 것이다.

그들과 함께 하고자 하는 지속적인 노력 끝에 사치에는 그토록 바라던 동네 식당의 꿈을 먼 이국땅에서 이루게 되었다. 그녀

마케팅 제안이 가져올 마케팅 성과

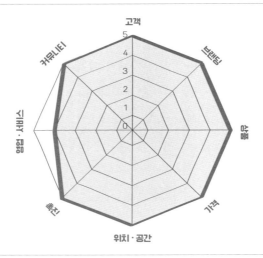

는 고된 일상을 보내는 이웃에게 위안이 되는 음식을 선사하고 싶
었던 자신의 바람대로 그들 곁에 오래 머물게 될 것이다.

> (마케팅
> 솔루션)
>
> 낯선 곳에서 가게를 운영할 때는 현지 소비자들에게 가장 정
> 감가고 익숙한 것을 담아 팔아라. '농장에서 식탁까지'. 현지
> 의 것을 담아내야 한다.

현지화 마케팅

현지화 마케팅이란

현지화localization란 특정한 지역의 시장과 소비자의 특성에 맞게 제품과 서비스를 수급하고 조정하는 것을 말한다. 현지에서 생산 및 유통하는 전 과정을 의미하며, 이는 직원 고용부터 원재료 수급, 생산 및 매입, 마케팅 및 프로모션 활동, 아웃소싱, 자금 조달, 유통 등 사업 운영에 필요한 전반적인 과정을 모두 포함한다.

맥도날드나 코카콜라 같은 대기업의 현지화 마케팅이 대표적인 사례이다. 전 세계 100여 개국에서 3만 개 이상의 매장을 운영하는 맥도날드는 매장이 들어서는 지역의 문화와 관습에 부합하는 메뉴를 개발하는 것으로 유명하다. 이스라엘 매장에서는 코셔 음식과 음료를 제공하고, 안식일과 유대교 휴일에는 매장을 열지 않는다. 인도의 맥도날드 매장에서는 소고기나 돼지고기를 사용하지 않는다. 맥도날드의 브랜드 이미지와 정체성을 잘 유지하는 동시에 현

지의 특성에 부합하는 성공적인 현지화 전략을 구사하고 있다.[1]

코카콜라의 2011년 '셰어 어 코크Share a Coke' 캠페인 또한 성공적인 현지화 마케팅 사례로 꼽힌다. 콜라 병과 콜라 캔에 해당 지역에서 가장 많이 쓰이는 이름을 인쇄하는 단순한 마케팅 아이디어였는데 전 세계 소비자들의 마음을 사로잡았을 뿐 아니라 성공적인 개인화 마케팅으로도 잘 알려졌다. 그들은 이 마케팅으로 2011년 여름에만 2억 5,000만 개 이상의 병과 캔을 판매했다.

현지화 마케팅, 왜 필요한가

현지화 마케팅은 대표적 시장 침투 전략으로 많은 기업이 해외 진출 시에 활용한다. 이는 새로운 지역의 잠재 고객을 우선하는 전략이며 개인화 트렌드와 같은 맥락이기도 하다. 현지화의 가장 큰 강점은 새로운 시장에 쉽게 진입할 수 있다는 점이다. 현지화는 법적, 문화적, 언어적 장애물을 극복하는 데 도움이 되며 물류 운송에도 유리하다.[2] 현지 기업과 가게와의 경쟁에도 물론 도움이 된다.

어떻게 현지화하는가

일반적으로 현지화는 진입하는 시장의 특성에 따라 다음 요소를 조정한다.[3]

- **제품 및 서비스** 해당 지역의 소비자 특성과 기대 수준에 부합하는 제품 및 서비스를 개발한다.
- **메시지** 제품 및 마케팅 활동을 통해 전달하고자 하는 메시지 또한 현지의 시장, 문화, 사회 환경 특성, 소비자의 선호도와 관습 등에 부합해야 한다.
- **유통 채널** 제품 및 서비스 판매를 위해 해당 지역의 유통망을 이용하고, 해당 지역 소비자가 선호하는 소셜 미디어를 이용하는 등 채널 선택에도 전략적 접근이 필요하다.
- **가격 구조** 해당 지역의 소비 수준에 따른 가격 전략과 가격대를 신중하게 선택한다.
- **사업 모델** 해당 지역의 현지 규정과 세금 구조를 고려하여 정교한 사업 모델을 구축하고 필요시 조정한다.

현지화가 효과적으로 이루어지기 위해서는 현지의 시장 환경을 면밀하게 조사하는 것이 우선이다. 제품과 서비스의 성공적인 현지화를 위해 조사해야 하는 사항은 다음과 같다.[4]

- 해당 지역의 소비자들이 추구하는 가치는 무엇인가?
- 그들의 관심을 끄는 것들은 무엇인가?
- 해당 지역에서 인기 있는 것은 무엇인가?
- 지역 사회에 중요한 지역 명소나 랜드마크는 무엇인가?

- 해당 지역 커뮤니티는 주민 간, 또한 지역 상권과의 상호 작용을 면밀히 이루고 있는가?

현지화는 기업이나 가게에는 해당 시장에 적응해가는 과정이며, 현지 소비자에게는 지역에 새로 들어선 가게에 적응해가는 과정이다. 즉 지역 주민과 신뢰를 쌓아가고, 그들의 언어, 문화, 관습, 라이프스타일에 맞는 소통으로 관계를 구축해나가는 섬세한 현지화 전략과 마케팅 활동이 필요하다.

이를 위해 웹사이트와 소셜 미디어의 현지화와 지역 최적화가 우선되어야 한다. 니먼 저널리즘 랩Nieman Journalism Lab에 따르면 '지리적으로 최적화된geo-targeted' 소셜 미디어 게시물은 전 세계적으로 공유된 게시물보다 여섯 배 더 효과적인 것으로 나타났다.[5] 현지의 지역 주민을 대상으로 한 이메일 마케팅과 직접 우편 마케팅을 수행하는 것도 현지화 마케팅의 일환이다.

가장 중요한 것은 현지 주민의 지역 커뮤니티, 지역 상권과의 교류와 협력이다. 이를 위해 지역 커뮤니티의 행사를 후원하거나 지역 상권 내 다른 사업체와 제휴하는 등의 방법을 활용한다.[6] 새로운 지역에 진입할 때에는 해당 지역 소비자에게 좋은 첫인상을 남기고, 이질감을 느끼지 않도록 하며, 친근하고 친밀한 관계를 형성할 수 있어야 한다.

13장

특별한 경험을 팔다

마고리엄의 장난감 백화점

100년 된 동네 장난감 가게

이 영화만큼 가게 자체가 주인공인 영화가 드물다. 가게가 배경인 영화를 여럿 찾아봤지만 가게 자체가 감정과 성격을 이처럼 드러내는 영화는 흔치 않았다. 영화 〈마고리엄의 장난감 백화점〉의 주인공은 단연 장난감 가게이다.

마법으로 만들어진 마고리엄의 장난감 가게와 그 안의 모든 장난감은 감정이 있는 생명체이다. 영화는 이처럼 마법이라는 동화적이고 비현실적인 상황을 전제하고 있다. 왜 마고리엄의 장난감 가게는 마법의 공간으로 그려졌을까? 마법으로 생명을 얻은 가게와 장난감들 사이에서 어떤 마케팅 전략을 찾아낼 수 있을까?

마법의 장난감 가게가 나오는 이 동화같은 영화는 흠잡을 데 없이 신비롭다. 마법에 빠진 가게와 장난감들은 한없이 사랑스럽다. 아이들은 마법의 장난감 가게 속에서 잊지 못할 추억을 쌓아나간다.

마고리엄의 장례식이 있던 날, 그의 묘지 곁 푸른 들판에는 수없이 많은 부모와 어린 자녀들이 끝없이 길게 줄을 늘어섰다. 그렇게 그들은 아름다운 마법의 장난감 가게를 선사한 마고리엄을 고요히

추모했다. 이 기나긴 줄과 깊은 고요는 추억을 선물한 마고리엄의 장난감 백화점에 대한 깊은 감사였다. 그가 남긴 장난감 가게의 마법 같은 마케팅 유산이 한없이 궁금해지는 장면이었다.

마케팅 비결 ①

장난감이 아닌 경험을 팔다

마고리엄 장난감 가게의 문을 열면 놀라운 광경이 펼쳐진다. 마법으로 생명을 얻은 장난감들이 움직이고 날아다니며 아이들과 뛰어놀기 때문이다. 혼자서 꼬인 끈을 풀고 있는 마리오네트 목각 인형, 형형색색의 장난감과 살아 있는 생선으로 만든 모빌, 아이들과 가게를 쇼핑하는 인형까지, 아이들은 이 모든 장난감과 뒤섞여 함께 놀고 구매하기도 한다. 마치 놀이동산에 온 것처럼 아이들은 가게 안에서 시간 가는 줄 모른다.

이쯤 되면 대체 이 가게가 파는 것이 '장난감'인지, 장난감과 함께 노는 '시간'인지, 장난감과 뛰고 장난치는 '공간'인지, 아니면 이 모두인지 모를 지경이다. 마고리엄의 장난감들은 마법에 의해 모두 살아 있고 움직이며 감정을 표현하니 마고리엄의 장난감 백화점이 파는 것은 장난감이 아니라 마법인 걸까? 이를 비즈니스나 마케팅 관점에서 어떻게 해석해볼 수 있을까?

마고리엄의 가게에는 각양각색의 장난감이 있고, 무궁무진한 볼거리가 가득하다. 이는 비단 이 장난감 가게만의 특징은 아닐 것이다. 그러나 장난감으로 가득했던 토이저러스Toys-R-Us나 FAO 슈워츠FAO Schwarz 등 유명 장난감 백화점이 잇따라 폐업을 선언한 바 있다. 장난감 가게에 장난감이 있다는 사실은 더는 고유의 특징이 되지 못한다.

차이가 있다면 마고리엄의 장난감 백화점에는 장난감과 보내는 시간이 있다. 그 시간이 완성되기 위한 모든 것, 즉 수많은 장난감의 흥미진진한 모습, 장난감을 둘러싼 재미있는 소리, 장난감 속에서 느껴지는 냄새, 잔뜩 신이 난 아이들, 시간 가는 줄 모르는 장난감과의 놀이가 존재한다.

이런 즐거움 속에서 아이들은 오래도록 가게에 머문다. 이 점은 장난감 가게에 더할 나위 없이 유리한 점이다. 장난감 가게에서는 회전율보다 고객의 체류 시간이 더 중요하기 때문이다. 고객이 가게에 오래 머물수록 매출에 도움이 될 뿐 아니라 가게에서의 즐거운 경험은 고객들과 장기적인 관계를 구축하는 데에도 일조한다.

장난감 가게 안은 어린이 손님들이 오래 머물고 싶은 살아 움직이는 생생하고 재미있는 경험, 어린이가 직접 활동에 참여해 보는 경험을 비롯해 마법처럼 놀랍고 흥미진진한 경험으로 넘쳐 나야 한다. 마고리엄의 말처럼 '상상하는 모든 것을 볼 수 있는 곳'이 되는 것, 그것이 장난감 가게로서 최상의 조건일 것이다.

이처럼 경험을 팔고 추억을 팔려면 설계자가 필요하다. 가게 안의 누군가는 경험을 설계하고 디자인해야 한다. 어떤 소비자의 어떤 니즈를 충족시킬 것인지, 어떤 제품이나 서비스로, 어떤 환경 속에서, 어떤 종류의 이벤트나 경로를 통해, 어떤 경험과 추억을 제공할 것인지가 체계적이고 구체적으로 기획되어야 한다. 이는 생각보다 복잡한 일이 될 것이다.

마고리엄 장난감 백화점의 경험 설계자는 가게 주인인 마고리엄이다. 가게를 창업하고, 장난감을 만들고, 100년을 운영하며 쌓은 노하우가 있는 마고리엄은 장난감 가게의 경험 설계에 적격이었다. 심지어 그에게는 깊은 애정과 마법도 있지 않은가. 100년 넘게 가게를 운영해온 마고리엄이라면 가게 안 장난감들과 가게에 그곳에 오는 아이들에 대해서 누구보다 잘 알고 있을 것이다. 장난감 가게의 경험 설계자라면 마고리엄처럼 가게 안의 모두를 관찰하고 이해하고 분석하여 마치 누군가가 마법을 부리듯 최적의 경험을 제공해야 한다. 이렇게 치밀하게 설계된 형형색색의 경험을 쌓고 신비로운 추억을 만들어 가는 단골손님들로 인해 가게는 100년이 넘는 무궁무진한 역사를 갖게 된 것이 아닐까?

마케팅 비결 ②
직원을 제자로 여기다

영화는 가게 직원 마호니의 이야기에서 시작한다. 마호니는 어린 시절부터 마고리엄의 가게에서 일해온 직원이자 그의 제자이며 동시에 후계자이다. 그녀는 장난감 가게를 진심으로 사랑한다.

영화적 관점에서 그녀는 사건을 겪으며 성장통을 이겨 내고 진정한 자아를 찾아가는 주인공의 전형이다. 그러나 마케팅 관점에서는 직원과 사장의 깊은 유대 관계가 작은 가게의 생존과 성장에 미치는 효과를 보여주는 이상적인 조직 관리의 전형으로 볼 수 있다.

마고리엄의 장난감 백화점은 마법의 장난감 가게이니만큼 이를 이해하고 자랑스러워하며 사랑할 사람이 필요했다. 마고리엄은 진작부터 마호니와 장난감 가게의 깊은 유대감을 확인했을 것이다. 그는 마호니에게 가게와 긴 세월의 경험, 모든 것을 아우르는 사업 철학을 물려주었다.

가게의 사업 철학을 정확히 이해하는 직원을 만난다는 것, 혹은 그런 직원을 양성한다는 것은 가게의 지속성에 중대한 영향을 미친다. 직원이 사업 철학을 이해하고 공감하기 위해서는 사장과의 긴밀하고도 원만한 유대 관계가 선행되어야 한다. 마고리엄과 마호니는 서로 숨기는 것이 없는 친밀하고도 신뢰 깊은 사이였다.

기업의 조직 관리에서 빠지지 않고 등장하는 것이 직원 참여employee engagement 효과다. 마고리엄 장난감 가게에는 참여도 높은 직원인 마호니가 있다. 마고리엄이 마호니에게 가게를 물려주려는 이유는 무엇일까? 참여도가 높은 직원은 조직의 성공을 보장하는 요소이기 때문이다. 조직 운영에 참여도가 높은 직원은 그렇지 않은 직원에 비해 51% 높은 생산성을 나타내며 그들의 성과 또한 20~28% 더 높은 것으로 알려져 있다. 그들은 2.5배 더 높은 수익을 창출하며 조직을 떠날 가능성도 현저히 낮다.[1] 장난감 가게에 대한 애착과 자부심, 참여도와 관여도가 높은 마호니라면 오래된 장난감 가게를 지켜 나가고 계속 성장시킬 수 있으리라는 점을 마고리엄은 알고 있었다.

직원의 참여도는 조직에 대한 신뢰, 원활한 의사소통, 서로에 대한 헌신 등에 의해 결정된다. 이는 물론 개방적이고 화합하는 조직 분위기, 유연한 의사소통 방식과 헌신에 대한 적절한 보상 체계를 갖춘 업무 환경이 전제되어야 한다. 영화 속 마고리엄과 마호니는 오랜 시간 함께 일한 도제 관계이자 동료이고, 친구이며 동시에 가족이다. 그들은 개인적으로 매우 친밀하고, 조직원으로서 개방적이고 투명하며 친근한 환경에서 함께 일한다. 이런 환경 속에서 조직에 대한 신뢰와 애정이 깊어질수록 마호니는 가게 일에 더 적극적으로 참여하게 되었을 것이다.

영화 말미, 가게가 어려움에 처하자 마호니는 안타까움을 금치 못한다. 그녀는 매일 가게 구석구석에서 벌어지는 마법 같은 일에 대해 이야기한다. 가게에 대한 그녀의 애착은 단순한 애정을 넘어서고, 가게에서 벌어지는 모든 것에 대한 가치를 이해하고 있다. 그녀의 애정은 결국 가게를 다시 형형색색의 신비로운 장난감 가게로 돌려놓는다.

그녀는 마고리엄의 사업 철학 위에 새로운 생명력을 불어넣고 마고리엄 장난감 가게의 새로운 시대를 열어갔다. 그것이야말로 마고리엄이 마호니에게 물려준 최고의 유산이 아니었을까. 자신의 사후에 남겨질 가게를 기꺼이 물려주고픈 이유가 아니었을까. 마호니는 가게의 가치와 가게가 하는 일, 가게가 가진 능력을 모두 명확하게 이해하고 있었고 모든 것을 진심으로 사랑했다. 그녀는 마고리엄의 사업 철학을 그대로 물려받은 유일한 사람이었다.

마고리엄의 장난감 가게는 동네 어린이들의 최고의 놀이터이자 아지트로 오랜 세월 사업을 영위하며 브랜드를 구축해왔고 고정 고객을 확보했다. 성공적인 브랜딩과 고객 확보의 비결은 독창적인 장난감과 그 장난감을 가지고 신나게 노는 경험이었다.

상품력 면에서 마고리엄의 장난감 가게는 완벽하다. 마법의 힘으로 생명을 얻은 장난감은 아이들과 직접 놀아주며 즐거운 경험을 선사하기 때문이다. 뛰어난 상품력과 흥미진진한 경험 속에서 사람들은 끊임없이 장난감을 구매한다. 아마도 상품은 주민들의 수준에 맞는 합리적인 가격에 제공되었을 것이다.

또 가게는 유동 인구가 많은 넓은 대로변에 자리 잡고 있어 입지 조건이 좋은 편이다. 113년 동안 한 자리에서 사업을 해왔기에 도시의 주민들에게 이미 익숙한 위치이기도 하다.

이처럼 마고리엄의 가게는 사업에 필요한 요소를 빠짐없이 갖추고 있으며 신뢰할 만한 직원인 마호니도 함께하고 있어 앞으로도 오랫동안 가게를 지켜갈 수 있을 것이다. 그러나 마고리엄은

동네 장난감 가게가 100년 동안 이룬 마케팅 성과

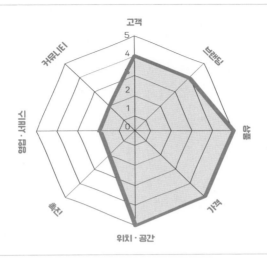

가게가 새로운 시대에 맞게 성장하기를 바랐다. 그에 따른 전략은 무엇이 있을까?

마케팅 제안 ①
회계에 능하라

영화에는 흥미롭게도 회계사가 등장한다. 놀랍도록 일만 아는 회계사인 헨리는 심지어 이야기의 주인공 중 한 명이다. 마고리엄은 창업 이래로 113년 동안 단 한 번도 영수증을 정리하거나 돈과 관련된 행정 처리를 해본 적이 없었다. 마고리엄은 독창적이고 재치 있으며 어린이 손님들과의 의사소통에 능한 사람이었지만 회계와 재무에는 문외한이었다. 그런 그가 마호니에게 가게를 물려주기 위해 가게의 현재 재산 가치를 확인하고 말끔하게 행정 처리를 하고 싶었던 것이다. 그는 마호니가 운영할 가게가 더 체계적이고 합리적으로 성장해가길 원했다.

가게를 운영하는 일은 생각만큼 간단하지 않다. 상품 준비부터 영업, 고객 관리까지 모든 일을 해내야 하며 처리해야 할 서류와 영수증은 어느새 책상을 가득 차지한다. 그러다 보니 작은 가게에서는 종종 회계와 재무 관련 업무가 등한시되기도 한다.

그러나 회계는 사업의 언어다. 회계는 사업주의 논리적 사고와 정확한 의사 결정을 돕는다. 회계 업무를 통해 수익을 관리하고, 법적 문제가 발생하지 않도록 세금 보고를 명확히 해야 한다. 더욱 중요한 것은 회계가 사업이 가고 있는 방향을 알려준다는 사실이다. 회계는 수익이 생기는 곳과 비용이 발생하는 곳을 정확히 보여준다. 나아가 가게에서 발생하는 수많은 숫자는 소비자가 원하는 것과 필요로 하는 것을 나타낸다.

마고리엄의 장난감 백화점으로서는 회계사가 필요한 시점이었다. 체계적이고 현실적으로 성장하고 발전하기 위해서는 한 번도 해본 적 없던 재정 관리가 필요했던 것이다.

헨리는 회계사로서 자신의 직업에 자부심과 책임감을 갖고 있는 인물이다. 그에게 마법, 가게가 느끼는 감정, 가게 안팎 사람들의 평가는 중요하지 않았다. 그는 논리적이며 분석적이었고 논리나 분석이 필요치 않은 분야는 철저히 배제했다. 이처럼 완벽한 회계사가 이해하지 못하는 것이 있었으니 바로 이 가게의 의미와 가치였다. 숫자로 이해되는 가치만을 가게의 가치라고 여기는 것이 회계사인 헨리의 관점이다.

회계사가 이해해야 하는 숫자 이면의 것은 무엇일까? 회계사가 분석하는 무수한 숫자와 문서의 이면에는 가게와 그 안의 손님들이 있다. 그들이 사고파는 물건, 그 공간 안에서 지내온 시간과 추억이 켜켜이 쌓여 있다. 사람들이 이 가게 안에서 무엇을 기대하고, 무엇에 즐거워했으며, 무엇을 추억 속에 남겨두고자 했는지가 고스란히 담겨 있다. 이를 알아야 회계사는 숫자와 가치 간의 관계를 헤아릴 수 있다. 숫자가 나타내는 가치와 소비자들이 알고 있는 가게의 가치를 함께 고려하여 경영 판단을 내릴 수 있다면 이상적일 것이다.

어린이 손님들로 둘러싸인 환경에 적응하면서 헨리는 점차 마고리엄 장난감 가게의 신비로운 가치 속으로 걸어 들어간다. 논리적이고 합리적인 의사 결정 전문가인 헨리는 가게의 전통을 깊이 이해하는 젊고 독창적인 가게 주인 마호니와 잘 어울리는 파트너가 될 것이다.

마케팅 제안 ②
어른을 위한 장난감 놀이터

마고리엄의 장난감 백화점은 한 동네에서 113년 동안 사업을 지속해왔다. 수많은 어린이가 마고리엄의 가게에서 시간을 보내고 추억을 쌓았다. 긴 세월이 흐르는 동안 아이들은 어른이 되었고, 그들의 아이들이 다시 어른이 되었다. 그러는 동안 가게에 애착을 느끼는 어른 소비자들이 많아졌다. 영화 속 장난감 가게에 늘 아이들만큼 어른 손님이 많은 이유가 그것이다. 그들은 아이들이 노는 동안 쇼핑을 하기도 하고, 다른 사람에게 줄 선물을 고르기도 하고, 때로는 자신을 위한 기념품을 샀다. 그렇다면 마고리엄의 장난감 가게는 이제 어른 손님들을 위한 장난감을 팔 수 있지 않을까?

장난감을 좋아하는 것은 아이들뿐만이 아니다. 요즘은 어른들도 장난감을 산다. 바야흐로 '키덜트'의 시대이다. 아이kid와 성인adult의 합성어인 키덜트kidult는 어릴 적 감성과 추억을 간직한 어른을 의미한다. 이들은 어릴 적 추억을 되살리고, 각박한 일상 속에서 잠시 순수한 어린 시절로 돌아가 위안을 얻기 위해 장난감을 소비한다.

한국콘텐츠진흥원의 조사에 따르면, 키덜트 산업은 2019년 현재 1조 6,000억 원 규모로 성장했다. 전문가들은 이 시장이 향후 약 11조 원 규모까지 성장할 것으로 예상하고 있다.[2] 영국에서도 키덜트 시장 규모는 전체 장난감 산업의 11%에 달한다. 장난감에 지출된 9파운드당 1파운드는 성인이 스스로 구매한 것이라는 의미다.[3] 이처럼 시장 가치가 급상승 중인 키덜트는 주로 프라모델, 피규어, 레고, 아날로그 게임, 드론, RC카 등을 선호하며 이를 적극적으로 수집하기도 한다.

한 동네의 유서 깊은 장난감 가게에 이러한 변화는 더욱 필요한 일이며, 대를 이어 가게를 찾는 손님들을 이미 확보한 마고리엄에게는 어렵지 않은 일이기도 하다. 어릴 적 가장 흥미로웠을 추억을 떠올리는 청년들부터 이제는 자녀의 손을 잡고 오는 부모가 된 손님들, 손주의 선물을 사려는 중장년 손님들까지 다양한 연령대가 가게를 찾고 있다. 시대 흐름에 맞춰서 이들을 위한 장난감을 구비하는 것이다. 이런 전략은 구매 고객의 기반을 넓혀 매출에 기여한다. 또한 가게는 비교적 마진 확보가 유리한 어른을 위한 장난감으로 수익성을 높일 수 있다.

어른을 위한 장난감을 갖춘다면 다양한 이벤트로 이러한 변화를 알릴 필요가 있다. 예를 들어 어른과 어린이 손님들이 모두 함께 참여하는 장난감 박람회나 이벤트를 준비해 다 같이 즐길 수 있는 시간을 마련하는 것이다. 어른 손님들을 위한 아날로그 게임 토너먼트를 열어 자녀들 앞에서 어릴 적 실력을 뽐내는 기회를 줄 수도 있다. 부모가 아이들과 함께 추억을 쌓는 다양하고 독창적인 기회들을 만드는 것이다. 더 좋은 장난감 아이디어를 얻기 위해 장난감 콘테스트를 열 수도 있고, 지역의 자선 단체와 장난감을 기부

마케팅 제안이 가져올 마케팅 성과

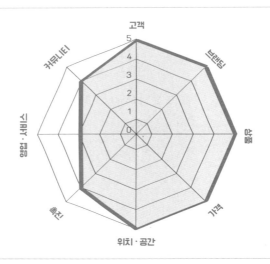

하는 행사를 공동으로 주최해 주민들이 지역 사회에 기여할 기회를 만드는 것도 좋다.

마고리엄의 장난감 가게는 새로운 시대를 맞이하기로 한다. 마고리엄은 오랫동안 장난감 가게에서 함께 일해온 마호니에게 가게를 물려주면서 스스로 세대 교체를 이끌었다. 새롭게 변화할 장난감 가게를 위해 회계사를 고용하기도 했다. 회계사 헨리는 자신의 논리적이고 분석적인 강점에 가게에 쌓인 추억과 가치에 대한 이해를 토대로 앞으로 가게가 나아갈 방향을 잡아갈 것이다.

체계화된 가게 운영을 토대로 어른 소비자까지 아우를 수 있다면 장기적인 성장의 동력을 마련할 수 있다. 아이에게 장난감을 사주기 위해 방문하는 어른 소비자도 쇼핑을 즐기고 함께 인상적인 시간을 보낼 수 있도록 상품과 이벤트를 제공한다. 마고리엄의 장난감 백화점은 더 탄탄해진 고객 기반과 촉진 및 영업 활동으로 앞으로도 오랫동안 주민들에게 동네 놀이터이자 아지트가 되어줄 것이다.

마케팅
솔루션

장난감은 물론, 장난감과 함께 노는 '시간,' 장난감과 뛰고 장난치는 '공간,' 유년 시절의 '추억,' 이 모두를 담아내는 '경험'을 팔아라.

경험 마케팅

경험 마케팅: 정서적 유대감의 계기

경험 마케팅consumer experience, CX은 소비자의 경험에 중점을 두는 마케팅 기법으로 소비자를 직접 마케팅 활동에 참여시킨다. 잠재 고객에게 실제 경험을 제공하여 브랜드나 제품에 대한 인식 수준과 이해도를 높이고, 제품 및 서비스의 매출을 늘리는 유형의 마케팅이다.

최근 경험 마케팅의 중요성이 점차 강조되고 있다. 이벤트 마케팅 기업인 이벤트마케터Event Marketer의 이벤트트랙EventTrack 리포트(2016)에 따르면 마케팅 전문가의 77%가 경험 마케팅을 핵심 전략으로 사용하고 있다.[4]

경험 마케팅은 고객과의 상호 작용으로 고객이 제품과 서비스에 익숙해지도록 돕고, 가게나 브랜드와 강력하고 장기적인 관계를 맺는 계기를 제공한다. 무엇보다 경험 마케팅을 통해 고객과 기업은 보다 감정적으로 교류하며 정서적 유대감을 형성하게 된다. 실제로 이벤트 마케팅 소프트웨어 기업인 아벤트리Aventri에 따르면 소비자의 70%는 경험 마케팅 이벤트를 통해 특정 브랜드의 단골 고객이 된다고 응답했다. 또한 2021년 이벤트트랙의 연구 결과에 따르면 소비자의 40%는 브랜드의 경험 마케팅을 경험한 후 브랜드 충성도가 높아졌으며 91%의 소비자는 경험 마케팅을 통해 제품 및 서비스의 구매 의사가 높아졌다고 응답했다.[5]

경험 마케팅이 기존의 이벤트 마케팅과 다른 점은 고객이 비즈니스 과정에 참여하고, 관여하고, 가게와 상호 작용한다는 것이다. 제품과 서비스에 중점을 두는 기존의 마케팅 기법과 달리 경험 마케팅은 고객과의 상호 작용이 가장 중요한 요소이다. 소비자를 기업이 전달하는 메시지의 수동적인 수신자가 아닌 기업 활동에 참여하는 능동적인 주체로 보고 관계를 구축하는 것이다.

경험 마케팅 사례: 특별하고 색다른 경험

이케아는 자신들의 가구로 가정의 다양한 생활 공간을 연출함으로써 전통적인 가구 매장과는 전혀 다른 경험을 고객에게 제공한다. 할리 데이비슨은 '할리 오너스 그룹'이라는 고객 커뮤니티를 만들어 오토바이 여행이나 운전 교육 등의 행사를 제공한다. 반스Vans는 뉴욕, 시카고 등 주요 도시의 스케이트 파크에서 '하우스

오브 반스House of Vans '이벤트를 개최해 스케이트보더들이 서로 만나고 친해지며, 라이브 음악을 즐기고, 스케이트 보드를 타도록 했다.[6] 이들은 모두 성공적인 경험마케팅 사례로 꼽힌다.

작은 가게들도 최근 다양한 경험 마케팅을 시도하고 있다. 가령 많은 레스토랑이 다른 레스토랑이나 호텔과 협업해 팝업 레스토랑을 만들어 신메뉴를 선보이거나 고객에게 독특한 경험을 제공한다. 피츠버그의 팝업 레스토랑인 펫피스크Fet-Fisk가 그 중 하나다. 또한 미국의 작은 초콜릿 가게인 캔디팩토리The Candy Factory는 고객들이 초콜릿 만드는 공정을 견학할 수 있도록 투어 서비스를 제공한다. 영국의 기타 소매업체인 기타기타GuitarGuitar는 고객이 기타를 직접 사용하고 체험할 수 있도록 방음 부스를 제공한다.

이처럼 작은 가게들도 가게의 정체성, 제품과 서비스 등에 부합하는 테마와 아이디어를 개발해 다양한 경험 마케팅을 제공한다. 일반적인 경험 마케팅의 유형은 다음과 같다.

- **팝업 스토어**   일정 기간 동안 특정한 공간에 일부 제품을 소개하고 판매하는 임시 가게
- **공동 브랜딩**   두 개 이상의 기업이나 가게가 제휴하여 상호 이득이 되는 마케팅 수행
- **제품 체험**   고객이 제품이나 서비스를 사용해 볼 수 있도록 하는 마케팅 기법

- **제품 샘플링** 잠재 고객에게 무료 샘플을 제공하는 활동
- **투어** 고객이 기업이나 가게를 직접 둘러보고 제품 및 서비스와 관련된 과정을 견학
- **컨퍼런스** 고객과 전문가가 함께 모여 네크워크를 형성하고 전문 지식을 공유하는 행사
- **워크숍 및 강의** 전문가와 소수의 고객을 초대해 제품과 관련한 전문 지식을 교육
- **증강현실과 메타버스** 디지털 정보를 물리적인 공간인 실제 환경에 적용하는 기술

고객의 구매 여정을 분석하고, 고객의 오감을 설계하라

성공적인 경험 마케팅을 위해서는 우선 고객의 구매 여정을 면밀히 분석해야 한다. 고객이 가게에 들어오기까지의 과정, 가게 안에 들어서서 제품과 서비스를 보고 선택하고 구매하는 과정, 제품 구매 후 과정까지의 전 과정을 면밀히 분석한다. 구매 여정 속에서 경험 마케팅이 고객의 감정에 부합하지 않는다면 이는 오히려 고객에게 부정적인 경험이 될 수 있다.

매장에서 고객의 구매 여정을 면밀히 분석한 후 이를 토대로 고객의 기억에 남고 재방문을 유도할 수 있는 경험 마케팅을 설계

한다. 설계 단계에서 우선 고려해야 할 것은 고객의 오감을 자극하는 방법이다.[7] 카페에서는 맛있는 음식 냄새보다는 갓 추출한 신선한 커피 향을 맡고 싶고, 가구점에서는 집에 어울리는 가구를 눈으로 직접 보고 만져보고 기능을 확인하고 싶을 것이다. 고객의 경험을 설계할 때는 이처럼 가게의 제품과 관련하여 고객이 경험하고 싶은 오감을 먼저 설계한다.

- **시각** 내 가게에서 고객이 보고 싶어하는 것은 무엇인가?
- **청각** 고객이 듣고 싶어하는 소리는 무엇인가?
- **후각** 고객이 원하는 냄새는 무엇인가?
- **미각** 고객이 원하는 맛은 무엇인가?
- **촉각** 고객이 만지고 싶어하는 것은 무엇인가?

14장

쇠락한 마을을 지키다

바다의 뚜껑

인적이 드문 바닷가에 빙수집을 차리다

번잡하고 공허한 도시의 일상에 지친 주인공 마리는 어느날 불현듯 도시를 떠난다. 고향 바닷가로 향하는 배 안에서 그녀는 자신이 어디로 가는지 잘 아는 표정이다. 아무리 봐도 그저 그런 바닷가, 이제는 쇠락한 고향 마을로 돌아온 그녀는 가게를 차린다. 빙수집에서 나이 들어갈 자신의 모습을 상상하며 가게 자리를 구하고, 홀로 가게를 꾸미고, 가구에 못을 박고, 벽에 페인트를 칠한다.

　　지친 영혼을 짊어진 채 고향으로 돌아온 그녀는 그렇게 서서히 자신의 영혼을 치유하고 다른 사람에게 위로를 건넬 수 있기를 기대한다. 지난한 삶의 씁쓸한 맛을 아는 사람만이 건넬 수 있는 달콤한 맛과 위로. 그것이 마리가 또 다른 마리들에게 선사하고 싶었던 위로였다. 그녀는 그렇게 창밖으로 바다가 보이는 곳에 빙수집을 차린다.

　　그러나 현실은 녹록지 않다. 마을에 사람이 없었던 것이다. 오래 전부터 이웃이 떠나고 있는 쇠락한 시골 동네. 마리의 고향은 주민도, 관광객도 줄어들고 있는 동네였다. 마리는 인적이 드문 바닷가 작은 마을에서 빙수집을 하며 성공적인 밥벌이를 해나갈 수 있을까? 이런 작고 소박한 삶이 과연 그녀가 기대했던 바대로 낭만적이고 행복할 수 있을까? 꿈을 꾸는 듯한 낭만과 노골적인 현실 사이의 아슬아슬한 경계선을 넘나들며 영화가 말하고 싶은 것은 무엇일까?

마케팅 비결 ①
깊이 뿌리 내릴 정체성을 찾아내다

마리에게는 그녀가 원하는 가게의 명확한 이미지가 있었다. 바다를 마주한 작은 빙수집부터 자신의 가게가 들어설 바닷가 거리의 이미지, 가게를 찾은 손님에게 해변을 걷고 일상을 내려놓도록 권하는 가게 주인인 자신, 마을의 특산물로 만든 빙수, 소박하면서도 완벽한 빙수의 맛까지. 어느 것 한 가지도 분명하지 않은 것이 없었다. 삶의 방향을 잃고 자기 자신마저 잃었던 지난날에 보상이라도 하듯 그녀는 가게의 정체성을 분명하게 그려냈다. 마치 잃었던 자기 자신을 다시 그려내듯 가게의 모든 것을 어느 한 가지도 빠짐 없이 꼼꼼하게 구상했다.

그녀는 자신이 열고자 하는 가게의 분명한 정체성을 만들어낸 뒤에야 가게를 시작했다. 사업의 정체성을 정하는 일은 사업에서 가장 중요한 부분이다. 그럼에도 작은 가게라면 간혹 그냥 지나치고 마는 것이 가게의 정체성을 정하는 일이기도 하다. 대기업이건 작은 가게건 브랜드나 사업의 정체성을 정하는 것은 마치 '나'라는 사람의 개성을 정의하고 표현하는 것처럼 중요한 과정이다. 가게의 특징과 개성을 분명하고 상세하게 결정하고 이를 소비자와 소통할 수 있는 형태로 표현할 수 있어야 한다.

가게의 정체성은 크게 가게, 타깃 소비자, 차별화 포인트, 경쟁 관계 이 네 가지 요소로 정한다. 이 요소를 바탕으로 가게 운영에 가장 중요한 사업 아이템과 입지, 이후의 마케팅 활동을 결정한다. '천천히 바다를 바라보며 특산물로 만든 빙수를 먹으면서 일상을 내려놓고 위안을 얻는다'라는 마리의 명확한 컨셉은 이후 모든 사업적 의사 결정을 더 효과적으로 이끈다. 일상을 잊기에는 고즈넉한 바닷가가 최적의 장소였고, 바다를 보면서 하염없이 시간을 보내기에는 빙수나 커피가 적합한 메뉴였다.

마리는 자신이 그려오던 가게를 현실로 만들어내기 위한 단계를 차분히 거친다. 쉬운 일은 단 하나도 없었다. 정확한 입지와 상품의 특징을 선정하는 일은 사업에서 가장 중요하고 어려운 일이다. 타깃 고객을 정하고 그들의 특성을 정확히 이해하는 것도 깊이 있는 분석이 필요하다. 이 모든 분석과 의사 결정이 물 흐르듯 자연스럽게 이루어진 이유는 마리에게 자신의 가게에 대한 분명하고 충분한 정보가 있었기 때문이다. 자신이 그려온 빙수집의 이미지와 정체성을 구현하기에 가장 알맞은 조건을 그녀는 금세 알아볼 수 있었다.

그리고 결과적으로 마리의 판단은 대부분 옳았다. 아이러니하게도 이 점은 체인점을 구하는 기업에게서 검증되었다. 어느 날 동네에서 보기 드문 양복과 서류 가방 차림의 샐러리맨이 마리의 빙수 가게 안으로 들어섰다. 그는 마리에게 체인점을 내자고 적극적으로 제안한다. 식음료 유통기업의 직원인 그는 바다를 보면서 지역 특산물인 사탕수수로 직접 만든 독특한 빙수를 먹는다는 컨셉이 획기적이라며 칭찬을 아끼지 않는다. 식음료업에 경험이 전무한 마리의 의사 결정은 전문가의 눈에도 특별하고 시장성이 있었던 것이다.

이처럼 한번 결정된 브랜드나 가게의 정체성은 이후의 모든 사업 방향과 마케팅 계획의 가이드라인이 된다. 마치 정확한 지도를 들고 여행을 떠나는 것과 다름 없다. 가게, 상품 특성, 타깃 고객, 경쟁 업체의 특성이 정확히 고려된 분명한 브랜드 정체성은 이후 모든 마케팅 활동의 가이드라인이 되고, 마케팅 활동은 브랜드의 가치와 힘을 점차 강화한다. 시장과 고객에게 사업의 가치를 설득시키는 과정, 즉 정체성의 구체화 과정이 반드시 필요한 이유가 여기에 있다.

물론 마리는 시행착오를 겪었고 앞으로도 그럴 것이다. 손님들의 취향에 맞게 가게 분위기와 이미지를 고쳐나가고, 메뉴를 보완해나가는 일련의 과정은 다소 지난한 일이 될 것이다. 이 복잡한 과정을 효과적으로 이루려면 뿌리 깊은 정체성이 필요하다. 그녀의 가게는 조금씩 지속적으로 바뀌어갈 것이다.

모든 것이 변화하고 그 변화에 발 맞춰야 할 때 가장 필요한 것은 아이러니하게도 절대 변하지 않을 가게의 정체성이다. 변하지 않을 가게의 정체성이 확고해지고서야 모든 변화는 가게에 어울리고 고객에게 어울리게 자리를 잡을 것이다.

한적한 시골 마을에 바다를 바라보며 독특한 맛의 빙수를 맛볼 수 있는 가게가 생겼다. 일상에 지친 사람들에게 위안을 주려는 의도에 맞게 가게는 잔잔한 바다와 포근한 인테리어로 둘러싸여 있다. 메뉴는 마을의 특산물을 사용해서 만드는 독특한 빙수로, 맛이 일품이다. 가게의 정체성이 명확하고 메뉴와 입지 또한 적절하게 결정되었다.

그러나 이제 막 개업한 마리의 빙수집은 장기적 브랜딩과 마케팅 측면에서 보면 총체적 난국에 처해 있다. 가게의 정체성을 드러내기 위한 콘텐츠나 소통의 방법이 부족할뿐더러 빙수집이 잘 알려져 있지 않아 브랜드 효과가 작다. 주메뉴인 빙수의 종류도 단 두 개뿐이다. 가격이 높은 것도 보완이 필요한 부분이다.

바다 바로 앞에 있기는 하지만 지역 자체가 한적한 시골로 유입 인구가 적어서 입지 조건이 좋은 편도 아니다. 마리는 아직 이렇다 할 영업 및 촉진 전략을 사용하고 있지도 않으므로 그 효과를 기대하는 것도 어렵다. 마리가 어릴 때부터 자란 동네라 주민들과 안면이 있지만 지역 커뮤니티와 따로 협력하거나 협업하는 일은 없다.

인적 드문 바닷가에 개업한 빙수집이 이룬 마케팅 성과

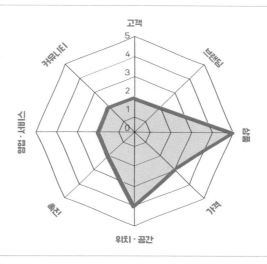

　　가장 어려운 부분은 고객에 대한 문제다. 개업 초기로 단골 고객이 없는 것은 물론 한여름인데도 빙수집을 드나드는 휴양객이 적다. 휴양객은 대체로 인근의 대형 호텔에 머물며 식사 등을 해결하고 있어 동네로 내려와 돌아다니는 일이 드물다. 주민들도 도시로 빠져나가서 동네는 늘 휑하고 고요하다. 지속적인 관계를 맺는 단골 고객이 없고, 고객 유입 자체가 적어 가게의 안정적인 매출을 확보할 방법이 없다. 마리에게 장기적인 마케팅 계획이 필요한 시점이다.

쇠락한 도시를 기억하는 방법

마리의 기억 속 바닷가 고향 마을은 수많은 관광객으로 늘 북적거렸다. 이제는 곳곳이 폐허처럼 변해가며 쇠락했지만 그녀의 기억 속 고향 마을은 활기차고 생기가 넘쳤다. 고향 마을이 쇠락하고 사라지는 것은 물론 어제 오늘의 일이 아니다. 이제는 대도시가 아니라면 어디나 소멸의 위험을 안고 있다.

사람들이 태어나고 자라온 지방의 작은 마을을 떠나 발전된 도시로 이주하기 시작한 것이 이미 60여 년이 지났다. 그러나 여전히 우리는 마리처럼 자신이 살던 동네가 빠르게 붕괴되고, 거주민이 빠져나가고, 지역의 사회적 특성이 완전히 바뀌는 파괴적인 과정을 안타까워 한다. 우려가 무색하게도 우리나라의 지방 도시 소멸은 실제로 이미 심각한 상황이다. 2022년 기준 우리나라의 전국 228개 시군구 중 절반에 달하는 113곳이 소멸 위험 지역으로 분류되었다.[1]

마리와 친구들도 마찬가지로 쇠락한 고향 마을을 떠났다. 사람들이 떠나 쇠락해진 마을에는 남은 인생을 살아갈 비전이 없다. 그들은 어느 날 빙수집 앞 바닷가에 모여 앉아 작은 불꽃놀이를 한다. 어두운 바닷가, 균일한 파도 소리, 청춘, 작은 불꽃들. 이 모두는 너무나 아름다웠다. 그러나 그 작은 마을에도, 또한 도시에도 그들이 아름다운 현재를 누리고 안정적인 미래를 가꾸어나갈 곳은 없어 보인다. 청춘이 선택하는 삶의 터전은 어떤 모습이어야 할까? 그들이 고향으로 돌아와 삶을 일궈나가도록 하기 위해 지방 소도시는 무엇을 해야 할까?

사람들이 다시 돌아오려면 가게가 들어서고 상권이 개발되어야 한다. 물론 상권 개발의 방향과 전략은 지역의 위치와 특성에 따라 차이가 있을 것이다. 마리의 고향인 바닷가 마을의 개발에는 마리가 열쇠일 수 있다. 마리가 일군 매력적인 빙수집에 관광객이 드나들고 장사가 되기 시작하면 이내 다른 가게들이 들어설 것이다. 마리의 빙수집 앞 바닷가는 아름답고 편안하게 즐기기에 좋아 이내 사람들이 찾아들 것이다. 마리는 소셜 미디어로 가게를 알릴 수 있고 마리와 빙수집 손님들은 소셜 미디어를 통한 이야기의 주인공이 될 것이다.

매년 5월 말이면 세계적 문학축제인 '헤이 페스티벌'이 열리는 웨일즈의 작은 시골 마을처럼, 마리도 지역에 큰 변화를 몰고 올 수 있다. 지금은 세계 책 마을의 원조이자 헌책방의 메카인 헤이온와이의 전설같은 지역재생 신화는 1961년 23세의 젊은 청년 리처드 부스가 헌책방을 열면서 시작되었다.[2] 우리나라에도 성공 사례가 적지 않다. 문경에는 한 양파밭을 사들여 근사한 한옥 카페를 만든 다섯 청년이 있다.[3] 2018년에 1990년대생 다섯 사람이 만든 이 한옥 카페 화수헌에는 2020년 한 해에만 8만 명의 손님이 다녀갔다. 별다른 유명 관광지도 없는 산양면에 방문객이 끊이지 않게 되었다.

마리에게도 어김없이 프랜차이징 제안이 들어왔다. 시골의 한적한 마을에서는 흔히 볼 수 없는 '체인점' 제안이었다. 그러나 마리는 이 제안을 정중하게 거절한다. 마리 대신 다른 누군가 빙수 가게 체인점을 주변에 낸다면 어떨까. 사실 주변에 빙수 가게가 많아져서 마리의 가게가 있는 곳이 빙수 골목으로 유명해진다면, 마을과 마리에게 나쁠 일이 없다.

현재 마리의 마을은 유입 인구가 매우 적다는 것이 가장 큰 문제다. 어떤 이유로든 찾는 사람이 많아진다는 것은 득이 될 일이다. 동네 시장을 활성화하려면 더 많은 가게가 들어서고 그 가게들을 중심으로 동네를 새롭게 디자인해야 한다. 젊고 의욕이 넘치는 마리의 빙수집은 더 많은 가게를 끌어들이는 일에 중요한 역할을 하게 될 것이다.

결국 다른 이웃들처럼 마리의 오랜 친구도 동네를 떠났다. 어릴 적 친구가 마을을 떠나던 날, 마리는 허망한 마음을 숨기지 못한다. 친구가 지칠대로 지친 모습으로 도망치듯 떠난 깊은 밤에 마리는 자신이 자라온 동네를 걷고 또 걸었다.

한 마을의 쇠락은 이처럼 모든 것을 바꿔놓는다. 생계를 이어가던 가게를 폐업해야 하고, 삶의 터전을 떠나 낯선 곳으로 가야 하고, 마을의 미래를 책임질 청년들이 미래를 찾지 못해 떠돌아야 한다. 마리의 서러운 눈물은 고향을 잃고 현대를 살아가는 우리 모두의 마음인지도 모른다. 이것이 동네 가게도, 이웃도, 청년도 마을에 남을 길을 찾아야만 하는 이유이다.

이웃의 작품을 판매하라

마리는 무대 미술 경력자답게 능숙하게 가게를 만든다. 낡고 빈 창고는 이내 그녀가 꿈꾸던 빙수집으로 다시 태어났다. 바다를 보며 하염없이 시간을 보내기에 좋은 빙수집이다. 빙수집의 모양새를 갖추고 가게를 열 즈음, 동네 이웃 할머니는 손수 만든 공예품을 들고 찾아왔다. 마리가 손수 꾸민 가게의 분위기에는 잘 어울리지 않았지만 마리는 기꺼이 이웃의 선물을 선반에 올려놓는다. 동네 가게는 이처럼 동네의 일부가 되어 동네의 냄새가 묻어나야 한다. 마리는 오랜 세월을 동네에서 살아온 토박이 이웃의 장식품을 걸어둠으로써 자신의 빙수집에 동네의 상징으로서의 이미지를 입혀나갈 수 있다.

시골 마을에 청년층이 가게를 열면서 그 마을만의 독특한 개성이 생겨나는 예는 많다. 이제는 대기업이나 프랜차이즈가 들어서면서 고유성이 사라지기는 했으나 초기 가로수길이나 경리단길, 북촌이 그런 장소였다. 번화가에서 떨어진 조용한 동네였던 이곳에 작고 독특한 가게들이 들어서면서 동네는 단번에 젊음과 낭만의 상징이 되었다. 이들은 북촌만의 특징, 경리단길 특유의 느낌을 가감없이 드러내는 동시에 자신만의 색을 덧입혀 갔다. 이는 모두 그들이 서로를 위해 지켜야 할 동네 이미지에 공감했기 때문이다. 가게는 동네 이미지를 드러내고 그렇게 동네는 가게 이미지를 입는 것이다.

지금은 장식용에 그치지만 점차 이웃들의 더 많은 작품을 진열하고 판매하는 것도 좋은 방법이다. 특히 관광객에게는 동네를 상징할 만한 기념품을 살 수 있다는 것도 가게의 장점이 될 것이다. 가게 입장에서는 이를 통해 교차 판매를 유도하고 동시에 이웃과의 연대를 강화할 수 있다.

교차 판매는 상품이나 서비스를 구매한 손님에게 다른 상품도 판매하는 전략이며 일반적으로 연관성이 높은 상품을 함께 판매한다. 최근 작은 독립서점들이 서점 로고가 인쇄된 엽서나 에코백 등의 상품에서 점차 영역을 확장해 서점이나 도서와 관련이 있는 그림 액자, 머그컵, 침구, 스카프, 액세서리, 문구류 등까지 판매하는 것이 교차 판매의 대표적인 예이다.

동네의 역사와 이미지를 드러내는 상품을 교차 판매하며 동네와 가게들의 이미지를 함께 만들어가는 일은 함께 성장하는 지름길이 될 것이다. 물론 서로가 서로를 홍보하는 일이 빠져서는 안 된다. 자신의 가게는 물론 이웃 가게를 함께 홍보하며 동네 상권으로 관광객과 소비자를 끌어들이는 것이다.

다행히 마리의 동네에는 해마다 여름이면 여전히 관광객

이 찾아온다. 다만 이들이 해수욕을 제외한 모든 활동을 호텔이나 펜션 안에서만 해결한다는 것이 문제이다. 따라서 마리와 동네 가게들은 관광객이 머무는 호텔과 펜션을 중심으로 동네를 다시 디자인할 필요가 있다. 그들은 호텔과 펜션을 기점으로 마을을 여행하며 즐길 거리를 만들고 이들을 연결하는 투어 코스를 만들 수 있다. 그리고 마리는 이런 모든 움직임의 시작점이 될 수 있다. 그녀의 가게를 중심으로 동네 고유의 감성을 만들어갈 가게들이 들어서고 함께 아름다운 바닷가 마을의 상권을 만들어가는 것이다. 이웃 가게들과 함께 상권을 꾸리며 동네의 고유한 개성을 만들어가는 것이 쇠락한 시골 마을과 마리의 가게를 지속시키는 힘이 될 것이다.

마리의 빙수집은 동네의 일부로 차분히 자리를 잡아간다. 그녀는 독특하고 맛있는 빙수를 팔고 손님들은 바다가 한눈에 보이는 곳에 앉아서 시간을 보낸다. 빙수집은 상품력과 좋은 입지를 갖추고 있다. 그럼에도 다른 마케팅 요소는 제대로 갖춰진 것이 전혀 없다. 그런 그녀의 빙수집이 이웃과 협력을 강화해 나간다면 빙수집은 물론 동네 상권도 활성화할 수 있다.

또 한 번 찾아온 손님과는 지속적으로 관계를 맺어야 한다. 소셜 미디어를 이용한 소통은 필수이다. 이들을 위한 성수기의 색다른 빙수 메뉴, 빙수 교실이나 커피 교실 운영, 그들만의 모임 등

마케팅 제안이 가져올 마케팅 성과

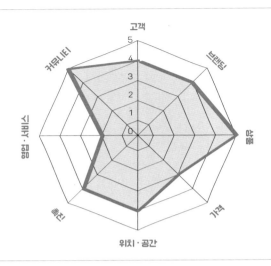

을 운영하는 것도 좋은 방법이다. 손님을 오래도록 커뮤니티 안에 머물게 하는 것이다. 이런 마케팅 활동으로 새로운 고객을 끌어들 이는 것은 물론 기존 고객과의 장기적인 관계를 강화한다.

이웃의 상품과 서비스를 서로 교차 판매하면서 서로의 수 익원을 다각화하는 것은 상품이 다양하지 않은 시골 동네에 더욱 적합하다. 동네 상권의 이미지를 강화하는 데에도 효과를 볼 수 있 다. 교차 판매와 이웃 가게들과의 마일리지 카드 공유 등의 방법은 모두에게 효과적인 촉진 전략이 될 것이다.

관광객이 주로 찾는 호텔과 펜션 등을 중심으로 동네 상권이 협력해서 손님에게 흥미로운 경험과 추억 거리를 제공하는 프로그램 역시 필요하다. 호텔과 펜션을 기점으로 하는 동네 투어 프로그램이나 다양한 체험을 할 수 있는 프로그램을 함께 개발하는 것이 좋다.

동네에 벽화를 그리거나 함께 거리를 꾸밀 수도 있다. 마리의 가게에 공예품을 들고 찾아온 할머니와 함께 마을의 전통 공예품을 만드는 이벤트를 열 수도 있다. 이러한 활동 중 손님이 가장 흥미를 느꼈던 활동을 모아 동네의 고유한 축제로 발전시키는 것도 좋은 방법이다.

마케팅
솔루션

이웃의 가게와 연대하고, 그들의 상품이나 서비스를 교차 판매하라. 연대의 고리를 촘촘히 만든 상권으로 더 많은 작은 가게가 들어서게 하라.

입지 선정 결정 요소

입지를 어떻게 선정하는가

입지는 가게와 고객의 거래가 이루어지는 장소를 의미한다. 일반적으로 고객이 찾아오는 물리적인 공간을 의미했으나 최근 입지의 범위는 온라인으로까지 확대되었다.

입지 분석은 가게와 고객 간의 원활한 거래가 이루어지는 최적의 장소를 선정하기 위한 분석을 말한다. 영화 속에서는 바닷가를 마주한 고즈넉한 가게 자리가 빙수집의 입지였다. 마리의 경우에는 자신이 이상적으로 그려온 한적한 빙수집을 찾는 것이 관건이었으나, 현실에서는 입지가 가게의 성패를 좌우하는 가장 민감하고 중요한 부분인 만큼 다음과 같은 다양한 요소를 고려해야 한다.

입지 분석을 하려면 최소한 다섯 가지 요소를 고려해야 하는데, 우선 점포의 특성을 명확히 정의해야 한다. 가게는 판매 상품 유형과 점포 유형에 따라 입지를 선정한다. 점포 유형이 편의점이라면 유동 인구가 많은 출퇴근길에 위치하는 것이 좋고 고가의 디자이너 브랜드라면 조용하게 쇼핑을 할 수 있는 거리에 위치하는 것이 나을 것이다. 식당, 세탁소, 서점, 카페 등 판매 제품에 따라서도 입지에 큰 차이가 있다. 같은 유형의 점포에서 같은 상품을 판매하더라도 점포의 이미지, 고객 서비스의 정도 등에 따라 입지 선택이 달라진다. 영화 속 마리는 가게가 추구하는 이상과 정체성, 고객과의 소통 정도에 따라 점포의 입지를 선택했다.

둘째, 인구 통계와 고객 유형을 확인해야 한다. 즉 해당 지역 인구의 연령대, 가구 형태, 소득 수준과 구매 행동에 대해 파악한다. 해당 지역의 인구 특성과 그들의 구매 행동 등을 꼼꼼히 조사하고 분석하기 위해 소비자의 시선, 움직임, 동선, 행동 패턴 등을 관찰하고, 주변 가게들의 상품 구성을 눈여겨 보거나 주변 상권에 특히 많은 업종을 통해 인구 특성을 유추하기도 한다.

셋째, 접근성과 교통 환경을 확인한다. 유동 인구의 정도, 대중교통 이용의 편의성, 주차공간의 규모, 인접한 횡단보도의 유무, 도로의 폭 등을 상세히 조사한다.

넷째, 임대료와 제반 비용을 파악한다. 임대료, 관리비, 기타 전기와 가스 요금, 인테리어가 다시 필요한지 여부 등을 면밀히 파악한다. 건물 상태는 물론, 필요한 물품을 구매할 수 있는 환경인지, 창고와 화장실 등의 제반 시설이 마련되어 있는지 확인한다.

마지막으로 가게 운영자의 개인적인 요인과 기타 요소를 고려한다. 가게 운영자가 출퇴근하기에 가깝고 교통이 편리한 위치인지, 건물 주인이나 관리자와 소통이 편안한지 등을 살펴야 한다. 이외에도 화장실 위치, 화재시 위험 정도, 건물의 위생 정도, 주변 지역에서 고용 가능한 인적자원의 정도 등 다양한 세부 요인을 면밀히 파악해야 한다.

상권을 어떻게 분석하는가

상권은 상품 판매가 가능한 지역적 범위를 의미한다. 즉 다양한 점포들로 구성되어 있어 구매 의지가 있는 소비자가 늘 존재하는 지역이며 내 점포에서의 상품 거래가 일어날 가능성이 높은 특정 지역을 상권이라 한다. 점포를 위한 마케팅 활동을 수행할 무대와 같은 곳이 상권이다.

상권 분석은 주로 주변 점포와의 구조 및 관계, 상권 내에서의 소비자의 행동 패턴을 분석하는 것으로 이루어진다. 즉 다른 점포와의 조화나 상생 구조, 경쟁 점포와의 경쟁 관계를 면밀히 분석하는 것이다. 또 그 안에서 소비자의 시선, 움직임, 동선, 구매 행동을 분석한다.

지역이나 상권에 따라 중점을 두어야 할 요소에 차이가 있을 수 있으나 일반적으로 상권 내의 점포들을 면밀히 조사한다. 즉 이웃 점포의 업종, 상품 구성, 가격대 등을 조사해서 내 점포에 충분한 고객 유입이 가능한지를 분석한다. 주변 점포가 외식업 중심인지, 미용실이나 숙박업 등의 서비스업 중심인지, 카페나 서점 등의 업종인지를 확인한다. 외식업을 하고자 하는데 상권 입구의 점포가 서비스업 위주로 구성되어 있다면 식사를 위한 고객의 유입이 적어질 수 있다. 동종 업종이 아니라도 고객의 동선이 연결될 만한 점포가 주변에 입지한다면 도움이 될 수 있다. 해당 상권에 유명 점포가 있다면 잠재 고객 유입이 많아질 수 있으며, 오래된 가게가 많다면 상권의 성장성과 지속성을 높이 평가할 수 있다.

더불어 해당 상권 내에서 소비자의 동선과 구매 행동을 분석해야 한다. 상권 내에서 고객의 시선이 움직이는 방향, 생각하는 방식, 움직이는 방식을 찾아내고 그들의 시각에서 상권을 관찰해야 한다. 점포의 위치나 간판이 잘 보이는지, 인도의 폭이 넓어서 점포를 잘 살필 수 있는지, 식당과 카페가 많아서 고객이 오후에 많이 모여드는 곳인지, 근처에 영화관이나 공연장이 있어서 지인들과 모임을 갖기에 좋은지 등을 조사한다.

해당 상권의 고객 행동을 파악하기 위해서 전문가가 다양한 점포를 직접 방문하고 그들의 주력 판매 상품과 서비스를 조사하기도 한다. 이를테면 세탁소에 걸린 옷을 보고 소득 수준과 잠재 고객의 구매 패턴을 파악하기도 하고 편의점의 상품 구색을 통해 주변 인구의 특징을 파악하기도 한다.

입지와 상권 분석은 오랫동안 연구해온 영역으로 여러 전문가들이 다양한 기준과 원칙을 개발해왔다. 그러나 모든 가게가 이미 상권이 개발되어 유동 인구가 많은 대도시에 자리하고자 하는 것은 아니다. 영화 속 마리처럼 사업 모델과 목표에 따라서는 외진 곳에서 독립적으로 사업을 영위하는 가게도 있게 마련이다. 따라서 자신의 가게만을 위한 최적의 위치를 정하려면 사업의 목표에 맞는 요소를 직접 개발하고 비교 분석하여 자신만의 원칙을 찾아야 한다.

15장

모두가
주인공이 되는 법

와인 미라클

아무도 알아주지 않는 캘리포니아 와이너리

영화 속 포도 농장은 드넓고 고요하며 아름답다. 영화 내내 엄청난 규모와 평화로운 풍경에 압도될 만큼. 그렇지만 미국의 포도 농장이라니. 21세기 아시아인의 눈에도 낯설게 보였으니 영화 속 배경인 1970년대 프랑스인의 눈에는 더욱 그러했으리라. 실화를 배경으로 한 이 영화는 이런 적나라한 편견이 당시에 어느 정도였는지를 고스란히 드러낸다.

영화는 아무도 알아주지 않는 캘리포니아의 와이너리와 역시나 아무도 알아주지 않는 파리의 와인 가게 주인을 주인공으로 한다. 전문성을 갈고 닦으며 장인의 길을 걷는 두 주인공을 보여주며 영화는 아무리 노력해도 자부심만 늘어날 뿐 인지도와 매출은 늘어나지 않는 이 시대의 수많은 작은 가게와 기업을 이야기한다.

소비자의 눈에 어색하고 어울리지 않아 보이는 사업 아이템으로 승부를 거는 것, 특히 보잘 것 없는 네임 밸류를 가지고 전통을 중시하는 사업 분야로 진출하는 미국 와이너리의 고충은 말로 다 설명하기 어렵다. 아무리 고민해도 도무지 돌파구가 떠오르지 않기는 도시 한 구석에 있는 오래된 와인 가게도 마찬가지였다. 이런 상황에서 비즈니스를 대체 어떻게 꾸려나가야 하는 것일까. 그저 묵묵히 시간이 지나기를 기다려야 하는 것일까?

영화는 편협한 시선 속에서 자신의 사업을 꿋꿋이 이어나가는 성실한 사업가의 면면을 보여준다. 동시에 이들이 어디에서 돌파구를 찾아낼 수 있는지에 대한 통찰을 보여주고 있기도 하다. 영화 속 캘리포니아 나파 밸리의 와이너리들은 어떻게 지금의 인지도를 쌓을 수 있었을까?

마케팅 비결 ①
콘테스트를 열다

돌파구가 필요한 것은 캘리포니아 나파 밸리의 와이너리인 샤토 몬텔레나뿐만이 아니었다. 아무도 기억하지도, 기대하지도 않는 와인 전문가 스티븐 스퍼리어의 사정도 크게 다르지 않았다. 와인에 능통한 그는 작지만 그럴듯한 와인 가게를 운영하고 있다. 그러나 이제 그는 와인 연맹에서 불러주지도 않아 스스로 기를 쓰고 찾아가는 사람이 되었다. 아무도 그의 전문성과 명성, 그의 가게에 관심이 없다. 퇴물이 된 이 와인 전문가의 가게에는 늘 공짜로 와인을 축내는 절친한 이웃이 머물 뿐이다. 추적추적 비가 내리는 저녁, 더는 손님이 찾지 않는 가게를 조용히 지키고 앉은 스티븐의 모습은 더없이 쓸쓸하기만 하다. 그의 가게에는 변화가 필요했다.

그의 가게에는 여러 가지 문제가 있었다. 무엇보다 가게에는 다양성이 부족했다. 다양한 와인을 진열해 소비자의 이목을 끌고 호기심을 자극해야 했지만 가게에는 프랑스산 와인만이 가득했다. 다양하지도, 색다르지도 않았다. 이들을 매력적으로 보이게 할 스토리텔링도, 소비자와 활발히 소통할 채널도 없었다. 특별한 촉진 활동 없이 프랑스의 전통 있는 와인만을 고집하니 다양한 소비자를 가게로 끌어들이는 것이 쉽지 않았다.

스티븐은 시장의 변화를 감지하지 못했다. 그러나 영화의 배경이 된 1970년대 후반, 이미 소비자의 취향은 다양해지고 있었다. 소비자는 이제 새로운 와인을 찾고 있었지만 소비자의 변화도, 시장의 변화도 눈치채지 못한 스티븐의 가게는 그저 문턱 높은 고급 와인 가게였을 뿐이다. 이런 총체적 난국을 극복할 변화는 무엇이었을까?

스티븐이 선택한 돌파구는 콘테스트였다. 그는 와인 협회와 공동으로 '블라인드 테이스팅blind tasting'을 개최하기로 한다. 와이너리의 이름과 생산 국가를 알리지 않고 심사위원들이 다양한 와인을 평가하는 행사였다. 인터넷도, 소셜 미디어도 없던 당시로서는 최고의 솔루션이 아닐 수 없다. 행사가 성공적으로 개최된다면 각종 언론매체에서 행사에 참여한 와이너리는 물론 스티븐과 그의 와인샵도 주목할 것이기 때문이다. 특히 프랑스 와인과 미국 와인의 품질을 비교하는 콘테스트는 대중의 호기심을 자극하기에 충분했다. 실제로 콘테스트는 가게나 사업체의 홍보에 매우 효과적이어서 최근에도 다양하게 활용되는 마케팅 기법으로 자리 잡았다. 그렇게 보면 1970년대에 열린 스티븐의 콘테스트는 다분히 미래지향적인 촉진 전략이었던 셈이다.

콘테스트는 노골적으로 브랜드를 알리고 물건을 판매하려 하지 않고도 브랜드 인지도를 높일 수 있는 방법 중 하나다. 콘테스트 참여자가 많을수록 대중의 이목이 집중되고 콘테스트의 인지도는 자연히 높아진다. 콘테스트 참여자뿐 아니라 참여자의 가족과 지인, 심사위원과 기자, 그리고 일반 대중의 관심이 높아지면서 입소문이 나고 그 안에서 이야깃거리가 만들어진다. 그리고 그 수많은 이야기가 사람들의 입을 통해 더욱 널리 퍼져나간다. 결과적으로 콘테스트를 주최하고 참여하는 브랜드에 대한 자연스럽고도 즉각적인 홍보 효과를 얻을 수 있게 된다. 기업들이 최근 적극적으로 활용하고 있는 소비자 참여 마케팅이나 크라우드소싱도 같은 맥락이라 할 수 있다.

우여곡절 끝에 열린 영화 속 와인 콘테스트는 아름다웠다. 고요하고 평화로운 파리 근교의 야외에서 소수의 와인 감식가와 참석자들이 모여 앉아 조촐하게 치뤄졌다. 그러나 그 작은 와인 콘테스트의 여파는 강력했다. 프랑스 와인과 미국 와인의 품질을 비교하는 흥미롭고도 민감한 콘테스트의 결과에 모두가 주목했고 각종 유명 매체가 앞다퉈 이를 대서특필했다. 이는 무명의 와이너리 샤토 몬텔레나와 역시 무명의 와인 전문가인 스티븐의 지지부진한 사업에 돌파구가 되었다. 큰 변화가 없는 와인 시장에 활기를 불어넣는 행사가 된 것은 물론이다. 스티븐의 마지막 대사인 "미래에 온 걸 환영하네"는 콘테스트의 전략적 가치를 의미했다.

마케팅 비결 ②
협회와 공조하다

와인 콘테스트를 열기로 계획한 스티븐이 가장 먼저 한 일은 블라인드 테이스팅에 필요한 훌륭한 와인을 구하는 것도, 신문에 광고를 내는 것도 아니었다. 그는 먼저 와인 협회를 찾아갔다. 스티븐에게 성공적인 와인 콘테스트를 위한 최선의 전략은 저명한 와인 협회의 지원이었다. 지금과는 사뭇 달랐을 1970년대의 마케팅 환경을 감안한다면 그의 선택은 매우 현명했다. 협회나 연맹 등의 각종 공공기관은 브랜딩 역량이 취약한 중소기업이나 소상공업의 마케팅에 공신력을 제공하는 브랜드의 역할을 하기 때문이다. 스티븐은 이런 협회의 역할을 잘 이해하고 있었다.

오늘날의 우리는 다양한 광고 및 홍보 매체를 활용할 수 있다. 따라서 협회란 다소 진부하고 시대에 뒤떨어진 마케팅 경로로 생각될 수도 있다. 그러나 지금도 협회는 예상하는 것보다 더 많은 기능과 강점을 갖고 있다. 그들은 회원을 교육하고, 시장과 소비자에 대한 정보를 제공하며, 회원 간 분쟁을 방지하거나 중재한다. 다양한 전문 분야의 인적 자원을 보유하고 있으며 회원들은 이 전문가들의 도움을 받을 수 있다. 회원 간 네트워킹 기회를 제공하고 관련 정책 및 법규 제정에 영향력을 행사하기도 한다. 가장 중요한 것은 협회가 이런 기능을 토대로 회원과 정부 기관, 회원과 회원, 회원과 소비자 간의 가교 역할을 한다는 점이다. 하나의 커다란 울타리가 되어주는 것이다.

스티븐에게 무엇보다 필요했던 것은 회원 모두를 대표하는 협회의 공신력이었다. 많은 회원이 협회를 조직하고 오랜 시간을 함께 일하면서 협회는 자연스럽게 해당 산업 분야를 가장 잘 이해하는 전문화된 조직이 된다. 흩어져 있을 때는 작고 힘이 없는 가게들이 함께 모여 체계적이고 강력한 조직을 이루는 것이다. 협회는 자연스럽게 회원 각자의 활동에 공신력을 제공하게 된다. 즉 회원들을 보증하는 브랜드가 된다. 스티븐은 이 점을 잘 알고 있었다. 특히 와인에 대한 평가와 그 평가에 대한 소비자의 신뢰가 중요한 콘테스트의 경우에는 더더욱 평가를 신뢰할 수 있게 하는 협회의 공신력이 필요했다.

스티븐은 협회를 구성하는 와인 전문가들과 블라인드 테이스팅을 개최한다. 긴장감 넘치는 와인 시음, 그리고 소비자들의 이목을 집중시킨 그들의 평가는 와인 콘테스트의 하이라이트였다. 이 모든 드라마틱한 과정에 가장 중요한 역할을 한 것도 물론 협회였다. 협회가 그들의 네트워킹을 통해 인적 자원을 지원했기 때문이다. 블라인드 테이스팅을 완성한 업계 최고의 감식가들은 협회의 지원이 아니었다면 참여가 어려웠을 것이다. 그들은 협회의 인적 네트워크를 통해 스티븐의 블라인드 테이스팅에 초청되었다. 이처럼 충분한 인적 자원과 네트워크를 보유하는 것은 협회의 중요한 기능이자 존재의 이유이기도 하다. 스티븐은 이를 와인 콘테스트의 성공적인 운영에 적절히 활용한 것이다.

캘리포니아의 나파 밸리에도 무명의 와이너리들을 하나로 묶어주는 나파 밸리 포도 농장 협회가 있다. 아직 저명하지도, 긴 역사를 자랑하지도 않는 그들 협회는 무명의 와이너리인 서로를 잘 이해하고 있다. 그들은 서로의 어려움에 공감한다. 이들은 나파 밸리의 모든 와이너리의 이익을 위해 함께 의사 결정을 하고, 자신들을 대변할 사람을 뽑고, 와인 생산 과정에서 얻은 새로운 정보를 공유한다. 아직 체계가 잡힌 협회는 아니지만 가장 중요한 순간에 가장 필요한 역할을 해내기에 충분했다. 그들은 무명 와이너리에게 어떤 도움이 필요한지 잘 알고 있었다.

최근 우리나라에는 수제 맥주 열풍이 불고 있다. 국내 수제 맥주 시장의 규모는 2014년 160억 원에서 2020년 1,180억 원 규모로 급성장했다. 2021년에는 2,000억, 2023년에는 3,700억 원 규모를 넘어설 것으로 예측된다.[1] 대기업에서도 다양한 수제 맥주 개발에 나서고 있을 정도이다. 그 배경에는 물론 다양하고 개성 넘치는 맥주의 맛을 추구하는 소비자의 변화가 있었다.

무엇보다 이러한 소비자의 변화에 부응하기 위해 발 빠르게 설립된 협회와 단체가 있다. 특히 2004년에 설립한 한국수제맥주협회는 수제 맥주 시장을 위해 관련 법령 개정 사업을 하는 것은 물론 원자재 공동 구매, 공동 행사나 축제 개최와 참여, 세미나 개최, 인재 육성, 제휴사 발전 및 컨설팅 서비스 등을 제공해오고 있다. 늘어나는 수제 맥주 양조장의 체계적인 구심점 역할을 하기 위한 조직이 갖춰진 것이다.

작은 기업이나 가게 혼자서 할 수 있는 일에는 한계가 있는 경우가 많다. 특히 소상공업은 구심점이 없고 각 업체의 규모가 작아 소상공업 전체에 이익이 될 활동을 체계적으로 수행하기 어렵다. 이럴 때 함께 모여 일하고 연대하는 것은 우리가 예상하는 것보다 더 큰 가치와 효과를 보인다.

스티븐처럼 공신력과 인적 자원이 필요한 경우가 생기기도 하고 무명의 나파 밸리 와이너리처럼 정보를 공유하며 나파 밸리 전체의 성장을 도모할 필요가 생기기도 한다. 영화 속에서 이들은 모두 힘을 합칠 때 더 많은 자원을 보유하고 활용할 수 있었다. 서로가 서로에게 자원이 되어줄 필요가 있는 것이다. 부족한 자원과 인지도로 어려움을 겪는 스티븐과 나파 밸리에게 협회는 적절한 마케팅 해법이 되었다. 작은 와인 가게와 무명의 와이너리가 해낼 것이라 믿지 않았던 와인 콘테스트의 성공에는 협회라는 든든한 울타리가 있었던 것이다.

캘리포니아 주의 나파 밸리에 처음 포도 나무가 심어진 것은 1839년, 최초의 상업용 와이너리가 설립된 것은 1861년이었다. 유구한 역사를 가졌음에도 나파 밸리의 와인은 세계 무대에서 두각을 나타내지 못했다. 영화의 배경이 된 1970년대에도 상황은 마찬가지였다. 사업의 돌파구를 찾지 못하던 영화 속 샤토 몬텔레나는 당시 난항을 거듭하던 나파 밸리의 모든 와이너리를 대변한다.

샤토 몬텔레나는 와인의 품질에 매달렸다. 와인처럼 다양한 조건에 따라 품질이 크게 달라지는 제품의 경우, 섬세한 품질 관리가 꼭 필요하다. 샤토 몬텔레나의 사장인 짐은 포도밭에 가장 자주 나가 가장 많은 애정을 쏟아붓는 사람이다. 실제로 샤토 몬텔레나의 와인은 최고의 품질을 갖고 있었다. 그럼에도 시장은 여전히 제한적이었으며 재정적 어려움은 커져만 갔다.

그의 와인은 최고의 품질과 합리적인 가격을 갖고 있었다. 또한 그의 와이너리는 지리적으로도 최적의 위치에 자리하고 있었다. 나파 밸리는 미국 포도 지정 재배지역으로 포도 생산에 적합한 기후 조건을 갖고 있으며 와이너리들이 모여 있어 다른 와이너리들과 정보를 공유하고 서로 의지할 수 있었다. 와이너리로서 좋은 입지 조건을 갖고 있었지만 공간을 다양한 용도로 활용하고 있지는 않았다. 물론 현재의 나파 밸리는 여행지로도 각광받을 만큼 호텔, 레스토랑, 빈티지 기관차 등 다양한 놀거리와 먹거리를 갖추

무명의 캘리포니아 와이너리가 이룬 마케팅 성과

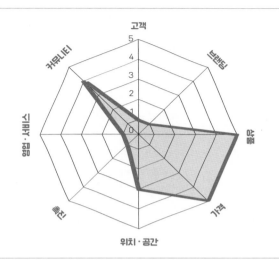

고 있다.

이외에도 샤토 몬텔레나는 소비자와 직접 접촉하지 않아 별다른 촉진 전략이나 고객 서비스 전략이 없었다. 그러나 다른 와이너리와의 관계가 돈독하고 협회에 대한 관여도가 높아 커뮤니티를 효과적으로 구축하고 있다고 볼 수 있다. 협회와 긴밀한 관계를 구축하고 있다는 점은 향후의 마케팅 활동을 위해서 고무적인 일임에 분명하다.

샤토 몬텔레나가 다양한 마케팅 및 촉진 활동과 고객 서비스 전략을 갖추고 브랜드를 노출한다면 뛰어난 와인의 품질을 소비자에게 알리고 시장을 확대할 수 있다. 그 첫 단계가 와인 콘테스트였던 것이다. 스티븐이 개최한 콘테스트에 참여하는 것 외에 샤토 몬텔레나는 어떤 마케팅 활동을 해야 하는 것일까?

마케팅 제안 ①

소비자가 참여하는 와인 콘테스트

샤토 몬텔레나의 또 다른 주인공인 보 바렛은 나파 밸리의 와이너리들을 대표해 와인 콘테스트가 열리는 프랑스로 향한다. 나파 밸리의 와이너리들이 십시일반 모은 돈으로 그는 비행기에 오른다. 한껏 기대를 품고 찾아왔지만 스티븐이 개최한 블라인드 테이스팅은 조촐한 규모였다. 수많은 기자를 예상했지만 행사장에는 단 한 명의 기자만이 있을 뿐이었다. 보를 한숨 짓게 할 만큼 작은 행사였으나 그 여파는 강력했다. 콘테스트의 결과는 국경도 없이 퍼져 나갔다. 만약 참여자의 수가 더 많고 다양했다면 그 여파는 더 멀리까지, 더 광범위하게 미칠 것이 분명했다.

힌트는 여기에 있다. 스티븐의 와인 콘테스트는 세계 와인 시장에 샤토 몬텔레나의 이름을 알리는 계기가 되었다. 이후로는 소비자와 장기적이고 긴밀한 관계를 형성해야 한다. 이를 위해서 콘테스트 형태의 마케팅을 사용하는 것은 여전히 유효한 전략이 될 것이다. 이전과 다른 점이 있다면 콘테스트의 종류와 참여자의 범위를 넓힐 필요가 있다는 것이다. 스티븐의 콘테스트는

B2B Business To Business 형태의 콘테스트였다. 와인 업계와 와인 제조업체 간의 콘테스트였고 한정된 미디어를 통해 와인 산업에 대한 소비자의 관심을 높이기 위한 마케팅이었다. 샤토 몬텔레나는 이제 B2C Business To Consumer 형태의 콘테스트를 직접 개최할 필요가 있다.

소셜 미디어 등의 다양한 경로를 통해 소비자의 직접 참여를 유도하기 수월한 지금은 콘테스트 참가자의 범위를 일반 소비자로 넓히는 것이 더 효과적이다. 실제로 최근 기업들은 콘테스트의 참여자 범위를 넓히고 참여의 형태도 다양화하고 있다. 이뿐만 아니라 상품 디자인 등의 더욱 전문화된 사업 영역에서도 콘테스트를 열어 소비자를 참여시킨다. 이처럼 콘테스트 마케팅은 빠르게 진화하고 있다.

그 대표적 예가 스타벅스와 아이폰이다. 스타벅스는 소비자들이 컵 홀더에 직접 그림을 그려서 참여하는 스타벅스의 화이트 컵 챌린지 White Cup Challenge를 성공적으로 이끌었다. 아이폰의 샷 온 아이폰 Shot on iPhone 캠페인은 참여자들이 아이폰으로 사진을 찍어서 참여하는 캠페인이다. 이들은 모두 참여한 소비자의 디자인과 사진 중 일부를 실제로 상품화하거나 광고에 활용했다.

이에 더해 기업은 최근 소비자들에게 기업 활동에의 참여 기회를 제공하고 그 수익을 참여자와 공유하는 크라우드소싱 기법을 적극 활용한다. 레고는 참여자가 직접 창작물을 만들고 레고

본사의 심사를 받아 이를 상품화할 수 있는 레고 아이디어스를 운영한다. 스타벅스는 소비자가 스타벅스의 매장 운영에 대한 아이디어를 공유하고 토론하며 서로 평가하는 스타벅스 아이디어를 운영했다. 평가가 좋은 아이디어는 실제로 스타벅스의 운영에 적용되었다. 참여 범위가 넓어지고 참여자 수가 많아질수록 이야깃거리가 많아지고 수많은 참여자가 이를 소셜 미디어를 통해 공유한다. 결과적으로 이러한 콘테스트나 챌린지는 대중의 관심을 끌게 되고 브랜드는 자연스럽게 소비자에게 각인되는 것이다.

이러한 이벤트는 끊임없이 소비자의 관심을 유발하기에 적합한 마케팅 기법이다. 기업은 이 방법으로 소비자와 함께 거대한 운명 공동체를 만들어내고 있다. 샤토 몬텔레나의 경우 자신이 참여자가 되는 대신 이제 개최자가 되어 소비자를 참여시켜야 한다. 예로 다른 와이너리의 와인과 블라인드 테이스팅을 하는 방법이 있다. 나파 밸리의 호텔 행사장이나 샤토 몬텔레나의 시음실로 소비자를 초대해 블라인드 테이스팅을 개최하고 참여자가 SNS를 통해 결과를 공유할 수 있도록 하는 것이다.

이는 수많은 잠재 고객에게 샤토 몬텔레나 와인의 품질을 알리기에 좋은 방법이다. 소비자들이 와인에 대한 콘텐츠를 만들어 샤토 몬텔레나의 소셜 미디어 계정에 포스팅하는 방법도 있다. 샤토 몬텔레나의 다른 소비자가 직접 콘텐츠들을 평가하고 가장 인상적인 콘텐츠에 투표하도록 하는 것이다. 수상자에게는 와인이나 와인 관련 제품을 제공하거나 호텔 투숙 등을 포함한 무료 견학 프로그램을 수여하는 것도 좋다. 더 많은 사람이 참여하고 관심을 갖게 된다면 샤토 몬텔레나에 대한 이야기는 계속 늘어나고 끊임없이 소비자들 사이에 회자될 것이다.

마케팅 제안 ②
와인 마케팅의 핵심은 시음이다

스티븐은 낡은 자동차를 타고 나파 밸리를 찾아나선다. 대회에 내놓을 미국 와인을 찾기 위한 탐색이었다. 프랑스 와인에 대한 우월주의에 빠진 그이지만 나파 밸리의 양조장에서 와인을 시음하는 그의 태도는 늘 진지했다. 손쉽게 미국 와인 몇 가지를 구해 돌아갈 수도 있었지만 그는 매우 진지하고 엄격하게 와인을 하나하나 시음한다. 천천히 와인의 향을 음미하고, 향에서 느껴지는 아름다운 인상을 표현하고, 맛을 보는 그의 모습에서 세상 모든 와인에 대한 진지한 철학과 존중을 엿볼 수 있다. 영혼 깊은 곳까지 각인되는 와인의 향과 맛에 대한 스티븐의 애정은 낭만적이기까지 하다.

와인처럼 여러 가지 조건에 따라 맛과 향이 첨예하게 달라지는 제품의 경우 소비자의 취향 또한 개인별로 매우 다양하게 마련이다. 와이너리가 만들어내는 맛과 향이 제각각이고, 소비자가 추구하는 맛 역시 제각각일 때 이 둘을 가장 정확하게 연결하는 것이 시음이다. 시음은 소비자가 추구하는 정확한 맛과 향을 찾아내 전달하는 가장 효과적인 방법이다. 이것이 선입견과 편견으로 가득한 스티븐조차 잔에 담긴 와인 앞에서는 무한히 경건하고 진지해지는 이유이다. 와인의 맛에 대한 전문가의 정확한 분석은 와인과 소비자를 이어주는 가장 중요한 역할을 하기 때문이다.

시음을 위한 마케팅 활동은 예상보다 매우 다양하다. 우선 많은 와이너리가 회원제로 운영되는 와인 클럽을 운영하며 회원에게 할인을 해주거나 회원만 참여할 수 있는 시음 이벤트를 마련하는 등의 활동을 한다. 회원제 와인 클럽이 와이너리 소득의 30% 정도를 차지하니 이들의 시음과 평가는 매출과도 직결된다.

또 많은 와이너리가 비즈니스 행사, 결혼식, 야외 공연 등을 유치한다. 행사에서 자신의 와인을 제공하는 것이다. 또는 다른 와이너리의 와인과 함께 블라인드 테이스팅을 하거나 소비자를 초대해 와이너리 투어를 하고 와인 강좌를 열기도 한다. 무료로 와인 테이스팅 패키지를 제공하거나 주문을 받아 제공하는 것도 좋은 방법이다. 혹은 백화점이나 마트에 시음을 위한 팝업 스토어를 열어 고객 기반을 넓히는 방법도 있다.

미국 중서부에 살던 시절, 나는 가끔 아이들을 데리고 인근의 와이너리를 찾곤 했다. 오른편으로 보기 좋게 늘어선 포도 나무를 바라보며 길을 따라 들어가면 아름다운 강가에 면한 레스토랑이 있었다. 와이너리가 운영하는 레스토랑으로 선물같은 풍경이 일품이었다. 맛있는 음식과 포도주, 멋진 풍경에 매료된 나와 아이들은 이후로도 생일이나 기념일이면 늘 그곳을 찾았다. 그리고 이내 레스토랑을 감싸던 와인 향에 호기심을 갖게 되었다. 식사 후 직원에게 조언을 구해 사가던 와인이 지금의 와인 취향을 결정짓기도 했다. 이처럼 와이너리 레스토랑은 시음 마케팅을 위한 최적의 환경이다.

우리나라에는 수제 맥주가 유행하면서 현재 150개 이상의 수제 맥주 양조장이 생겨났다. 수제 맥주만의 개성을 사랑하는 일명 '맥주 덕후'가 된 소비자들은 이들 양조장을 찾아다니며 다양한 맥주의 맛에 빠져들고 있다. 이러한 수제 맥주 전성시대를 놓치지 않고 국내 양조장들은 소비자 투어를 열고 있다. 자신들이 개발한 제품의 독특한 맛과 향이 탄생한 과정에 대해 소비자들이 보고, 듣고, 맛보는 경험을 갖도록 하는 것이다. 소비자들은 투어와 함께 해당 양조장의 다양한 맥주를 맛보며 맥주 파티를 즐긴다. 이미 코리아크래프트브루어리, 제주의 맥파이브루잉컴퍼니, 공주의 바이젠하우스브루어리 등이 양조장 투어를 진행하고 있다.[2] 레스토랑이나 바를 함께 운영하는 양조장도 적지 않다. 이들은 각자의 소비자를 확보하는 것은 물론 국내 수제 맥주 시장의 저변을 넓히는 데에도 기여한다.

소비자에게 와인을 맛보게 하는 것, 바로 그것이 와인 마케팅의 가장 중요한 부분이자 와인 사업의 시작이라 할 수 있다. 이를 위해 소비자들이 시음을 할 수 있도록 테이스팅 룸을 갖추거나 레스토랑이나 작은 와인바를 운영하는 것도 좋은 방법이다. 와인에 관심이 적은 소비자로 고객 기반을 넓힐 수 있으니 와인 산업 전반을 확장하는 데에도 일조할 수 있다. 맛과 향에 대한 소비자의 취향이 다양한 분야의 경우 이처럼 소비자가 맛을 볼 수 있도록 편안한 공간을 마련하는 것이 좋다. 커피 농장은 카페를, 맥주 양조장은 펍을, 막걸리 양조장은 주점을 운영하는 것이 같은 맥락이다. 이처럼 소비자가 접근하기 쉽고 편안하게 시음할 수 있는 경로를 마련하는 것이 무엇보다 우선되어야 한다.

　샤토 몬텔레나의 강점은 최고의 상품력이다. 당시 샤토 몬텔레나를 이끌던 짐은 와인에 있어서는 누구에게도 지지 않을 자신이 있었다. 그러나 이렇다 할 고객 유도 전략도, 고객 관계 관리 전략도, 브랜딩 전략도 없었고 촉진 활동이나 영업 활동이 원활한 것도 아니었다. 말하자면 상품력 외에는 마케팅이라 할 만한 활동이 전무한 셈이었다. 이런 그들이 뛰어난 품질의 와인을 최고의 자산으로 활용할 수 있는 유일한 마케팅 기법이 와인 콘테스트와 시음회였다.

　샤토 몬텔레나는 소비자가 참여하는 와인 콘테스트를 직접 개최함으로써 고객 기반을 넓히고 더 많은 소비자를 끌어들일 수 있다. 소셜 미디어를 통해 콘테스트와 샤토 몬텔레나의 와인에 대

마케팅 제안이 가져올 마케팅 성과

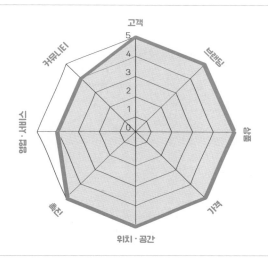

한 정보가 더 많은 소비자에게 전달될 것이다. 이는 브랜딩 효과로 이어진다. 또한 소비자가 편안한 공간에서 샤토 몬텔레나의 와인을 시음하는 이벤트를 자주 개최함으로써 샤토 몬텔레나의 입지와 공간의 효과를 극대화할 수 있다. 이는 소비자에게 지속적으로 샤토 몬텔레나와 와인을 노출시키는 최고의 촉진 전략이자 영업 전략이 될 것이다.

무엇보다 이러한 전략은 샤토 몬텔레나가 만드는 좋은 품질의 와인이 있기에 더 효과적인 전략이기도 하다. 최고의 와인으로 보다 많은 소비자와 지속적으로 소통하는 전략, 그것이 샤토 몬텔레나 마케팅 전략의 핵심이 될 것이다. 무엇보다 샤토 몬텔레나도 소비자도 모두 주인공이 되는 가장 이상적인 마케팅이기도 하다.

마케팅
솔루션

소비자에게 '참여'의 기회를 팔고, 그들의 아이디어와 재능을 사라. 소비자와 한 배를 타라.

크라우드소싱 마케팅

크라우드소싱 마케팅, 대중과 손을 맞잡다

크라우드소싱 마케팅은 기업의 제품 및 서비스 개발, 광고 및 판촉 활동, 매장 운영 등 사업 전반에 걸친 다양한 활동에 대한 일반 대중의 의견, 아이디어, 정보를 수집하는 마케팅 활동을 의미한다. 이러한 대중의 참여로 발생한 수익 또한 참여자와 직접 공유한다. 즉 '대중crowd'과 '아웃소싱outsourcing'의 합성어인 크라우드소싱은 말 그대로 불특정 다수인 일반 대중으로부터 기업 운영에 필요한 기능을 모집하여 생산하는 활동이다.

기업 운영과 활동에 대한 대중의 관심이 높아지고 인터넷을 이용한 직접 참여가 가능해지면서 크라우드소싱은 단순히 아웃소싱의 개념이 아닌 대중과 관계를 맺을 수 있는 효과적인 마케팅 기법이 되었다. 레고의 아이디어스처럼 기업의 제품 디자인 및 생산 과정에 참여함으로써 대중은 기업에 지속적으로 관심을 기울이게 된다. 또한 아이폰의 '샷 온 아이폰' 챌린지처럼 직접적인 방법으로 신상품을 홍보할 수도 있다. 더 많은 대중이 더 직접적이고, 더 실질적인 사업 활동에 참여할수록 기업과 제품에 대한 대중의 관심과 충성도는 더 높아진다.

크라우드소싱 마케팅의 유형

크라우드소싱 마케팅은 대체로 콘테스트, 챌린지, 투표 등의 활동을 통해 대중에게 의견과 아이디어를 수집하고, 사업 운영에 대한 도움을 얻고, 제품과 서비스 개선을 위한 피드백을 받고, 신제품을 홍보하고 판매를 촉진한다.

- **제품과 서비스 제안**

제품에 대한 의견을 대중에게 직접 구하는 것은 크라우드소싱의 가장 대표적인 유형이다. 독창적으로 디자인된 레고를 모집하고 심사하는 레고의 아이디어스가 대표적인 사례이다. 맥도날드는 버거 빌더 캠페인을 통해 소비자가 제출한 아이디어의 새로운 버거를 출시했다. 새로운 감자칩 맛에 대한 아이디어 콘테스트를 열었던 레이즈Lay's도 이를 통해 신상품을 선보였으며 이 중 '치즈 갈릭 브레드'는 출시 3개월 만에 8%의 매출 증가를 견인했다.[3]

- **광고 콘텐츠 제작**

새로운 광고 캠페인을 대중에게서 구하는 콘테스트도 종종 열린다. 대중이 직접 이미지, 비디오, 오디오, 텍스트 등을 제작하여 기업에 제출하고 기업은 이를 선정하여 마케팅 캠페인에 사용하는 것이다. 애플은 아이폰의 샷 온 아이폰 캠페인을 통해 모집한 소비자의 사진을 실제 광고와 홍보에 활용했다. 또한 프리토레이Frito-Lay는 2006년부터 2016년까지 자신의 과자 브랜드인 도리토스의 광고를 만드는 크래시 슈퍼볼Crash the Super Bowl 콘테스트를 열고, 선정된 광고를 슈퍼볼 기간 동안 방영했다. 캠페인은 성공적이었고 과자 도리토스의 팬들은 3만 6,000개 이상의 광고를 만들어 제출했다.[4] 이 콘테스트는 더 많은 도리토스 팬을 만들어냈고 소비자들이 만들어낸 광고를 통해 도리토스는 더 친밀한 브랜드 이미지를 갖게 되었다.

작은 가게에 더 유용한 크라우드소싱 마케팅

대기업의 다양한 사례를 통해 우리는 대중이 기업 활동에 참여하는 데에 관심이 높다는 것을 확인했다. 그렇다면 작은 가게도 불특정한 잠재 고객인 대중에게 가게와 상품에 대해 물을 수 있을까? 크라우드소싱 마케팅은 사실 작은 가게에 더욱 유용하다. 인적 자원 등이 한정된 작은 가게의 상황에서는 많은 소비자가 제공하는 다양한 아이디어와 콘텐츠가 실질적인 도움이 된다. 더불어 잠재적 소비자의 참여를 통해 가게와 제품에 대한 관심과 인지도를 높일 수 있다.

카페에서 새로운 음료를 출시하고자 한다면 새로운 음료의 맛과 이름을 결정하기 위한 가게만의 작은 콘테스트를 주최할 수 있다. 고객이 직접 재료를 조합하고 이름을 짓도록 하는 것이다. 고객들이 투표할 수 있도록 설문 조사를 진행할 수도 있다. 제품 아이디어를 얻는 것뿐 아니라 고객의 관심을 불러일으키고 가게의 인지도를 확보하는 효과적인 방법이 될 것이다. 가게를 새로 연다면 가게의 이름을 지역 소비자가 직접 짓는 콘테스트를 기획할 수도 있다. 소셜 미디어를 이용할 수도 있고, 가게 앞에 작은 보드를 붙여놓아도 좋다. 새로운 가게에 대한 지역 소비자의 관심과 호기심을 높일 수 있을 것이다.

크라우드소싱 마케팅은 단순히 제품이나 콘텐츠 개발을 위한 활동이 아닌 고객과의 관계를 관리하는 중요한 전략이 되었다. 자원이 풍부한 대기업이 지속적으로 크라우드소싱 마케팅을 개발하고 활용하는 이유가 여기에 있다.

다만 작은 가게에는 일반적으로 크라우드소싱을 통해 접근하고, 소통하고, 관계를 구축할 '대중'이 개발되어 있지 않다는 것이 한계점이 될 수 있다. 따라서 잠재적 소비자가 내 제품에 흥미를 갖고, 내 가게와 소통하고 교류할 수 있도록 다양한 행사를 기획해야 한다. 크라우드소싱 마케팅은 고객의 호기심을 끌고, 관심을 불러일으키며, 고객과의 관계 구축을 돕는다. 그렇게 지속적으로 대중을 끌어들이게 된다.

앞서 말했듯 하버드대학교 경영대학의 라이언 라파엘리 교수는 2020년 출간한 논문에서 독립서점의 부활을 알렸다. 우리나라처럼 미국에서도 1990년대 중반부터 대형 서점과 아마존닷컴의 영향으로 독립서점의 수가 현저히 감소했다. 전문가들은 독립서점의 종말을 예언했다. 그러나 2000년대 초반부터 2010년대에 이르기까지 독립서점의 수는 50% 증가하며 다시 늘어나기 시작했다. 라파엘리 교수는 이를 '독립서점의 부활'이라고 불렀다.

미국 독립서점의 부활처럼 우리도 독립서점과 작은 가게들의 부활을 기대할 수 있을까? 라파엘리 교수는 논문에서 부활의 배경을 이렇게 제시했다. 독립서점은 지역 커뮤니티 활동을 통해 지역 사회를 지원했고, 고객에게 더욱 전문적인 경험을 제공하기 위한 서적의 구성을 관리했으며, 다양한 이벤트를 개최해 사람들이 모이고 교류하는 공간이 되었다.

그는 이 요소들을 3C, 즉 커뮤니티, 큐레이션, 모임으로 요약한다. 이는 이 책 속 15편의 영화들이 보여준 가게 마케팅의 핵심이기도 하다. 영화 속 가게들은 지역 커뮤니티를 구축하고 활동하며 지역 이웃과 함께 어려움을 이겨 나가고 서로를 돕는다. 또한 손님에게 뛰어난 상품과 더 나은 쇼핑 경험을 제공하고, 손님과 이웃 상인이 편안하게 모여 소통하고 교류하는 공간으로서 기능을 충실히 수행한다.

우리는 사실 소상공업의 성공에 이 세 가지가 꼭 필요하다는 점을 이미 알고 있는지도 모른다. 가게는 이제 더 이상 상품과 서비스만을 파는 곳이 아니다. 작은 가게만의 차별화된 특징이 없다면 대기업의 매장을 선택하지 않을 이유가 없다. 대기업 매장은 상품 구색이 다양하고, 쇼핑 환경이 깨끗하고 쾌적하며, 구매 과정이 편리하다. 상품과 가격, 쇼핑 경험과 배달 등의 구매 편의성에서 경쟁할 수 없다면 작은 가게는 과연 어떤 역할과 기능을 해야 하는 것일까? 이 책은 이 점에 초점을 맞추고 있다. 소비자가 작은 가게에 바라는 것은 무엇일까? 이에 대한 분석이 필요한 시점이다.

작은 가게만이 할 수 있는 기능, 소비자가 작은 가게에만 기대하게 되는 기능은 '관계'다. 커뮤니티의 가치, 더 좋은 상품과 쇼핑 경험, 모임과 교류의 공간. 이 세 가지는 가게와 소비자, 소비자와 소비자, 가게와 지역 간의 관계를 구축하는 기본 전략이다.

더 나아가 이 책은 가게가 현실적으로 시도해볼 수 있는 마케팅 활동에 대한 아이디어를 얻을 수 있도록 구성했다. 영화의 가게들을 현실 속 상황에서 시뮬레이션해보고, 이에 대해 분석하고 전략을 도출했다. 여덟 가지 마케팅 요소를 기준으로 다양한 마케팅 기법을 설명했고, 이를 현실적으로 시도해볼 수 있도록 영화 속 가게들을 매개로 스토리텔링했다. 실제 자신의 가게, 혹은 자신의 단골 가게와 영화 속 가게의 상황을 비교해보고, 이 책에 나온 마케팅 방법을 적용할 경우를 스스로 시뮬레이션해볼 수 있을 것이다.

작은 가게를 배경으로 삼은 15편의 영화를 보면서 우리가 기대하고, 때로는 그리워하는 작은 가게란 어떤 모습인지 알 수 있다. 미국에 독립서점 부활의 신호탄이 오른 것에서 알 수 있듯이 이제 소비자는 자신만의 작은 가게를 원하고 있으리라 확신한다. 그들은 크고 화려하고 규격화되어 편리하지만, 관계나 교류나 소통이 없는 지금의 시장 상황에 지루함이나 쓸쓸함을 느낄 수 있다. 점점 더 고립되어 외로운 감정이 우리 주변을 메우고 있다. 그래서 사람들은 영화 속에서라도 소박하고 따뜻한 가게를 그려내고 있는지 모른다. 현실에서 그런 기대를 채워줄 수 있는 가게를 만들어가는 데 이 책이 도움이 되기를 바란다.

작은 가게의 브랜딩 구축을 위한 마케팅 트리

　새로운 마케팅 기법들이 매일 쏟아져나온다. 모두 근거가 확실하고 소비자들의 성향과 행동 패턴을 반영한 기법들로 단 하나도 허투루 하기 어려운 것이 사실이다. 그래서인지 단 하나의 성공적인 마케팅 비법을 뽑아내는 것은 쉽지 않다. 따라서 내 가게의 특징과 제품의 특징, 지역 소비자들의 성향을 두루 고려하여 몇 가지 주효한 마케팅 기법으로 마케팅 활동을 설계해야 한다. 특히 여러 측면에서 자원이 충분하지 않은 작은 가게라면 더더욱 설계의 과정이 중요하다. 이런 이유로 사례가 더욱 중요하다. 지속적으로 매출과 이익을 내는 가게들의 이야기를 듣고, 그들을 분석하고, 그들이 사용한 마케팅 설계도를 그려볼 필요가 있다.

　그러나 흩어져 있는 사례 속에서 마케팅 지도를 그려내는 것 또한 쉬운 일이 아니다. 그래서 이 책의 영화 속 가게들이 활용한 마케팅 기법을 포함하여 작은 가게들이 고려해볼 만한 다양한 마케팅 기법들을 요약하여 정리해보고자 한다. 이를 토대로 자신

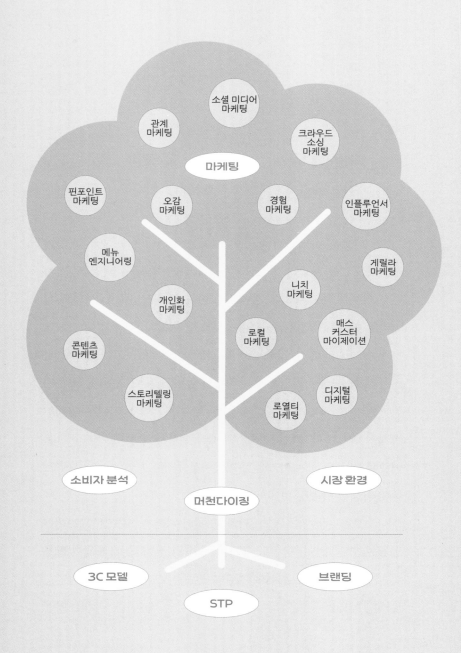

소셜 미디어
마케팅

관계
마케팅

크라우드
소싱
마케팅

마케팅

핀포인트
마케팅

오감
마케팅

경험
마케팅

인플루언서
마케팅

메뉴
엔지니어링

게릴라
마케팅

개인화
마케팅

니치
마케팅

콘텐츠
마케팅

로컬
마케팅

매스
커스터
마이제이션

스토리텔링
마케팅

로열티
마케팅

디지털
마케팅

소비자 분석

시장 환경

머천다이징

3C 모델

브랜딩

STP

의 가게만을 위한 마케팅 설계도를 그려볼 수 있다.

　마케팅 트리는 마케팅의 핵심 구성 요소를 우선 순위에 따라 이해하기 쉽게 도식화한 것이다. 사업을 견실하게 성장시키고 시장에서 오랫동안 생존하기 위해서는 튼튼한 나무를 키우듯이 마케팅 활동을 기초부터 탄탄히 계획하고 수행해야 한다. 마케팅 트리는 사업을 한 그루의 풍성한 나무처럼 잘 성장시키기 위한 마케팅 전략과 활동을 그 역할과 우선순위에 따라 구체적으로 설명한다.

마케팅 트리의 환경

　나무의 건강한 성장에는 적당한 날씨와 강수량, 비옥한 토양과 햇빛이 필요하다. 사업이라는 나무를 성장시키는 결정적 요인 또한 사업을 둘러싼 시장 환경에 있다. 시장의 급격한 변화는 새로운 제품 아이디어를 무력화시키기도 하고, 가게가 판매하는 제품과 서비스의 수명 주기나 경쟁력을 떨어뜨리기도 한다. 소비자와 시장의 트렌드 변화는 브랜드를 노후화하고 시장점유율을 감소시키는 주요 원인이 된다. 사업이라는 거대한 나무의 뿌리를 내리고, 줄기를 키우고, 잎을 틔우기 위해서는 매 순간 시장 환경과 소비자의 행동에 대해 면밀히 분석하고 이에 대응하는 전략을 모색해야 한다.

시장 환경과 소비자 분석은 무엇보다 제품 아이디어의 생산성과 시장성을 판단하기 위한 기초가 된다. 시장이 어떻게 변화하고 있으며, 대상 고객이 누구이며 그들이 무엇을 원하는지 명확히 파악하는 것은 제품과 서비스의 개발은 물론 판매 전략과 마케팅 전략의 기초가 된다. 이것이 모든 기업이 사업 계획의 가장 첫 부분을 시장 환경 분석으로 시작하는 이유이기도 하다. 이후로도 사업을 운영하면서 정기적으로 시장 조사와 분석을 수행해나간다.

효과적이고 정확한 시장 및 소비자 분석을 위해서는 우선 다음 질문들에 대한 답을 찾아야 한다.[1]

- 내 가게의 잠재 고객은 누구인가?
- 내 고객의 구매 습관은 무엇인가?
- 목표 시장의 규모는 어느 정도인가?
- 고객이 내 제품에 얼마 정도를 지불할 의사가 있는가?
- 내 가게의 주요 경쟁자는 누구인가?
- 경쟁자의 강점과 약점은 무엇인가?

더 체계적인 분석을 위해 다양한 시장 환경 분석기법이 개발되었다. PESTLE(정치, 경제, 사회, 기술, 법률, 환경), SWOT 분석(강점, 약점, 기회, 위협), 마이클 포터의 산업분석(경쟁 구도, 공급자, 구매자, 대체제, 잠재적 진입자), DESTPE(인구통계, 경제, 사회문화, 기술, 환경, 정치 및 법률), BCG 매트릭스 분석(경쟁력 및 경쟁자 분석) 등이 일반적으로 사용되는 환경 분석 기법들이다.

이처럼 시장 환경 분석은 크게 정치, 경제, 사회문화, 기술 환경을 분석하는 외부 환경 분석, 경쟁 관계 분석, 내 사업의 강점과 약점을 분석하는 내부 환경 분석으로 나뉜다. 환경 분석은 사업을 준비하는 단계에서 시작되고 이후로도 정기적으로 사업의 운영 상황에 맞추어 수행된다. 사업의 환경을 정확히 파악하고 이를 토대로 뿌리를 내리기에 좋은 최적의 터를 잡고, 성장을 위한 최적의 조건을 갖추어 나가는 것이 사업 운영에 가장 중요한 단계이다.

마케팅 트리의 뿌리

튼튼한 나무로 성장하려면 뿌리가 깊고 견고해야 하듯이 사업의 운영에서 깊고 견고한 뿌리는 3C 모델, STP, 브랜딩으로 이루어진다. 시간이 지나면서 사업의 정체성이 흔들리는 경우를 종종 접하게 된다. 불안한 정체성은 경쟁이 심화되거나 시장 환경이 악화되면 사업을 도태시키는 주요 원인이 된다. 따라서 사업 초기의 3C 모델, STP, 브랜딩은 오랜 시간이 걸리고 복잡한 절차가 필요하더라도 반드시 면밀한 분석을 통해 견고하게 개발되어야 한다. 이는 사업의 뿌리를 튼튼하게 하는 과정이기 때문이다.

이 중 3C는 세 가지 전략 요소인 고객Customer, 경쟁사Competitor, 기업Corporation을 분석하는 전략적 비즈니스 모델이다. 이들을 면밀히 분석하여 사업의 핵심 가치, 성공 요인, 차별화 요소 등을 찾아내는 것이다. 이 결과는 이후 전반적인 마케팅 전략 구상의 기초가 된다.

1. **고객**: 소비자 분석(인구통계 특성, 쇼핑 특성, 사회 활동, 제품 반응 등)
2. **경쟁사**: 주요 경쟁 업체 분석(경쟁사 입지, 제품, 마케팅 활동 등)
3. **기업**: 자사 분석(목표 및 성과, 강점 및 약점, 자원, 차별화 요소 등)

STP는 3C 분석 결과를 토대로 구체적으로 시장에서 내 가게의 위치와 마케팅 전략의 틀을 개발하는 단계이다. STP를 통해 어떤 고객을 목표로 삼고, 경쟁 업체와 어떻게 차별화해야 할 것인지를 결정하고 내 가게에 적합한 마케팅 전술에 대한 결정을 내릴 수 있다.

1. **시장세분화**: 소비자 니즈와 욕구에 따라 전체 소비 시장을 세분화
2. **타깃팅**: 소비 욕구, 시장 규모, 수익성 등을 토대로 목표 소비자 집단 선정
3. **포지셔닝**: 목표 고객이 인식하는 경쟁사 분석, 차별화된 시장 위치 선정

브랜딩은 3C와 STP를 통해 결정된 전략적 요소들을 토대로 내 사업의 정체성을 결정하고 개발하는 단계이다. 브랜딩 단계에서는 아래의 요소들을 정의하고 이를 토대로 구체적인 브랜드의 정체성을 구축한다.[2]

1. **명확한 브랜드 정체성 정립:** 사업의 목적, 비전, 가치, 미션 등의 사업 원칙과 신념

2. **대상 고객의 정의:** 사업의 대상이 되는 타깃 고객층을 명확히 정의

3. **경쟁 관계 정의:** 경쟁 업체와 매장을 식별하여 사업 차별화 전략 개발

4. **브랜드 개성 구축:** 브랜드의 로고, 색상, 서체, 이미지, 그래픽 등의 개발

5. **브랜드 스토리 개발:** 핵심 가치와 가게의 역사를 담은 진정성 있고 간결한 스토리 개발

6. **고객 여정 정의:** 고객의 구매 과정 단계를 구체적으로 정의

7. **브랜드 출시:** 브랜드 커뮤니케이션 활동을 통해 브랜드 인지도 제고

8. **브랜드 성과 분석:** 브랜드 출시 후 데이터를 분석하여 성과 관리를 위한 전략 수정

마케팅 트리의 줄기

견고한 사업의 뿌리를 기반으로 이제 사업의 나무 줄기를 튼튼하게 일궈야 한다. 사업에서의 나무 줄기는 제품과 서비스를 기획·운영·관리하는 머천다이징이라 할 수 있다. 줄기가 없는 나무가 없듯이 어느 사업에나 제품과 서비스가 존재한다. 나무의 줄기가 잎이 무성한 나무를 만들듯이 사업에 있어 효과적이고 성공적인 제품과 서비스의 운영은 사업의 존재와 수명을 결정짓는 요소이다. 제품과 서비스의 운영에 관련한 전략적 과정이 머천다이징, 즉 상품 기획 및 상품 관리이다. 마케팅과 달리 머천다이징은 '소비'의 영역보다는 '생산'의 영역에 더 가깝다.

머천다이징, 즉 상품 기획의 핵심 의사 결정은 무엇을, 어디에서, 언제, 얼마에, 얼마나 판매할지를 결정하는 것이다. 5R이라고 부르는 머천다이징의 의사 결정 단계는 아래와 같다. 최근에는 7R 등으로 기획의 요소가 더 다양해지고 고려해야 할 시장 요건이 늘어나고 있다. 직접적인 의사 결정 요인은 물론 크로스 머천다이징, 버티컬 머천다이징 등 매장의 운영과 관련한 머천다이징 기법 또한 다양하다.

1. **적합한 상품**: 목표 소비자들이 원하는 상품과 상품력
2. **적절한 양**: 재고, 판매, 창고 비용, 회전율 분석을 통한 매입량

기획

3. **적절한 장소:** 매장의 입지, 제품 판매 장소 기획

4. **적합한 시기:** 제품의 출시와 판매 종료 시기 기획

5. **적당한 가격:** 제품과 고객의 특성, 판매 시기, 할인을 고려한 가격 기획

마케팅 트리의 잎

마케팅 트리에 표현된 것처럼 마케팅 기법은 수없이 많다. 또한 매일 새롭고 효과적인 마케팅 기법이 쏟아져 나온다. 놀라운 것은 이렇게 많은 마케팅 기법이 대부분 실제 사례와 적합한 근거를 바탕으로 하는 논리적이고 생산적인 기법이라는 점이다.

기업이나 가게는 이처럼 다양한 마케팅 기법들로 풍성한 사업의 잎을 일구어갈 수 있다. 물론 튼튼한 뿌리와 줄기를 가진 나무가 풍성한 잎으로 위용을 뽐내는 것처럼 면밀한 시장조사와 브랜딩, 적절하고 효과적인 머천다이징 기획 단계를 거친 기업과 가게는 다양한 마케팅 기법을 성공적으로 활용할 수 있다.

다만 모든 마케팅 기법이 각자의 사업과 가게, 각자의 목표 고객에 적합한 것은 아니다. 자신의 가게와 판매하는 제품, 목표 고객의 특성에 부합하는 마케팅 기법을 선정하는 것은 면밀한 분석을 기초로 한다. 이렇게 선정한 마케팅 기법을 시작하고 마무리하

는 시기, 마케팅 캠페인을 수행할 채널과 플랫폼 선정, 소비자와의 효과적인 소통 방법 등을 섬세하게 계획해야 한다.

그러나 가게, 제품, 고객, 영업 시기, 경제 상황, 트렌드, 가게의 상황 등에 가장 부합하는 마케팅 기법을 선택하는 것이 그리 간단하지 않다. 이는 마치 미로의 출구를 찾아나가는 것처럼 어렵고 복잡하게 느껴지기도 한다.

마케팅이라는 미로의 열쇠는 사례에 있다. 특정한 가게의 상황과 여건에 부합하는 마케팅 기법을 찾아나갈 수 있도록 많은 마케팅 관련 자료들은 사례에 집중하고 있다. 다양한 사례를 통해 어떤 기법을 어떤 상황에서 사용하는 것이 적절한지 파악하는 것이 우선되어야 한다. 실제 사례는 물론 이 책에서처럼 영화 속 가게들의 마케팅 활동 역시 눈여겨볼 필요가 있다. 각각의 영화는 사람들이 바라고 기대하는 이상적인 작은 동네 가게의 모습을 담고 있기 때문이다.

1 내 가게는 가족이다   국제시장

1   Rigby, D. K., & Vishwanath, V. (2006). Localization-The revolution in consumer markets. Harvard business review, 84(4), 82-92.

2   정성목. (2021). [국내특집] 해외 전통시장 수백년 이어온 비법은? Economy Insight, 61, http://www.economyinsight.co.kr/news/articleView.html?idxno=2716

2 노인의 세계에는 원칙이 있다   앙: 단팥 인생 이야기

1   KBS여행 걸어서 세계속으로. (2022, May 5). KBS 오리지널 웹다큐 '한국인의 오래된 밥집' [Video]. YouTube. https://youtu.be/Tc29-nkp4Sg

2   필립 코틀러. (2021). Kotler의 마케팅 원리. 시그마프레스.

3   이정화. (2019. 03. 25). 140년 전통의 한과 명가, 강릉 갈골한과 명인 최봉석. 대한민국 구석구석. https://korean.visitkorea.or.kr/detail/rem_detail.do?cotid=7da143d4-fb35-4192-bbbb-9542f604dfac

4   최예영. (2021). 갈골산자 대한민국식품명인 제 23호 최봉석. 농림축산식품부, 한국농수산식품유통공사.

5   Piper, W. T., Saslow, L. R., & Saturn, S. R. (2015). Autonomic and prefrontal events during moral elevation. Biological psychology, 108, 51-55.

6   Houston, T. K., Allison, J. J., Sussman, M., Horn, W., Holt, C. L., Trobaugh, J., & Hullett, S. (2011). Culturally appropriate storytelling to improve blood pressure: A randomized trial. Annals of internal medicine, 154(2), 77-84.

7   Aaker, J. (2018, November 8). How to use stories to win over others. [Video]. Lean In. https://leanin.org/education/harnessing-the-pow-

er-of-stories

8   Decker, A. (2022, February 28). The ultimate guide to storytelling. Hub-
    Spot. https://blog.hubspot.com/marketing/storytelling

3   가격을 지배하다   극한직업

1   정형기. (2019. 06. 04). 창업보다 폐업 많은 '치킨집', 해마다 8천곳 문 닫아.
    빅터뉴스. http://www.bigtanews.co.kr/news/articleView.html?idx-
    no=3311

2   Menu simplication: It's working. (n.d.). Aaron Allen & Associates. Re-
    trieved from https://aaronallen.com/blog/menu-strategy

3   Henderson, J. (2018, October 11). 10 Social media marketing tips for
    restaurants. Modern Restaurant Management. https://modern-
    restaurantmanagement.com/10-social-media-marketing-tips-for-
    restaurants/

4   Jung, N. Y., Kim, S., & Kim, S. (2014). Influence of consumer attitude
    toward online brand community on revisit intention and brand
    trust. Journal of Retailing and Consumer Services, 21(4), 581-589.

5   귀농다큐. (2020, November 8). 살어리랏다. 시골에서 500만원으로 카페 차려
    귀촌하기. [Video]. YouTube. https://youtu.be/2JbvkEXn6wA

6   Rankin, S. (2022, September 29). Menu engineering: How to make a
    profitable restaurant menu. Lightspeed. https://www.lightspeedhq.
    com/blog/menu-engineering/

4   모퉁이 서점이 살아남는 법   유브 갓 메일

1   Raffaelli, R. L. (2020). The novel resurgence of independent book-
    store. Harvard Business School. https://www.hbs.edu/ris/Publica-
    tion%20Files/20-068_c19963e7-506c-479a-beb4-bb339cd293ee.pdf

5   골목을 디자인하다   빵과 수프, 고양이와 함께하기 좋은 날

1   LOCO. (n.d.). Why local? https://bcbuylocal.com/why-local/

2   Infographic: Small business charitable giving – Big impact on local communities. (2022, December 12). Score. Retrieved from https://www.score.org/resource/infographic/infographic-small-business-charitable-giving-big-impact-local-communities

3   Who is starbucks' target market? Customer characteristics & marketing strategy analysis. (2022, May 8). Start.io. Retrieved from https://www.start.io/blog/starbucks-target-market-customer-characteristics-marketing-strategy/

4   Nike target market segmentation-customer analysis & marketing goals for 2022. (2022, July 27). Start.io. Retrieved from https://www.start.io/blog/nike-target-market-analysis/

6   SNS 마케팅의 순기능   아메리칸 셰프

1   Macready, H. (2022, November 7). How to do social media marketing for small business. Hootsuite. https://blog.hootsuite.com/social-media-tips-for-small-business-owners/

2   위와 같음.

3   Global social networks ranked by number of users 2023. (2023, February 14). Statista. Retrieved from https://www.statista.com/statistics/272014/global-social-networks-ranked-by-number-of-users/

4   Ortiz-Ospina, E. (2019, September 18). The rise of social media. Our World in Data. https://ourworldindata.org/rise-of-social-media

5   Macready, H. (2022, November 7). How to do social media marketing for small business. Hootsuite. https://blog.hootsuite.com/social-media-tips-for-small-business-owners/

7   고객을 아는 가게   초콜릿

1   Rethiking Retail, Insights from consumers and retailers into an omni-channel shopping experience. (n.d.). Infosys. Retrieved from https://www.infosys.com/newsroom/press-releases/documents/

genome-research-report.pdf

2   Tam, B. (2012, August 15). Scent of coffee on Seoul buses: What's the marketing secret? CNBC. https://www.cnbc.com/id/48676703

3   Lindstrom, M. (2008). Brand sense: Sensory secrets behind the stuff we buy. Simon and Schuster.

4   Rethiking Retail, Insights from consumers and retailers into an omni-channel shopping experience. (n.d.). Infosys. Retrieved from https://www.infosys.com/newsroom/press-releases/documents/genome-research-report.pdf

5   Personalization for small businesses. (2020, August 28). Oliver. Retrieved from https://oliverpos.com/personalization-for-small-businesses/

6   Jao, J. (2013, April 24). 6 Small-business personalization strategies. Practical Ecommerce. https://www.practicalecommerce.com/6-Small-business-Personalization-Strategies

7   Gough, O. (2017. March 6). How to use sensory marketing to increase sales in retail. Small Business. https://smallbusiness.co.uk/sensory-marketing-increase-sales-2537204/

8   Sundar, A., & Noseworthy, T. J. (2016, May 19). When sensory marketing works and when it backfires. Harvard Business Review. https://hbr.org/2016/05/when-sensory-marketing-works-and-when-it-backfires

9   위와 같음.

8   사라지는 동네 슈퍼 살리기   장수상회

1   이지원. (2019. 1. 31). 10년간 왜 작은 동네슈퍼만 죽어갔나. 더스쿠프. http://www.thescoop.co.kr/news/articleView.html?idxno=33652

2   위와 같음.

3   위와 같음.

4   지역축제. (n.d.). 문화체육관광부. Retrieved from https://www.mcst.

go.kr/kor/s_culture/festival/festivalList.jsp

5 Best global brands 2022. (n.d.). Interbrand. Retrieved from https://interbrand.com/best-brands/

6 Harrington, H. (2020, October 20). What is brand marketing? Rebrandly. https://blog.rebrandly.com/what-is-brand-marketing/

7 Kloot, L. (2021, August 30). Brand marketing strategy: The full story. Outbrain. https://www.outbrain.com/blog/brand-marketing-the-full-story/

8 deBara, D. (n.d.). 5 Inexpensive branding strategies for small businesses. 99designs. https://99designs.com/blog/business/cheap-branding-strategies-small-business/

9 위와 같음.

9 이웃과 연대하다　세상의 끝에서 커피 한 잔

1 Carlzon, J. (1989). Moments of truth. New York: Harper Business.

2 What are the five moments of truth in marketing? (2020, May 28). Liferay. Retrieved from https://www.liferay.com/blog/customer-experience/what-are-the-five-moments-of-truth-in-marketing-

10 전통과 현대화의 간극을 잇다　미나미 양장점의 비밀

1 Thomas, J. E. (1976). Effect of a fashion therapy program on the self-concept of institutionalized adolescent girls (Doctoral dissertation, Oklahoma State University).

2 안별. (2020. 3. 6). 이탈리아 장인 기업 비결을 말한다. Weekly Biz. http://weeklybiz.chosun.com/site/data/html_dir/2020/03/05/2020030502514.html

3 Rick, S. I., Pereira, B., & Burson, K. A. (2014). The benefits of retail therapy: Making purchase decisions reduces residual sadness. Journal of Consumer Psychology, 24(3), 373-380.

4 Atalay, A. S., & Meloy, M. G. (2011). Retail therapy: A strategic effort to

improve mood. Psychology & Marketing, 28(6), 638-659.

5   Rick, S. I., Pereira, B., & Burson, K. A. (2014). The benefits of retail ther-
    apy: Making purchase decisions reduces residual sadness. Journal
    of Consumer Psychology, 24(3), 373-380.

6   Investigating retail therapy. (2004, December 5). The Age. Retrieved
    from https://www.theage.com.au/opinion/investigating-retail-ther-
    apy-20041205-gdz4qf.html

11 마니아를 위한 가게   사랑도 리콜이 되나요

1   When your target audience is a geographic niche. (n.d.). Branding
    For The People. Retrieved from https://brandingforthepeople.com/
    hyperlocal-branding/

2   Eisenberg, S. (2022, June 16). 10 Examples of highly effective niche
    marketing strategies. Wrike. https://www.wrike.com/blog/
    niche-marketing-strategies/

12 지극히 이국적인 현지화   카모메 식당

1   Localization, globalization, internationalization: What's the differ-
    ence? (2021, May 1). Lionbridge. https://www.lionbridge.com/blog/
    translation-localization/localization-globalization-internationaliza-
    tion-whats-the-difference/

2   A comprehensive guide to marketing localization. (2022, September 23).
    Phrase. https://phrase.com/blog/posts/optimize-marketing-local-
    ization-process/

3   위와 같음.

4   How localized marketing can help your small business. (2021, Septem-
    ber 14). Balance Marketing Group. https://balancemarketinggroup.
    com/how-localized-marketing-helps/

5   Localized marketing: Why your business needs it + tips! (n.d.). Just
    Digital. https://justdigitalinc.com/localized-marketing/

6   Uzialko, A. (2023, February 21). Local marketing strategies for success. Business news daily. https://www.businessnewsdaily.com/15770-local-marketing-strategies-for-small-business.html

13 특별한 경험을 팔다 마고리엄의 장난감 백화점

1   Employee engagement ideas that work for small business. (n.d.). Engage For Success. Retrieved from https://engageforsuccess.org/engage-for-success-blog/employee-engagement-small-business/

2   이성웅. (2020, April 4). 어른이들의 '슬기로운 집콕생활'… 키덜트 용품 판매 인기. 이데일리. https://www.edaily.co.kr/news/read?newsId=01285766625732840&mediaCodeNo=257

3   Kidults appetite for toys continues to rise growing. (n.d.). NPD. Retrieved from https://www.npd.com/news/press-releases/kidults-appetite-for-toys-continues-to-rise-growing-8-in-value-in-2017/

4   Pasare, B. (2019, May 15). 40 Exciting experiential marketing statistics. G2. https://learn.g2.com/experiential-marketing-statistics

5   What is experience marketing. (2020, January 2). Digital Marketer. Retrieved from https://www.digitalmarketer.com/blog/what-is-experience-marketing/

6   Becker, B. (2021, August 16). 14 Examples of experiential marketing campaigns that'll give you serious event envy. HubSpot. https://blog.hubspot.com/marketing/best-experiential-marketing-campaigns

7   Kuligowski, K. (2023, February 21). What is experiential marketing? Business News Daily. https://www.businessnewsdaily.com/11334-experiential-marketing-defined.html

14 쇠락한 마을을 지키다 바다의 뚜껑

1   김기찬. (2022, April 28). 전국 시군구 절반은 소멸 직면… 수도권 외곽도 위험. The JoongAng. https://www.joongang.co.kr/article/25067538

#home

2 최윤필. (2019, October 7). [가만한 당신] 英시골마을을 전 세계 헌책방 성지로 바꾼 리처드 부스. 한국일보. https://www.hankookilbo.com/News/Read/201910031638743426?did=NA&dtype=&dtypecode=&prnewsid=

3 한은화. (2021, May 6). 문경 양파밭 폐가에 8만명 몰렸다… 90년대생 5인의 기적. The JoongAng. https://www.joongang.co.kr/article/24052211#home

15 모두가 주인공이 되는 법 와인 미라클

1 김정우. (2021, September 17). '변방'에서 '주로'로.. 수제 맥주 전성시대. 매거진 한경. https://magazine.hankyung.com/business/article/202109082246b

2 이병학. (2017, July 20). 양조장 구경하고 맥주 시음.. 이거 재밌네. 한겨레. https://www.hani.co.kr/arti/specialsection/esc_section/803585.html

3 Kim, H. (2015, July 10). Crowdsourcing examples, types, and tips. Tweak Your Biz. https://tweakyourbiz.com/marketing/digital-marketing/9-great-examples-crowdsourcing-age-empowered-consumers

4 Riserbato, R. (2020, April 22). The ultimate guide to crowdsourcing. HubSpot. https://blog.hubspot.com/marketing/crowdsourcing

마케팅 Summary

1 Freedman, M. (2023, February 21). How to conduct a market analysis for your business. Business News Daily. https://www.businessnewsdaily.com/15751-conduct-market-analysis.html

2 D'Angelo, C. (2022, March 31). How to develop a comprehensive brand strategy in eight steps. Brandfolder. https://brandfolder.com/resources/how-to-develop-brand-strategy/

My store
Branding

초보 사장님을 위한 영화 속 마케팅 공식 15

내 가게를 위한 브랜딩은 달라야 합니다

1판 1쇄 인쇄 2023년 6월 14일
1판 1쇄 발행 2023년 6월 21일

지은이 정나영
펴낸이 고병욱

기획편집실장 윤현주 **책임편집** 조은서 **기획편집** 장지연 유나경
마케팅 이일권 함석영 김재욱 복다은 임지현
디자인 공희 진미나 백은주 **제작** 김기창 **관리** 주동은 **총무** 노재경 송민진

본문 일러스트 동렬

펴낸곳 청림출판(주)
등록 제1989-000026호

본사 06048 서울시 강남구 도산대로 38길 11 청림출판(주) (논현동 63)
제2사옥 10881 경기도 파주시 회동길 173 청림아트스페이스 (문발동 518-6)
전화 02-546-4341 **팩스** 02-546-8053
홈페이지 www.chungrim.com **이메일** cr1@chungrim.com
블로그 blog.naver.com/chungrimpub **페이스북** www.facebook.com/chungrimpub

ⓒ 정나영, 2023

ISBN 978-89-352-1420-4 (03320)